너를 들이쉬고
나를 내쉬다

투사적 동일시

너를 들이쉬고 나를 내쉬다

초판 1쇄 발행	2022년 06월 09일
초판 2쇄 발행	2025년 05월 09일

지은이	강혜정
펴낸이	김봉윤
펴낸곳	씨이오메이커(ceomaker)
출판등록	제2013-23호

기획	홍순아
편집장	민보윤
편집디자인	길소연
교정교열	김봉수

주소	서울특별시 관악구 국회단지 20길 16, 101호
전화	02-877-7814
팩스	02-877-7815
이메일	ceomaker79@gmail.com
홈페이지	www.ceobooks.kr

ISBN 979-11-91157-08-6
값 18,000원

잘못된 책은 구입하신 곳에서 바꾸어 드립니다.
이 책에 실린 모든 내용, 디자인, 이미지, 편집 구성의 저작권은 도서출판 씨이오메이커와 저자에 있습니다.
허락 없이 복제하거나 다른 매체에 옮겨 실을 수 없습니다.

투사적 동일시

너를 들이쉬고
나를 내쉬다

강혜정

| 프롤로그 |

 이 책은 저자의 박사학위 논문인 "무의식으로 소통하는 투사적 동일시에 대한 목회상담학적 고찰"을 수정하여 출판한 것이다.[1] 이 책은 정신분석적 개념 중 가장 난해한 것 중의 하나인 투사적 동일시(projective identification)의 개념적·이론적 이해, 정치·문화·예술·드라마·영화·일상에서의 상호주체성, 임상적 관계에서 드러나는 무의식적 교류·재연,[2] 목회상담학적 고찰[3] 등을 다루고 있다. 서로의 경계를 넘어서 감정, 충동, 감각, 관계양상 등을 공유하며 내가 네 안에, 네가 내 안에 거할 수 있는 투사적 동일시라는 무의식적 심리교류기제는 인간에게 초월을 허용하신 하나님의 선물이다. 우리가 투사적 동일시를 통해 누가 누구에게 무엇을 소통하고 있는지 민감할 수 있다면, 그리고 그 민감한 경험을 공유할 수 있다면, 바벨탑의 언어가 아닌 각자의 고유한 언어로도 오순절의 성령강림 체험과 같이 서로를 이해할 수 있는 공감의 절정을 경험할 수 있게 될 것이다.

이 책을 통하여 투사적 동일시라는 몸의 언어, 무의식의 언어, 관계경험의 언어, 모성의 언어를 되찾게 된다면, 보다 온전한 통합적인 삶을 생생하게 살아갈 수 있게 될 것이다. 그것은 자기를 도구로 사용(use of the self)하여, 내 안에 불러일으켜져 직접적·즉시적으로 느껴지는 울림을 무의식적 소통의 단서로 이해할 때, 지금-여기서 어떤 상호작용이 일어나고 있는지 관계의 역동을 읽을 수 있게 됨으로써, 관계의 결과체가 아닌 관계의 주체로 탄생할 수 있기 때문이다. 또한 주체와 주체가 서로 담고 담기며 서로를 수용하여 변형 되어가는(becoming) 상호침투적 과정 즉, 투사적 동일시의 상호주체적 과정을 통해 서로를 구성해감으로써 우리는 창조의 동역자가(co-creator) 될 수 있다.

학위논문을 책으로 출판하는데 있어서, 기획을 맡아준 홍순아 박사, 편집을 맡아준 길소연 학우, 그 외 교정을 맡아준 곽재은, 상희정,

양황승, 최영한, 최원민 학우들께 감사드린다. 이 책을 통해 너를 들이쉬며 나를 내쉬는 우리가 '망 속에 살아있는 문서'(living document in a web)로서 하나 되는 놀이마당에서 투사적 동일시의 춤을 한 바탕 멋들어지게 추고 싶다. 사망의 음침한 골짜기에서 사흘 낮과 사흘 밤 동안(마 12:40)을 혼연일체가 되어 서로의 내면경험이라는 음악에 맞춰 함께 퇴행의 춤을 추는 것이야말로, 유능한 척 해석하는 것보다 그분의 자기 비허(kenosis)를 닮고자하는 크리스천의 삶이 아닐까 생각해본다.

2022년 5월 25일

강혜정

---

1 강혜정, "무의식으로 소통하는 투사적 동일시에 대한 목회상담학적 고찰", (이화여자대학교박사학위논문, 2011)

2 이 책에 나오는 사례들은 익명성을 위해 내담자들의 배경을 여러 사람들의 경험을 토대로 변경·각색하여 만든 허구적 구성물이다.

3 이 책에서의 성서적 접근은 영문도 모르는 채 고통을 당하며 절박한 입장에서 상담실을 찾는 일반 내담자들의 자리에서 거칠게 이해하는 성서적 관점을 반영한다. 따라서 전통적인 성서학적 관점과 충돌할 수 있는 소지가 있을 수 있다.

Projective Identification

| 목차 |

프롤로그

CHAPTER 1 15
서론

    이 책의 동기와 목적 · 17
    선행연구와 연구방법론 · 29
    이 책의 전개와 한계 · 38

CHAPTER 2 45
투사적 동일시에 대한 이해

    투사적 동일시 **개념의 발달** · 48
        개인내적 환상으로서의 투사적 동일시
        대인 간 의사소통으로서의 투사적 동일시

    투사적 동일시와 **심리발달** · 63
        자폐-접촉자리
        편집-분열자리
        우울자리

    투사적 동일시의 **기능** · 84
        방어로서의 투사적 동일시
        의사소통으로서의 투사적 동일시
        원시적 대상관계로서의 투사적 동일시
        심리적 변화를 위한 통로로서의 투사적 동일시

CHAPTER 3
투사적 동일시의 과정   107

투사과정 · 111
　심리상태의 전이
　투사와 투사적 동일시

유도과정 · 128
　영향(影響)으로 소통하는 역전이
　전이와 역전이의 상호주체성
　무의식적 환상이 만들어내는 드라마

재내면화과정 · 158
　주체적 자아
　유아적 자아

CHAPTER 4
사례를 통해서 본 투사적 동일시   177

의존적 투사적 동일시 · 181
　의존에 대한 퇴행적 욕구
　옭아매는 어머니
　놓아주는 딸

편집적 투사적 동일시 · 208
　편집적 순환
　소리 없는 해석
　충분히 나쁜 상담자

CHAPTER 5
투사적 동일시 과정에 함께하는 목회상담 · 233

투사과정에서 '홀로' · 238
    감당할 수 없는 어둠을 쏟아내기
    멸절불안을 박해공포로 경험하기

유도과정에서 '함께' · 263
    어둠 가운데 기꺼이 함께하기
    담기고 담아주기

재내면화과정에서 '온전히' · 288
    분열을 인식하고 수용하기
    되찾아 온전해지기

CHAPTER 6
결론 · 321

평가와 제언 · 326

편집후기 · 330
주(註) · 333

CHAPTER 1

서론

투사적 동일시의 무의식적 영향권 밖에서 살아갈 수 있는 사람은 아무도 없다. 이것은 마치 뉴턴이 사과가 떨어지는 것을 보고 중력의 법칙을 이론화하기 이전부터 중력의 법칙이 적용되지 않는 삶을 산 사람은 지구상에 단 한 사람도 없었던 것과 마찬가지다. 투사적 동일시에 대한 이해를 갖고 있는 경우에는 불편해질 수 있는 상황으로부터 심리적 거리를 유지할 수 있을 뿐 아니라 더 나아가 이러한 상황 자체를 변화시킬 수 있다.

이 책의
동기와 목적

　　철수는 초등학교 4학년의 남자 어린이다. 첫 교시를 시작하려는 손 선생은 철수의 자리가 빈 것을 발견하였다. 철수가 좀 전까지 교실에 있었다고 하는 학급아이들의 말을 들은 손 선생은 걱정되어 철수네 집으로 전화해보았으나 연결되지 않았다. 2교시가 끝날 즈음 엄청난 거구에 험한 인상을 한 철수아버지가 철수를 데리고 위압적인 태도로 교실로 들어섰다. 철수가 선생님이 너무 무서워서 학교에 다닐 수가 없다고 펑펑 울기만 한다며 자초지종을 따지러 온 것이었다. 이러한 상황이 손 선생으로서는 분하고 억울하고 황당하게만 느껴질 따름이다. 새 학년이 막 시작된 터라 가정환경조사서 등 챙겨야할 서류들이 너무 많아 아이들에게 엄하게 할 겨를도 없었을 뿐더러, 오히려 곱상하게 생기고 조용한 철수에게 호감마저 느끼고 있었기 때문이었다. 손 선생은 속이 부글부글 끓었지만 먼저 교장실로 달려가지 않고 교실로 찾아와준 것을 다행으로 생각하며, 일단 철수아버지를 안심시키고 상황을 마무리하였다.

이 상황을 언어적 소통과 무의식적 영향에 의한 비언어적 소통의 두 가지 차원으로 분석해 볼 수 있다. 우선 언어적 소통의 차원에서 살펴보면, 손 선생은 너무나 억울하고 분한 감정을 애써 누르며, 어떻게 일이 이렇게 되었는지 사실 확인을 위해 철수를 불러 시시비비를 가리려할 것이다. 그리고 자신을 곤경에 빠뜨린 맹랑한 거짓말쟁이 철수를 내심 비행어린이로 간주하고 곱지 않은 시선으로 바라볼 것이다. 다른 한편, 무의식적 영향에 의한 비언어적 소통의 차원에서 살펴보면, 순간 억울하고 분하고 황당한 느낌이 드는 것은 어쩔 수 없지만, 곧 자신을 추스르고, 철수의 돌발행동에 담긴 메시지를 이해하고자 열린 마음으로 노력하게 될 것이다.

이 사건의 와중에 손 선생은 철수아버지를 통해 철수에 대하여 많은 것을 알게 되었다. 이를테면 철수부모는 함께 조그만 가게를 운영하느라 새벽부터 밤늦게까지 집에 없다는 것, 손 선생조차도 위협적으로 느낄 정도로 험상궂은 거구의 아버지가 말을 듣지 않는다고 철수를 몇 번 집어던진 적이 있다는 것, 그리고 한 집에 여러 친척들이 모여 사느라 교과서조차 어디 뒀는지 찾을 수 없을 정도로 집안이 뒤죽박죽이라는 것 등이다. 철수는 이런 환경에서 학기 초에 제출해야하는 온갖 서류를 전혀 제출하지 못하고 있던 자기를 (아버지가 그랬듯이) 손 선생이 집어던질지도 모른다는 불안에 스스로 압도당하였던 것이다. 철수는 손 선생을 필사적으로 의존하고 싶은 마음과 함께 다른 한편으로는 가까이하기엔 너무나 두려운 아버지와 같은 존재로 여기고 있었던 것이다.

철수는 자신의 내적 대상표상(아버지 상)과 실제 외부 대상(손 선생) 사이의 경계를 인식할 수 있는 심리적 역량이 부족하여, 그 둘을 유사한 것이 아니라 동등한 것으로 인식하고 있었다. 철수의 상황을 분석해보면 첫째, 철수의 나쁜 부분들(내적 아버지표상 혹은 아버지-철수의 내적 관계양상)이 자아로부터 분열되어, 둘째, 공포감정과 함께 손 선생 안으로 투사되고, 셋째, 철수의 투사된 부분과 외부 대상인 손 선생 간의 혼동과 동일시로 이어진 것으로 설명될 수 있다. 이러한 과정에서 철수는 자기의 공격적인 부분들로 가득 찬 손 선생이 자신에게 보복할까 봐 두려워하며 손 선생을 박해적이고, 위협적으로 경험하게 된 것이다. 이렇게 자기일부가 대상 안으로 투사되어, 대상과 동일시되며, 자기와 대상의 분화가 모호해지고, 혼돈되는 것은 상징과 상징되는 대상과의 혼돈으로 설명될 수 있다. 자기경계를 유지할 수 없을 정도로 지나치게 침범적인 환경에서 자라게 되면 내적 대상과 외부 대상을 구별하지 못하게 되고 현실감각이 떨어진다.

만일 철수가 내면세계에 대한 이해 없이 그 정도가 심해진다면, 철수는 강력한 박해불안과 과도한 분열기제의 사용으로 인하여 점점 외부 세계로부터 철수하게 되고 정신질환을 앓게 될 수도 있다.[1] 이때 철수에 대한 진정한 공감이란, 내적 세계와 외적 세계를 구별하지 못하는 철수의 유아적인 심리적 역량과 그로 인한 정신질환의 취약성에 대한 깊은 이해와 수용을 의미한다. 자신의 경험을 담을 수 있는 언어적 그릇을 갖고 있지 못한 철수와 언어로 시시비비를 가리려한다면 더 큰 오해만 생기게 될 뿐이다.

철수에 대해 알게 된 일련의 정보를 사용하여 철수의 내면세계에서 무슨 일이 일어나고 있는지를 이해할 수 있게 된 손 선생은 자신을 곤경에 빠뜨린 철수를 벌하려하지 않고, 그의 어려움을 담아줄 수 있는 심리적 거리를 유지할 수 있게 되었다. 손 선생이 철수의 절망감과 접촉함으로써 철수의 불안을 이해할 수 있게 되면서 그 돌발행동 이면의 소망을 읽을 수 있게 된 것이다. 즉, 이러한 돌발행동으로 인해 아버지가 학교에 찾아오게 되고, 손 선생과 어머니가 통화하게 되며, 결과적으로 준비물도 챙길 수 있게 되는 등 철수가 의식하지도 못한 무의식적 시도가 성공하여 그동안 방치되었던 철수에게 관심이 쏠리게 된 것이다.

철수는 감당할 수 없고, 말로 표현할 수 없는 자신의 두려운 내적 대상을 제거하여 손 선생에게 쏟아 넣음으로써, 손 선생의 정체성을 왜곡하고, 결과적으로 자신의 정체성도 왜곡하게 된다. 이러한 철수의 방어적 시도가 손 선생에 의해 무의식적 영향에 의한 소통으로 읽혀짐으로써 새로운 국면을 맞이할 수 있게 되었다. 철수는 스스로 감당할 수 없고 말로 표현할 수 없는 자신의 내면세계와 유사한 상황을 손 선생으로 하여금 경험하게 함으로써 자신의 상황을 손 선생과 공유할 수 있게 되었다. 철수가 손 선생에게 일으키는 무의식적 영향력의 강렬한 강도는 그 누구와도 소통되지 않는다는 철수의 깊은 절망을 나타낸 것이다. 이때 손 선생이 철수에 의해 유발되어 자신 안에서 끓어오르는 분노와 절망에 걸려 넘어가지 않고, 다른 사람에게 미치는 무의식적 영향으로 소통할 수밖에 없는 철수의 심리상태를 담아줄 수 있다면, 철수의 돌발행동은 자신이 처한 절망적 상황에 대해서 도움을 청하는 무언의 소통방식으로 이해될 수 있다. 철수는 부모나 주위사람들을 사용할 수 있기를 간절히 바라지만 그러한 경험을 해보지 못한 까닭에 이러한 행동화 외에는 소통할 수 없었다. 철수와 소통하기 위해서는 언어화하지 못하고 재연으로 소통하는 철수의 심리적 역량에 눈높이를 맞춰 그 재연 이면의 메타 커뮤니케이션을 해독하려는 시도를 아끼지 말아야한다.

그러나 철수의 돌발행동을 소통으로 읽을 수 있으려면 이렇게 심층적인 이해가 필요하므로, 이는 결코 쉬운 일은 아니다. 보통은 거짓말해서 교사를 욕 먹인 아이로 철수를 혼내줌으로써 철수를 담아주지 못하는 부모와 똑같은 실수를 저지르기 십상이다. 결국 철수는 아무도 자신을 담아주지 못할 것이라는 두려움을 재확인하게 되고 이러한 내적 대상관계는 더욱 공고화되며 고질화될 수밖에 없다. 이때 손 선생의 심리적 역량에 따라서 철수를 담아줄 수도 내칠 수도 있다. 또한 설령 손 선생에게 철수를 담아줄 수 있는 심리적 역량이 있다고 해도 철수 자신의 심리적 역량에 따라서 철수는 손 선생에게 담길 수도 담기지 못할 수도 있다. 즉, 담고 담기는 관계 역시 상호의존적 역동에 의해 결정된다.

철수와 손 선생의 관계는 드러난 바와 같이 단 두 사람만의 관계가 아니다. 철수의 내면세계는 수많은 내적 표상들이 군집을 이루고 있다. 내적 표상들의 각 단위는 자기표상, 대상표상, 그리고 이 둘을 연결하는 정서로 구성되어있다. 손 선생의 내면세계 역시 수많은 내적 표상들의 군집으로 구성되어있다. 위 장면은 철수의 내면세계에 살고 있는 괴물 같은 아버지라는 내적 대상표상이 손 선생에게 투사되어 손 선생을 그러한 사람으로 여기게 된 것이다.

그렇다고 하여 손 선생이라는 텅 빈 화면에 철수의 내적 표상이 투사된 것만은 아니다. 즉, 철수가 "선생님이 무서워 학교에 갈 수가 없다"고 한 것이 단지 철수의 내면세계에 의한 현실왜곡에 기인한 것만은 아니라는 의미다. 손 선생의 아버지 역시 너무나 폭력적이었기 때문에 손 선생의 내면세계에는 가학-피학적 자기표상-대상표상이 분노와 불안이라는 정서로 연결되어있었다. 겉으로는 철수가 문제를 야기한 것처럼 보일 수도 있지만, 실은 철수의 내적 표상과 손 선생의 내적 표상이 서로를 활성화시킨 역동적 관계라고 볼 수 있다. 즉, 철수의 돌발행동은 진공상태에서 일어난 것이 아니다. 무의식적으로 소통되는 손 선생의 내면세계와 상호의존적 공명에 의해서 일어난 것이다.

이상에서 살펴본 바와 같이 대체로 우리는 언어를 사용하여 우리의 경험을 전달하고 있다고 생각한다. 하지만 재연되고 있는 경험을 간과함으로써 피상적 이해에 머물게 되는 경우가 허다하다. 특히 우리는 심리치료에서 무의식적인 것을 의식적인 것으로 만드는 데서 이해와 치유가 일어날 수 있다고 알고 있다. 무의식적인 것을 의식화하기 위해서는 무의식적으로 재연되고 있는 경험에 접근할 수 있는 방도가 필요하다. 이 책에서 투사적 동일시를 고찰하려는 이유가 바로 여기 있다. 언어로 표현될 수 없기에 본질적으로 접근 불가능한 경험을 전달하는 도구가 바로 투사적 동일시(projective identification)이기 때문이다. 또한 언어적 교류를 넘어서는 광범위한 심리적 교류체계인 투사적 동일시에 대한 보다 깊이 있는 이해를 그 목적으로 한다. 그리고 이러한 이해를 바탕으로 나와 이웃이 상호주체적으로 엮어내는 관계의 직물을 보다 아름답고 풍성하게 짜내려 갈 수 있게 되기를 소망한다.

투사적 동일시는 대상관계이론의 개념 중에서 '가장 유용하면서도 가장 난해한 것 중의 하나'로 정평이 나있다.[2] 이러한 개념을 다루려는 연구가 일상의 평범한 이야기로 시작되는 것이 싱겁게 보일 수도 있다. 그러나 투사적 동일시는 초심리학적 추상적 개념이 아니며, 구체적 경험을 통해 드러나는 개념이다.[3] 그뿐만 아니라 이 짧은 이야기에는 이 책에서 다루고자하는 거개의 개념이 다 들어있다. 이를테면, 투사자(철수)의 개인내적 심리적 환상이 어떻게 대인(철수와 손 선생) 간의 의사소통으로 기능할 수 있는지, 투사적 동일시를 사용하는 사람들의 심리구조(철수와 손 선생의 내면세계의 내적 표상들)는 어떻게 발달되는지, 상징 특히 언어 이전의 심리자리(자폐-접촉자리, 편집-분열자리)의 특징은 무엇인지, 원시적 대상관계의 양태를 지니고 방어로 시작된 투사적 동일시가 의사소통의 기능을 하게 되면서 어떠한 심리적 변화를 가져오는지, 투사자(철수)의 투사(선생님이 무서워 학교에 올 수 없다는 표현 이면의 공포와 불안 등 감당하지 못하는 정서나, 철수와 아버지 사이의 관계양상)가 투사수용자(손 선생) 안으로 들어간 것인지, 혹은 이미 투사수용자의 내면세계에 존재하던 것(손 선생-아버지의 가학-피학 관계와 그것을 연결하는 공포, 불안 등의 정서)이 투사자의 투사로 인하여 활성화된 것인지, 아니면 투사자와 투사수용자의 상호주체적 관계에 의해 투사와 투사의 수용이 동시적으로 일어난 것인지 즉, 투사자와 투사수용자의 관계가 주체와 객체의 관계인지, 혹은 상호주체적 관계(철수와 손 선생의 내면세계가 서로를 활성화시키는 상호주체적 관계에서 유발된 것)인지, 투사자나 투사수용자의 심리적 역량에 따라 재내면화과정이 어떻게 달라질지 등이다.

철수와 손 선생의 이야기에서 보는 바와 같이, 설령 우리가 이론가들의 설명이나 투사적 동일시, 투사자, 투사수용자, 투사, 유도, 재내면화, 심리적 역량, 담아주기, 상호주체성 등 이 책에서 다루려는 전문용어들을 전혀 알지 못한다 할지라도, 언어에 담기지 못하는 많은 메시지가 무의식적 영향에 의한 소통 즉, 투사적 동일시 기제에 의해 전달되고 있는 것을 확인할 수 있다.[4] 우리는 걸려온 전화를 받지 않거나, 차려주는 밥을 받아먹지 않을 수는 있다. 하지만 투사적 동일시의 무의식적 영향권 밖에서 살아갈 수 있는 사람은 아무도 없다. 이것은 마치 뉴턴이 사과가 떨어지는 것을 보고 중력의 법칙을 이론화하기 이전부터 중력의 법칙이 적용되지 않는 삶을 산 사람은 지구상에 단 한 사람도 없었던 것과 마찬가지다. 그러나 이 둘 사이에는 엄청난 차이가 있다. 즉, 중력의 법칙을 인지하거나 혹은 못하는 것이 삶의 질을 좌우하는 것은 아니다. 하지만 투사적 동일시 기제에 대한 이해가 있고 없는 것이 삶에 미치는 영향은 실로 지대하다. 투사적 동일시에 대한 이해를 갖고 있는 경우에는 불편해질 수 있는 상황으로부터 심리적 거리를 유지할 수 있다. 더 나아가 이러한 상황 자체를 변화시킬 수도 있다. 반면, 투사적 동일시에 대한 이해가 없는 경우에는 투사자가 원치 않아 제거하기 위해 투사한 것을 투사대상자가 뒤집어쓰게 되고, 이로 인해 황폐하게 고갈된 투사대상자가 감당하지 못한 것을 투사자에게 재투사하는 등 투사적 동일시의 파괴적인 편집적 악순환이 강화되기 때문이다.

투사적 동일시는 투사, 유도, 재내면화라는 동시적이고 상호의존적인 세 개의 과정으로 구성된다. 투사과정에서 투사자는 언어로 표현될 수 없는 불안, 성적 흥분, 증오와 같은 감정들, 정신적 이미지, 나쁜함 혹은 엄숙함 등의 감각들, 내면의 관계양상 등을 투사한다. 유도과정에서 투사자가 투사한 감정이나 충동 등이 투사수용자 안에서 유발되거나, 투사된 관계양상 등이 투사자와 수용자 사이에서 재연된다.[5] 재내면화과정에서 투사자에 의해 투사된 것들이 수용자 안에서 변형되어 다시 투사자에게 되돌아가게(재투사) 된다.

투사적 동일시의 난해함은 이러한 동시적·상호의존적 과정을 마치 순차적 단계인 냥 이해하는 데서 비롯된다. 그리고 투사자나 투사수용자의 역할이 고정된 주체-객체의 관계가 아니라 주체-주체의 관계로 투사자와 투사수용자의 역할을 동시에 하는 것도 난해함의 또 다른 요인 중 하나다. 이때 투사자나 투사수용자의 심리적 역량에 따라 투사적 동일시가 심리적 변화를 위한 통로로서 사용될지, 아니면 투사적 동일시로 연루된 관계자들을 보다 황폐화시킬지가 결정된다. 상담상황에서 투사적 동일시는 내담자가 스스로 감당하지 못하는 감정이나 충동을 치료자에게 유발하거나, 혼자 해결하지 못하는 내면의 관계양상을 치료 장면에서 무의식적으로 재연하는 기제를 의미한다.

이 기제는 자신의 경험을 언어화할 수 없는 유아로부터 시작되는데, 유아는 자신의 경험을 전달하기 위해 어머니에게 그 경험을 불러일으킬 수밖에 없다. 투사적 동일시는 지금-여기 상호작용 속에서 불러일으켜진 것을 즉각적으로 직접 느끼고 경험하는 자기를 도구로 사용(use of the self)하여 상대를 이해할 수 있게 되는 관계경험의 언어다. 다만 여기서 즉각적이고 직접적인 관계경험의 언어인 투사적 동일시가 해석되고 공유되어야 한다는 데 역설이 있다. 투사자도 인식하지 못한 가운데 투사수용자 안에 활성화시킨 투사자의 감정과 비언어적 투사를 투사수용자가 해석 즉, 언어적 해석뿐만 아니라 소리 없는 해석(silent interpretation)으로 되돌려줄 수 있을 때, 투사자의 암시적 패턴은 점차 의식적 고려 대상이 될 수 있기 때문이다. 즉, 상담상황에서 상담자가 투사적 동일시 기제에 의해서 자신 안에서 활성화된 내담자들의 경험을 해석(언어적 해석뿐만 아니라 소리 없는 해석)을 통하여 내담자들과 공유하는 과정에서, 내담자들의 '알고는 있지만 사고되지 못한 것'(the unthought known)들이 사고될 수 있다.[6]

이런 연유에서 이 책에서는 이제까지 이성, 논리, 의식, 언어의 소통이라는 거대 담론에 눌려 원시적 방어기제나 행동화(acting out 혹은 acting in)로 간주되고, 그 가치가 평가절하 되어온 감성, 경험, 몸, 무의식의 비언어인 투사적 동일시에 대하여 이론적·임상적·목회상담적 관점에서 고찰해보고자 한다. 또한, 그동안 가치가 제대로 평가되지 않았던 언어 이전의 아이의 욕구와 소망을 경험을 통하여 읽어내는 모성언어, 즉 투사적 동일시를 제자리 매김하고, 이를 이성과 논리의 부성언어와 통합을 이룸으로써 온전한 하나가 되는 것을 지향한다.[7]

여기서 투사적 동일시를 모성(母性)의 언어라 함은 투사적 동일시 개념이 언어 이전 단계의 영아와 주 양육자 특히, 어머니 젖가슴과의 관계에서 비롯된 무의식의 몸의 언어라는 점 때문이다. 또한 일반적으로 아버지는 언어 이전 단계의 첫 번째 인물인 어머니(보통은 주 양육자가 어머니지만 주 양육자가 어머니가 아닌 경우일지라도 주 양육자는 모성적 대상) 다음으로 언어적 단계가 시작될 때 자식 앞에 모습을 드러낸다는 점 때문이기도 하다.[8] 또한 투사적 동일시를 여성의 언어라고도 할 수 있다. 이는 경험의 언어인 투사적 동일시가 치료적으로 활용될 경우 '관계 지향적이며 책임 지향적이고 구체성과 상황성에 관심하는 것' 등 여성성의 특징을 모두 지니고 있기 때문이다.[9]

이 책은 모성언어의 제자리 매김을 통하여 부성언어와의 통합을 지향한다. 이는 고전적 정신분석에서 치료의 핵심수단으로 인정되어 온 언어적 해석에 의한 통찰과, 최근에 관심이 집중되고 있는 새로운 관계 경험을 통한 변화를 상호보완적으로 통합하려는 것이다. 관계에서 일어나는 상호작용과 해석 모두를 고려할 때, 상호작용의 반복적 양식이 일어나는 치료적 양자(兩者)관계에서 두 사람의 공유된 인식, 이해, 경험을 통해 치료행위가 발생하기 때문이다.[10] 즉, 이 책의 논지는 이제까지의 지배담론인 부성·이성·의식의 언어를 폄하하자는 것이 아니라, 그 그늘에서 오랜 세월 경시되거나 제외되어온 모성·몸·무의식의 언어를 되찾아옴으로써 둘이 함께 온전한 하나를 이루자는데 있다. 이것은 억압이나 해리, 부인되었던 것들을 구체적으로 체험케 하는 투사적 동일시를 제대로 이해함으로써, 이를 변화의 도구로 잘 활용할 수 있을 때 가능해진다.

선행연구와 연구방법론

투사적 동일시는 다른 정신분석적 개념과 마찬가지로 실제 임상에서의 깊이 있는 분석을 통해 발견된 개념이다. 투사적 동일시는 의도적 의지적 의식적이라기보다는 언어 이전의 복잡 미묘하고 모순적 심리에 대한 무의식적 소통양식이므로, 이론적 설명만 가지고는 그 개념을 파악하기 힘들다. 이는 관계하는 주체 간의 생생한 경험을 통해서만 그 의미가 드러나기 때문이다. 그러나 실제관계에서 직접 경험하게 되는 경우일지라도 그것을 이해하기가 쉬운 것은 결코 아니다. 왜냐하면 그것은 '논리적으로 생각할 때 상호배타적인 정신과정들',[11] '순차적으로 묘사할 수밖에 없는 동시에 일어나는 일련의 복잡한 사건들',[12] '숙련된 분석가조차도 이해하기 어려운 가장 심층적 내용들'로[13] 구성되어있기 때문이다. 또한 대개의 경우 그것이 감당하기 어려워 억압 혹은 분리될 수밖에 없는 운명을 지닌 삶의 요소로 구성되어있어서 그것을 인식하는 과정 자체가 고통스럽기 때문이기도 하다.

이 책에서는 첫째, 문헌연구를 중심으로 투사적 동일시에 대한 이론적 연구를 시도하였다. 둘째, 저자의 임상자료를 기반으로 실제 임상에서 드러나는 투사적 동일시를 구성하는 개념을 설명하려고 시도하였다.[14] 셋째, 투사적 동일시 과정의 상호주체성에 주목하면서 인간과 세계와 신과의 유기체적 관계를 목회상담 및 목회 신학적 관점에서 성찰 해석해보려고 시도하였다.[15] 이러한 세 차원을 넘나들며 아우르는 작업은 결코 쉬운 일이 아니다. 왜냐하면 이것은 삶 자체가 앎과 알지 못함의 창조적 긴장이라고 한 Bion의 말처럼, 어둠 속을 더듬는 심정으로 알지 못함을 견뎌내는 작업이기 때문이다.

첫째, 투사적 동일시에 대한 이론적 연구를 위하여 여러 저명한 임상가의 이론과 사례가 게재된 저서나 논문, 그리고 인간 내면세계를 예리한 감수성으로 통찰력 있게 묘사한 작품들을 검토하는 문헌연구를 하였다. 우선, 대상관계이론에 관한 모든 저서들에는 많든 적든 투사적 동일시에 대한 내용이 빠짐없이 들어있다. 특히 Patrick J. Casement는 『환자에게서 배우기』에서 환자들의 병리적 요소에서조차 무의식적 희망을 읽어내고, 분석가가 환자의 무의식적 추구의 인도를 받으며 서로 상호작용하는 무의식적 과정에 대하여 사례를 중심으로 잘 보여주고 있다.[16] Sheldon Cashdan의 『대상관계치료』는 치료자-환자 관계에 최대한 역점을 두는 치료적 접근을 설명하고 있다. 특히 분열, 투사적 동일시, 역전이 사용에 대하여 기술하고 있다.[17] 이 책의 또 다른 특징은 마지막 장에서 분열을 주제로 하는 문학과 영화 자료를 제시하고 있다는 것이다. 이러한 자료들은 대상관계 치료자가 얼마나 풍성하고 다양하게 접근할 수 있는지를 보여준다. 『대상관계 단기치료』에서 Michael Stadter는 사례들을 통하여 전이-역전이를 강조하고, 치료구조를 사용하며, 환자와 치료자가 현재의 딜레마를 구성하는 문제들을 이해하고 그것을 공유하는 경험이 가져오는 치료효과에 대해 역동적 관점에서 설명한다.[18] N. Gregory Hamilton은 『대상관계 이론과 실제: 자기와 타자』에서 대상관계를 이해하는데 토대가 되는 기본개념들에 대하여 아주 쉽게 잘 설명하고, 특히 다양한 사례들을 투사적 동일시의 관점에서 해석하고 있다.[19] David E. Scharff와 Jill Savege Scharff는 『대상관계 부부치료』에서 부부 간 갈등의 근간을 이루는 성(性)이나 친밀감 등의 문제를 투사적 동일시라는 열쇠로 풀고 있다.[20] 특히 이 책은 Charles V. Gerkin이 인간과 하나님과의 관계에 대한 이해를 추구하기 위하여 심리학적으로 접근하게 된 계기가 된 책이기도 하다.[21] Elizabeth Bott Spillius가 이론과 임상의 두 권으로 나눠 편집한 책에는 투사적 동일시의 중요 측면에 대한 여러 이론가들의 창의적 논문들이 다수 실려 있다.[22] 그리고 무엇보다 Thomas H. Ogden의 Projective Identification and Psychotherapeutic Technique을 비롯하여 여러 저서와 논문들은 투사적 동일시의 이론과 그 임상적 활용에 대한 풍부한 자료들을 제공한다.[23]

국내에는 투사적 동일시에 대한 연구가 거의 없는 편이다.[24] 이 중에서 특히 김진숙의 '투사적 동일시의 의미와 치료적 활용'은 투사적 동일시에 대하여 현재 논의되고 있는 거의 모든 주제를 간략하게 잘 정리하고 있으며, 중요한 참고문헌들을 제시한다. 박선영의 '멜라니 클라인

의 아동정신분석: 이론 및 임상 체계의 비판적 재구성'은 독자들이 쉽게 접할 수 없는 Klein의 수많은 원전들을 번역 게재하고 있다.

외국 학술지에는 사회복지, 집단·부부·청소년심리, 신경생리학 등 투사적 동일시의 다양한 분야에 대하여 이루 열거할 수 없이 많은 논문들이 게재되어 있다. 이 중에서 특히 Nathan Field는 "Projective Identification: Mechanism or Mystery?"에서 마치 선사(禪師)나 신비주의 신학자와 같은 논조로 사람들은 이미 존재 이전부터 태생적으로 생생하게 연결되어 있다며(pre-existing, intrinsic, vital connectedness), 투사적 동일시를 통해 사람들 사이에는 영적 교섭감(a sense of communion)이 생겨난다고 묘사한다.[25] Arthur Malin과 James S. Grotstein은 "Projective Identification in the Therapeutic Process"에서 투사적 동일시 과정을 투사자와 투사대상자가 서로를 수용하여 변형되는 되어감(becoming)의 과정, 즉 창조의 과정으로 설명하며 투사적 동일시 과정의 상호주체성에 대하여 특히 강조한다.[26] 이 외에도 Ann Garland,[27] Meira Likierman,[28] Trevor Lubbe,[29] Rosemary Rizq[30] 등의 논문은 투사적 동일시 개념에 대하여 보다 확장된 이해를 제공한다.

투사적 동일시에 대한 정확한 이해를 위해서 이론적 정리가 필수적인 것은 사실이다. 그러나 각기 다른 이론가들이 유사한 상황에 대해서 다른 용어를 사용하는 것은 도리어 그 명확성을 혼란스럽게 하는 것 또한 사실이다. 따라서 투사적 동일시에 대한 이론정리에 있어서, 이 책에서는 학파 간에 게토를 이루는 이론적 논쟁의 나열을 지양하고, 서로 다른 이론 탐색이 아닌, 내담자를 더욱 잘 이해하고 도울 수 있는 실천적 도구로서의 투사적 동일시에 대한 탐구에 좀 더 비중을 둘 것이다. 즉, 이 책은 삶의 어려움 한가운데서 삶의 신비를 부여잡고, 그 의미를 해독(解讀)하려고 애쓰는 내담자를 포함하여, 사람들의 삶을 보다 잘 이해하는데 도움이 되는 경우에만 투사적 동일시의 이론적 시각 차이와 논쟁에 가치를 둔다.

둘째, 투사적 동일시에 대한 경험적 연구를 위하여, 저자의 임상사례를 기반으로 '임상상황에서 작용하는 투사적 동일시의 특정 측면을 어떻게 이해할 것인지, 이것이 치료관계에 어떤 영향을 미치는지, 특히 이것이 전이-역전이 현상에 대해 생각하고 해석하는데 있어서 치료자에게 부과하는 어려움이 무엇인지'를 탐구해보고자 한다.[31] 그리고 투사적 동일시로 강력하게 연결된 내담자들과 그들의 중요한 타인들과의 관계를 통하여 그들의 삶의 어려움을 분석해보고자 한다. 특히 이러한 사례들을 통하여 투사적 동일시를 구성하는 여러 요소들, 이를테면 분열과 파편화를 동반하는 투사와 같은 심리기제, 자폐-접촉 편집-분열 우울자리에서의 특정 방어와, 불안, 그리고 자기감 등의 경험양태, 투사적 동일시의 기능, 투사적 동일시의 상호주체적 과정 등을 살펴보고자한다.

셋째, 투사적 동일시를 중심으로 전개되는 관계에 대한 목회상담 및 목회 신학적 성찰을 위하여 투사적 동일시를 그 해석적 틀로 삼아 '극히 보잘 것 없는 자들'이라 할 수 있는 내담자들이 삶의 구체적 상황 속에서 체험하는 하나님에 대해 신학한다.[32] 고등학교 졸업 이후 술집과 다방에서 '몸을 팔다' 만난 아저씨와 십여 년째 혼외관계를 유지하며, 수치심과 죄책감에 고립된 생활을 하고 있는 여인, 자신의 아버지보다 나이 많은 남자를 남편으로 맞아 그 노부모의 병수발과 전처 자식들을 거두는 결혼이주여성, 어머니의 자기애(自己愛, narcissism)에 먹혀서(engulfed) 자기가 없이 살아온 여성, 심신질환을 앓고 있는 수많은 내담자 등은 예수님이 편애하는 작은 자들임에 틀림없다. 이들은 살아남기 위해 자신들을 둘러싸고 있는 건강하지 못한 삶의 질서와 타협하는 과정에서, 자신을 드러낼 수 있는 언어가 허용되지 않아 자신들의 목소리를 잃은 사람들이다. 따라서 이들과 소통할 수 있는 길은 이들과의 관계에서 재연되는 관계양상이나 이들이 야기하는 정서경험, 즉 투사적 동일시를 통해서만 가능하다.

예수님께서 이들을 찾아오시는 곳, 상담자가 이들과 함께 머물러야 할 곳은 온갖 병자들이 모여 물이 움직이기를 기다리는 베데스다 못가요,[33] 사마리아 우물가요, 소가 없는 외양간이다. 이러한 절망적 상황에서 절망의 유혹에 빠지지 않으려는 몸부림 자체가, 삶의 어려움 한가운데서 하나님에 대해 의문을 품는 것 자체가, 그리고 그 누구에 의해 명명된 것이 아니라 이들의 구체적 경험으로부터 출발하는 하나님, 죄, 악, 구원, 용서에 대한 이야기 자체가 '신학하기'의 시작이다. 이들이 상담자를 찾아와줌으로써 상담자 안에서 활성화되는 이들의 구체적 체험은 삶의 신비를 이해하는 지혜의 원천이 되며, 신학적 성찰에 영감을 주고, 상담자를 상담자로 되어가게 한다(becoming). 이때 이들은 더 이상 중심에 있는 누군가에 의해 주변으로 밀려난, 이름 없는 타자가 아니다.

    그러나 작금의 교회현실은 이와는 사뭇 대조적이다. 건강을 잃거나, 명예를 잃거나, 부를 잃거나, 여하한 우환이 있는 경우, 특히 이러한 일이 목회자 가정에서 일어나는 경우, 이것을 교회공동체에서는 드러내지 못하는 경우가 종종 있다. 그것은 믿음과 간구가 부족한 것으로 치부되기 때문이다. 혼전성교 후 죄책감에 사로잡혀 목사님께 상담하러 갔다가, 치리(治理) 대상으로 분리되어 교회에 못나가게 되었다는 내담자도 있다. 깡패들에게 맞고 도리어 가해자로 몰려 억울하기 짝이 없는 아들의 마음은 아랑곳하지 않고, 험한 일을 당하고도 주님의 사랑으로 모든 것을 용서하여, 선으로서 악을 이겨 의연하게 일을 처리했다며 그럴듯하게 간증하는 아버지를 보고 교회를 떠나버린 청년도 있다. 건강과 부, 명예와 드러난 믿음을 은총과 축복으로 줄긋기하고, 예수님이 편애하신 지극히 작은 자들, 자신들의 경험을 언어라는 그릇에 담을 수 있는 능력조차 없는 이들이 설 곳을 허용하지 않는 교회가 너무 많다.

    질병과 가난, 불명예의 절망적 상황에서 "아버지, 내 영혼을 아버지 손에 맡깁니다"(눅 23: 46)라는 절대의존의 신앙고백에 앞서 "나의 하나님, 나의 하나님, 어찌하여 나를 버리셨습니까?"(마 27: 46)라는 울부짖음을 허용할 수 있는 교회가 먼저 되어야 한다. 후자를 억압하고 전자만을 앞세우는 교회는 겉으로는 아름답게 보이지만 그 안에는 죽은 사람의 뼈와 온갖 더러운 것이 가득한 회칠한 무덤에 지나지 않기 때문이다(마 23: 27). 교회가 후자를 외면하지 않고 예수님이 가장 편애하는 '지극히 보잘 것 없는 자들'의 안식처로 거듭나는데 있어서, 이 책에서의 투사적 동일시에 대한 연구가 일조(一助)할 수 있기를 소망한다. 그것은 투사자가 원치 않거나 감당할 수 없어서 투사한 것을 투사수용자가 담아서 감당할 수 있는 것으로 수정·변경하여, 투사자에게 되돌려주는 투사적 동일시의 투사, 유도, 재내면화의 과정에 대한 이해와 그 치료적 활용에 의해서 가능해질 수 있다. 이 책에서는 좋은 것을 보호하기 위해 좋은 것을 투사하는 투사적 동일시보다는 나쁜 것을 제거 통제하기 위해 투사하는 투사적 동일시에 초점을 둔다. 그리고 이러한 투사적 동일시의 방어기능의 기저를 이해·수용함으로써 투사적 동일시를 소통과 심리적 변화를 위한 수단으로 활용할 수 있게 되는 것이 이 책이 지향하는 바다.

투사적 동일시에 대한 목회상담 및 목회 신학적 성찰을 하는데 있어서, Leonardo Boff, James H. Cone, John B. Cobb과 David Ray Griffin, Pamela Cooper-White, Wendy Farley, Gustavo Gutierrez, Elizabeth A. Johnson, Catherine Mowry LaCugna, Jurgen Moltmann, Karl Rahner, Ann Belford Ulanov and Barry Ulanov 등의 저술들은 고난, 치유, 해방, 자유, 육화(incarnation), 자기 비움(kenosis), 과정, 영원한 현재, 관계, 상호주체성 등의 중심개념들이 내담자들의 구체적 상황에서 어떻게 말해질 수 있는가를 고찰하는데 많은 도움을 주었다. 특히 이 중에서 편집-분열 자리의 핵심감정인 시기심을 다루고 있는 Ulanov의 『신데렐라와 그 자매들: 인간의 시기심』은 난해한 용어를 전혀 사용하지 않으면서도 투사적 동일시의 투사, 유도, 재내면화과정을 신학적 관점에서 통찰력 있게 풀어나가며 분열에서 통전에 이르는 길을 감동적으로 제시하고 있다.[34] 또한 Pamela Cooper-White는 『나눔의 지혜: 목회적 돌봄과 상담에서 자기를 활용하기』를 통해 상담관계에서 생기는 주관적 경험, 즉 역전이를 깊이 탐색함으로써 보다 깊이 공감적으로 다른 이를 수용하고, 다른 이가 갖고 있는 생각, 느낌, 통찰, 성장과 치유에의 희망 등에 보다 개방적이 될 것을 제안한다. 그녀는 목회적 돌봄자가 자기 자신(pastoral care-giver's own self)을 분별과 실천의 최우선 도구로 이용하여, 목회적 진단(pastoral assessment)과 신학적 고찰(theological reflection)을 하는 방법을 안내한다. 또한 그녀는 상호주체성의 개념을 이해와 의미의 나눔, 즉 지혜를 공유(shared wisdom)하는 거룩한 춤에 비유한다. 자기를 도구(use of the self)로 하여 이 춤에 참여하는 것이 모두에게 풍부하고 영원한 생명을 주는 하나님을 갈망하는 것이며, 서로의 사랑에 동참하는 것이라고 역설한다.[35]

이 책의
전개와 한계

　　이 책은 6장으로 구성되어있다. 제1장에는 이 책의 동기와 목적, 선행연구와 연구방법론, 연구의 전개와 한계에 대하여 서술하였다. 제2장에는 투사적 동일시의 개념을 이해하기 위하여, 투사적 동일시 개념의 정의, 개념의 변화와 발달과정, 투사적 동일시와 심리발달의 자리, 투사적 동일시의 기능과 목적에 대하여 기술하였다. 투사적 동일시는 1946년 Melanie Klein에 의해 처음 제안되었다. 이것은 유아가 생후 초기 3~4개월경 시작되는 편집-분열자리의 가장 주된 불안인 멸절불안과 박해공포로부터 자신을 보호하기 위하여 무의식적으로 사용하였으며, 과도하게 사용되는 경우에는 심한 정신병리처럼 보이는 원시적 양태의 방어기제다. 이후 Bion이 개인내적 환상이 대인 간 상호관계에서 어떻게 구체화되는지를 보여줌으로써, 한 몸 심리학에서 두 몸 심리학으로 발전되었다. 투사적 동일시는 상징화의 능력과 공감의 기초로 인식되었다. 그리고 그 개념이 점차 확대되어 사람과 환경 모두가 다중적인 측면에서 투사적 동일시의 기제로 연결된 하나의 유기체라는 상호주체적 관점을 제공하는 주요기제로 변화와 발전을 거듭하였다. 즉, 분열(splitting)을 수반하는 투사로부터 시작되는 투사적 동일시는 통전에 이르게 하는 심리기제로 그 개념이 확대되었다.

투사적 동일시가 주된 심리기제인 편집-분열자리와 그 전후의 자폐-접촉자리, 그리고 우울자리는 서로 창조하고, 보존하고, 부정하며, 변증법적이고, 역동적으로 상호작용한다. 이 책에서는 각 자리의 경험을 조직하고 정의하는 방식, 특징적인 불안, 특정한 방어양상 및 심리기제, 대상들과의 관계양상, 자기감 등을 살펴보았다.

투사적 동일시는 방어, 의사소통, 원시적 대상관계, 심리적 변화를 위한 통로로서의 기능을 하며, 이는 대체적으로 심리내적 방어와 대인관계소통이라는 크게 두 가지로 구별된다. 투사자들이 감당하기 힘들어 투사하고 타자화시킨 파편들을 투사수용자가 담아주고(containing), 체현(incarnation)의 장이 되어줌으로써, 그것들을 감당할 만한 것으로 잘 소화시켜(metabolizing) 투사자들에게 되돌려주는 역할을 하는 경우, 투사적 동일시는 심리적 변화를 위한 통로가 된다.

제3장에서는 투사적 동일시 과정의 상호주체성에 대하여 서술하였다. 투사적 동일시는 (1) 자기의 일부를 다른 사람에게 투사하고 그 투사한 부분이 그 사람을 내면으로부터 점거하고 있다고 여기는 무의식적 환상의 측면, (2) 대인 간 상호작용을 통해 투사수용자가 투사와 동일하게 생각하고, 느끼고, 행동하도록 압력이 발휘되는 측면, (3) 투사된 감정들이 투사수용자에 의해 심리적으로 처리된(processed)

후 투사자에 의해 재내면화되는 측면 등 즉, 투사, 유도, 재내면화라는 대략 세 개의 측면으로 구성된다. 투사적 동일시는 단일 심리사건의 세 측면이라는 관점에서 동시성(simultaneity)과 상호의존성(interdependence)의 의미를 지닌다.[36] 이렇게 투사자의 투사된 자기가 투사수용자에 의해 변형되어 투사자에게 재투사되는 동시적이고 상호의존적인 과정에서, 무의식적 요소가 상호 침투함으로써 투사자와 투사수용자는 서로를 수용하여 변형되는 되어감의 과정 즉, 서로를 구성하는 상호주체적 창조의 과정에 동참하게 된다.

제4장에서는 실제 임상사례를 통하여 내담자와 그의 중요한 타자들 사이에 강력하게 엮인 투사적 동일시를 살펴보고, 그것이 상담자-내담자 상호작용에서 어떻게 드러나는지, 그 투사적 동일시의 현상을 고찰하였다. 투사적 동일시의 발달 심리적 관점, 투사적 동일시에 의한 강력한 정서적 의사소통, 의존적 투사적 동일시로 인한 집착과 그 집착을 놓아주는 과정, 온통 나쁜 것들로 둘러싸여있는 편집-분열자리의 내담자에게 투사적 동일시에 대한 해석이 미치는 부정적 영향 등을 살펴보았다. 내담자와 상담자가 이러한 문제를 함께 탐색하는 과정에서, 내담자는 어려움을 겪고 있는 영역인 자기개념과 대인관계 영역을 강력하게, 직접적으로, 그리고 경험적으로 지금 여기에서 작업할 수 있게 된다. 이러한 과정에서 내담자뿐만 아니라 상담자 역시 많은 것을 느끼고, 경험하며, 되돌아보고, 반성하며, 내다보고 다짐하면서 함께 성장하고 변화해간다.

제2장과 제3장은 투사적 동일시에 대한 개념적·이론적 이해에 초점

을 맞춘 것이라면, 제4장은 이것들을 기반으로 하는 해석적 틀을 갖고, 임상자료를 통해 인간의 내면세계와 상호관계에 대한 보다 깊은 이해를 시도해보았다. 이론의 기원은 임상에 있으며, 이론은 임상현상을 이해하는 도구가 된다.

제5장에서는 제3장에서 살펴본 투사적 동일시의 투사, 유도, 재내면화과정을 목회 상담학적 관점에서 재조명해보았다. 이중에서 특히, 유도과정에서 투사자가 덮어씌운 부분을 기꺼이 뒤집어씀으로써, 원하지 않는 부분들이 차고도 넘쳐 그것으로 다른 사람을 덮을 수밖에 없는, 투사자와 기꺼이 동일시하려는 적극적 자발성과 창조적 수용성은 기꺼이 인간의 몸을 입고 인간의 고통에 동참하는 그리스도의 자기 비움의 인간적 모형(模型)이라고 할 수 있다. 우리의 예범이 되시는 그분은 하나님의 현재적 실재의 직접성(present immediacy)으로부터 살고, 말했다. 자기를 비우고 몸을 입으신(incarnation) 그분을 본받아, 우리도 자기를 비우고 서로 투사의 그릇이 되어주는 것이다. 자기를 기꺼이 투사의 도구로 내어주는 자발성은 진정한 크리스천의 삶의 태도다. 자신의 원하지 않는 부분을 투척하는 것은 그것을 덜어내고, 거기에서 벗어나기를 갈망하는 무의식적 희망에 의해서다. 수용자가 투사자의 절망에서 희망을 읽을 수 있을 때 투사적 동일시는 희망의 언어가 되고, 고립과 분열은 화합과 연대가 된다. 희망과 해방에 관한 관심은 기독교 신앙의 본질적 표현이다.[37] 투사자가 유발하는 상태와 기꺼이 하나가 됨으로써 수용자 자체가 투사자를 이해하는 가장 중요한 통로가 된다. 자신을 투사자의 투사를 담아주기 위한 그릇으로 허용하는데

그치는 것이 아니라, 자신과 체화되어 동일시된 투사를 소화하여 투사자에게 되돌려줌으로써 상호 변화하는 창조의 과정에 참여하는 것이다.

언어의 한계를 넘어 직접적이고, 즉각적인 관계경험을 통하여 공감하고 소통하는 심리기제인 투사적 동일시의 관점에서 인간과 모든 생태우주와 하나님 사이의 유동적·개방적·상호주체적 관계를 탐구하였다. 또한 이때 '너' 혹은 '나'의 투사가 '나' 혹은 '너' 안에서 실연(actualized), 체현(embodied), 구체화(concretized), 육화(incarnated)되는 경험을 하게 된다. 현재 존재동사(I am that I am)를 의미하는 하나님으로 말미암아 하나님이 내 안에, 내가 하나님 안에 있다 함은 하나님을 매개로 '내'가 '너'의, '네'가 '나'의 확장이며, 전 우주 생태자연이 유기체적 관계로 연결되어있는 한 폭의 천(seamless fabric)임을 깨닫게 한다. 이때 자기인식의 심화 확대는 개인의 차원이 아니라 전 우주 생태자연을 포괄하는 의미다. 이상과 같이 목회 상담학적 관점에서 투사적 동일시에 대한 이해를 시도해본 결과, 투사적 동일시가 화합과 연대를 희망하는 고립과 분열의 이야기라는 것을 발견하게 된다.

제6장에서는 이 책의 한계점에 대하여 평가한 후, 앞으로 수행되어야 할 과제에 대해 제언한다. 이 책은 목회상담자로서 저자가 상담실 안에서 만나는 내담자의 구체적 삶을 중심으로 하는 미시적 차원에 그 초점을 두고 있다. 어떤 측면에서 보면 건강, 회복, 성숙을 논하면서 사회, 정치, 경제, 성별, 종교 등 보다 거시적 차원이나, 집단치료, 가족치료, 부부치료, 소아·청소년 치료보다는 성인 개인치료에 그 범위를 국

한하고 있다는 점이 이 책의 의도적 한계라고 할 수 있다. 그리고 상담을 접할 수조차 없을 정도로 '지극히 보잘 것 없는 자들'이 이 책에서 제외된 것도 같은 이유에서다. 투사적 동일시에 대한 이론과 임상과 목회상담학적 성찰을 아우르는 작업에서 서로 간에 피상적 줄긋기가 됐을 수도 있다는 점이 또 다른 한계다.

이러한 한계에도 불구하고, 정신분석적 개념 중에서도 가장 심층적 내용을 다루며 가장 난해하기로 정평이 나있는 투사적 동일시 개념을 참조틀로 하여 정신분석과 목회신학의 대화를 시도하였다는데 이번 출간의 의의가 있다. 저자는 신학적 목적을 위하여 정신분석적 개념을 끌어들인 것도 아니고, 정신분석적 목적을 위하여 신학적 개념을 끌어들인 것도 아니며, 둘 사이의 명확한 병렬관계를 찾으려고 한 것도 아니다. 그것은 가능하지도 않다.

이론과 임상, 성(聖)과 속(俗)이 구별은 되나 구분은 될 수 없다는 점에서, 그리고 이 둘이 서로 양립할 수 없는 이원적 대극이 아니라 상호의존적으로 관계되어있다는 점에서 이러한 작업은 다소 무리가 있을지라도 당연히 그리고 꾸준히 해야 하는 작업이다.

CHAPTER **2**

투사적 동일시에 대한 이해

투사적 동일시가 처음 Klein에 의해 개인내적 전능환상의 과정으로 제안된 이래, Wilfred Ruprecht Bion을 시작으로 대인 간 의사소통의 과정으로, 그리고 Ogden 등에 의해 심리적 변화를 위한 통로로서의 기능이 강조되는 등 그 개념이 발달되었다.

투사적 동일시가 심리적 변화를 위한 통로로 사용되기 위해서는 투사적 동일시에 대한 인식과 이해를 심화 확대하여 투사수용자의 역량을 강화해야한다. 상담자가 기꺼이 자기를 비워 내담자가 쏟아내는 '흑암의 빛줄기'를 담아주는 투사의 수용자가 되어줄 때, 상담자는 참자기의 탄생을 돕는 산파역할을 하게 된다.

전이, 역전이, 투사적 동일시 등 정신분석의 몇몇 핵심개념의 운명을 돌아보는 것은 흥미 있는 일이다. 처음에 Freud는 전이를 저항의 한 형태로 보았지만, 후에 그 치료적 잠재력에 가치를 두게 되었다. 역전이에 대해서도 그는 전이와 비슷한 태도를 취하여 '분석가가 환자를 이해하는 자유에 장애물'이 된다고 생각하였다. 그러나 후에 여러 이론가에 의하여 역전이가 얼마나 창조적으로 사용될 수 있는지 일깨워졌다. 이와 마찬가지로 투사적 동일시의 경우 역시 일반적으로 단지 병리적 방어기제 정도로만 여겨지다가 보다 긍정적 관점에서 고려되고 있다.[38]

본 장에서는 투사적 동일시가 처음 Klein에 의해 개인내적 전능환상의 과정으로 제안된 이래, Wilfred Ruprecht Bion을 시작으로 대인간 의사소통의 과정으로, 그리고 Ogden 등에 의해 심리적 변화를 위한 통로로서의 기능이 강조되는 등 그 개념의 발달에 관하여 살펴보고자 한다. 그리고 투사적 동일시 기제가 지배적으로 사용되는 편집-분열자리와 그 전후의 자폐-접촉자리, 우울자리, 그리고 투사적 동일시의 기능에 관하여 살펴보고자한다.

투사적 동일시
개념의 발달

투사적 동일시라는 복합용어에 대한 이해는 시간이 지나면서 임상적 발달에 따른 결실로 이루어지고, 점점 더 깊어진다.[39] 투사적 동일시는 Klein과 Hanna Segal에 의해 유아기의 초기 심리적 발달을, Bion에 의해 원시적 소통의 형태를, Rosenfeld나 Bion에 의해 정신병적 과정을 묘사하는 데에 다양하게 사용되었다. 이들 중 특히 Rosenfeld와 Segal의 개념정의는 투사적 동일시를 주로 주체의 전능환상의 영역에 제한시켜 논의한다는 점에서 Klein의 정의에 충실하다고 볼 수 있다.[40] 또한 Grotstein과 Ogden 등 Klein학파 분석가들과 다른 분석가들은 투사적 동일시를 다른 의미로 사용하고 있다.[41] 이렇게 다양한 의미로 사용되는 투사적 동일시는 대체로 크게 두 가지로 구분할 수 있다. 첫째, 심리내적 방어기제로서의 투사적 동일시와 둘째, 대인 간 의사소통으로서의 투사적 동일시가 그것이다.

개인내적 환상으로서의 투사적 동일시

　Klein이론에서 가장 탁월한 부분은 환상에 대한 설명과 내적 대상에 대한 개념이다.[42] Klein은 다양한 형태로 표출되는 유아들의 공격적 환상에 관해 관심을 보이며, 1946년 "Notes on Some Schizoid Mechanisms"라는 논문에서 투사적 동일시라는 개념을 처음 제안하였다. 이후 1955년 Klein의 논문 "On Identification"은 Klein이 1946년도의 논문 이외에 투사적 동일시에 관하여 상세하게 언급한 유일한 논문이다.[43] 정신분석이론이나 치료에서 매우 유용한 개념이 된 용어인 투사적 동일시가 처음으로 제안된 기념비적 원문은 다음과 같다.

　　어머니를 공격하는 환상은 크게 두 가지로 나타난다. 하나는 빨아서 말려버리고, 깨물고, 퍼내어 어머니의 몸에서 좋은 내용물을 제거하는 것으로 구강기적 충동이 지배적이다. 다른 하나의 공격은 항문기적·요도기적 충동에서 유래하며, 자기로부터 위험한 물질(배설물)을 어머니 안으로 방출하는 것을 의미한다. 해로운 배설물과 함께, 증오로 축출된, 자아의 분열된 부분들은 어머니에게(on to) 투사된다. 더 적절히 표현하면, 어머니 안으로(into) 투사된다.[44] 이러한 배설물과 자기의 나쁜 부분은 대상을 손상시킬 뿐만 아니라, 대상을 통제하고 소유하려고 한다. 어머니가 자기의 나쁜 부분을 담게 되는 한, 어머니는 분리된 개인이 아니라 나쁜 자기로 느껴지게 된다. 자기의 부분들에 대한 많은 증오를 이제 어머니에게로 돌린다. 이것은 공격적 대상관계의 원형이 되는 특정 동일시의 형태를 띤다. 나는 이러한 과정에 대하여 '투사적 동일시'라는 용어를 제안한다.[45]

Klein에 의하면 투사적 동일시란 자기의 원하지 않는 부분을 분열시켜 이를 다른 사람 안으로 투사하여 제거하려는 전능환상의 과정이다. Klein은 유아가 언어로 사고하기 이전에 이러한 환상이 일어나기 때문에 이러한 원시적 과정을 묘사하는 데는 많은 어려움이 따른다고 말한다. 이러한 맥락에서 그녀가 '다른 사람 안으로(into) 투사'한다는 표현을 사용하는 것은, 이것이 그녀가 묘사하려고 하는 무의식적 과정을 전달할 수 있는 유일한 방법으로 보이기 때문이라고 설명한다.[46]

유아에게 있어서 자기의 부분들이 재배치되는 이런 환상은 실제로 일어나는, 실재하는 무의식적 환상이다. 실제로 유아의 한 부분은 자아 경계의 외부에 있는 어떤 다른 대상 즉, 외적 대상 안에 있다고 느낀다. 그때 거기에는 특별한 정체성이 존재한다. 어떤 점에서 유아는 외부 대상이다. 그리고 그 대상(그의 어머니)은 단순히 유아의 대상이라기보다 유아의 일부분이다.[47] 실제 관계에 영향을 미칠 정도로 강력한 이러한 환상을 '전능환상'이라 한다. 이러한 환상 안에서 외부 대상은 내적 대상으로서 물리적으로 자리 잡고 있다고 믿어진다. 이 환상과정은 종종 엄청난 공격성의 표출을 수반하고, 그 환상에 대한 믿음의 강도가 크기 때문에, 주체는 마치 그러한 공격성이 실제로 현실에서 표현되기라도 한 것처럼 대상을 두려워한다.[48]

Klein은 심리내적 요소 즉, '대상과 자기'(그녀는 self가 아니라 ego라는 용어를 사용) 사이의 역동적 상호작용에 관하여 강조하였다. Klein의 내적 대상들은 생명본능과 죽음본능의 세력에서 생겨나는 무의식적 환상과 연결되어 있으며, Klein은 이러한 내적 세계를 Freud의 욕동이론의 관점에서 연구했다.[49] Klein의 이론은 욕동구조 모델에서 관계구조 모델로 넘어가는 과도기적 역할을 한다. 그녀는 Freud 입장을 충실하게 유지하면서도, 그에게서 벗어나고 있다.[50] Jay R. Greenberg와 Stephen A. Mitchell에 의하면 Klein은 대상관계를 그녀의 이론적 임상적 저술의 중심에 두었다. 그녀에게 있어서, 대상관계의 조직과 내용, 특히 유동적이고 복잡한 내적 대상세계와의 관계는 인간의 경험과 행동을 결정하는 주된 요인이었다.[51]

Klein의 제자인 Rosenfeld 역시 투사적 동일시를 개인내적 전능환상이라는 입장에서 다음과 같이 설명한다.

> 내사 혹은 투사에 의해 생기는 동일시는 자기애적 대상관계에서 중요한 요소다. 대상이 전능하게 함입될 때, 자기는 함입된 대상과 동일시되어 자기와 대상 사이의 모든 분리된 정체성이나 어떠한 경계도 부정된다. 투사적 동일시에서 자기의 부분들은 대상, 이를테면 어머니 안으로 전능하게 들어가서, 바람직하다고 여겨지는 어떤 특성들을 경험하고 대상 혹은 부분대상이 된 것처럼 여긴다. 내사에 의한 동일시나 투사에 의한 동일시는 동시에 일어난다.[52]

Rosenfeld는 투사적 동일시를 무엇보다 초기자아의 분열과정과 관련지어 설명하였다. 그는 이런 분열과정에서 자기의 좋은 부분 혹은 나쁜 부분이 자아로부터 분열되고, 다음 단계에서는 사랑이나 미움의 감정과 함께 외부 대상 안으로 투사되는데, 이것이 자기의 투사된 부분과 외부 대상 간의 혼동과 동일시로 이어진다고 보았다. 이러한 과정은 중요한 박해불안과 연관된다. 내담자는 자기의 공격적 부분들로 가득 찬 대상들이 보복할까봐 두려워하며 박해적이고, 위협적으로 경험되는 자기의 나쁜 부분을 다시 자아 안으로 담는다고 설명한다.[53]

병원에 입원 중인 정신분열증 환자를 정신분석적으로 치료한 Rosenfeld가 발견한 자아 또는 자기의 분열은 둘로 나뉘는 분열이 아니라, 산산조각이 나거나 파편화되는 분열이었다. 이러한 다중적인 분열은 광증을 초래할 정도로 심각하게 정신기능을 방해한다. 자기에 대한 내적 공격으로 인해 심각하게 손상을 입은 나머지 무감정하고 무기력한 상태에 이르는 것이 바로 정신분열증 인격에서 볼 수 있는 전형적 모습이다. 이러한 환자는 생각하는 능력을 상실할 뿐만 아니라 감정까지도 상실한다.[54] Rosenfeld는 분석가가 환자의 파편적 의미들을 일관성 있는 언어적 의사소통으로 조립해줄 때, 환자는 자신을 이해하고 분석가와 의사소통하기 위해 더 많이 노력하게 되는 것을 발견하였다.[55]

Rosenfeld는 소통을 위한 투사적 동일시와 원치 않는 자기의 부분을 제거하기 위해 사용되는 투사적 동일시를 구분한다. 그는 치료자의 역량에 따라서 세 번째로 사용되는 투사적 동일시를 덧붙이고 있는

데, 여기서 정신병적 내담자는 분석가의 몸과 마음을 통제하려고 한다. 그는 이러한 현상이 아주 초기 유아기의 대상관계 유형에 기초하고 있는 것으로 보았다. 그는 또한 정신병 내담자에게는 이들 세 가지 투사적 동일시가 동시에 존재하며, 정신병 내담자를 다룰 때 이들 중 하나에만 집중하지 않는 것이 중요하다고 강조했다.[56] Ogden은 Rosenfeld가 투사적 동일시 이론을 정신분열증 환자에게 임상적으로 적용한 것에 대하여 몇몇 중요한 논문들을 발표함으로써, 그리고 특히 이인증(depersonalization)과 혼돈상태(confusional states)에 대한 기원을 추적하는 데에 투사적 동일시 개념을 사용함으로써 중요한 공헌을 하였다고 평가한다.[57]

Hanna Segal에 의하면 투사적 동일시에서 주체는 환상 속에서 자기의 상당부분을 대상 안으로 투사하고, 대상은 그가 담고 있다고 여겨지는 자기의 투사된 부분들과 동일시하게 되며, 이와 유사하게 내적 대상들 역시 밖으로 투사되어 이것들을 표상하고 있는 외적 세계의 부분들과 동일시된다고 설명한다.[58] 여기서 Segal은 투사적 동일시에서 대상에 의한 동일시와 주체에 의한 동일시라는 이중적 동일시에 대하여 말한다. 즉, 대상은 주체가 환상 속에서 대상 안으로 투사한 주체의 상당부분을 담고 있다고 느끼고, 그것들과 동일시하게 되며, 또한 주체는 밖으로 투사된 내적 대상들을 표상하고 있는 외적 세계의 부분들과 동일시하게 된다는 것이다. 이에 대해 Scharff 부부는 Segal이 투사적 동일시 용어에 부여한 이중적 의미는 대상이 마치 자기인 것처럼 잘못 지각하게 되거나, 자기가 마치 대상인 것처럼 잘못 지각하는 것을 의미할

수 있다고 한다.[59]

    Hanna Segal은 이러한 최초의 투사와 동일시가 상징형성 과정의 시작이라고 말한다.[60] 또한 그녀는 투사적 동일시 개념을 상징형성의 결함에 대한 탐구에 적용하면서 관계요소는 포함시키지 않았다.[61] 그녀에 의하면, "상징되는 것과 상징의 미분화는 자아와 대상 사이의 관계에서 일어나는 장애의 일부다. 자아의 부분들과 내적 대상들은 대상 안으로 투사되어 대상과 동일시된다. 자기와 대상 간의 분화가 모호해진다. 이때 자아의 일부가 대상과 혼돈되므로, 자아의 창조요 자아의 기능인 상징은 상징되는 대상과 혼돈된다."[62]

    한편 John Zinner와 Roger L. Shapiro는 투사적 동일시가 개인내적 심리학과 대인 간 심리학을 잇는 교량역할을 한다고 제언한다.

> 자아의 활동인 투사적 동일시에 의한 영향 중 하나는 대상에 대한 지각을 변화시킴으로써, 상호적 양식에 의해 자기이미지를 변경시키는 것이다. 연합된 지각의 변화는 대상에 대한 자기의 행위에 영향을 미치고 행위를 통제하게 된다. 따라서 투사적 동일시는 개인심리학과 대인심리학 사이에서 중요한 개념적 교량역할을 한다. 이 기제를 인식함으로써, 우리는 개인 안에서 일어나는 특정 역동적 갈등으로 미루어 헤아려, 사람들 사이의 특정 상호작용을 이해할 수 있게 된다.[63]

이상에서 본 바와 같이 Klein을 위시하여 Rosenfeld, Hanna Segal

등은 개인이 자신의 일부를 분열하여 다른 사람에게 집어넣어 제거해 버리는 개인내적 전능환상 및 방어로서의 투사적 동일시에 초점을 맞추고 있다. 그렇긴 해도 이들 Klein학파의 이론은 욕동구조 모델에서 관계구조 모델로 넘어가는 과도기적 역할을 하고 있는 것 또한 사실이다. 여기서 우리는 투사적 동일시가 Zinner와 Shapiro에 의해 개인내적 환상의 심리학에서 대인 간 심리학으로 넘어가는 교량으로 설명되는 것 역시 살펴보았다.

대인 간 의사소통으로서의 투사적 동일시

투사적 동일시를 환상이나 방어로 본 Klein과는 달리, Klein학파 이론의 가장 중요한 공헌자 중 한 사람인 Bion은 이것을 자기의 부분들이 다른 사람 안에 넣어지고, 다른 사람은 그것과 동일시하여 자기의 것으로 경험하며, 투사자의 분열된 측면을 재연하게 되는 대인 간 과정으로 인식하고 있다.[64] Bion은 "분석가는 비록 그것을 인식하는 것이 어렵기는 하지만 다른 사람의 환상의 일부를 연출하도록 조종받고 있다고 느낀다"고 설명하였다.[65] Bion의 이러한 설득력 있는 설명은 Klein에 의해 분명하게 밝혀지지 않은 투사적 동일시 과정의 대인 간 측면을 이해하는데 도움이 된다.[66] Bion은 투사적 동일시 개념을 정교화하고 적용하는 데 중요한 역할을 하였다. 그는 모든 형태의 집단에서뿐만 아니라 개인치료에서도 내담자와 치료자의 상호작용에서 가장 중요한 형태는 투사적 동일시라고 말한다.[67] 이와 같이 Bion은 Klein의 생각을 더 진전시켰으며, 담아주기 기능과 알파요소와 베타요소 개념 등 많은 새로운 생각들을 정신분석에 도입하여 오래된 생각을 재작업하였다.[68]

Bion에 의하면 삶의 시작에는 '베타요소'라는 인식되지 않은, 다시 말하면 소화되지 않은 경험 자료만이 존재한다. 베타요소는 투사적 동일시에 의해 배출(evacuation)될 수밖에 없으며, 어떤 현상으로 지각되기보다는 물자체(thing in itself)로 체험된다. 왜냐하면 이것은 아직 인식이전의 경험 자료이기 때문이다. Bion은 감정적 경험이 처리되고 소화되는 방식을 '알파기능'이라는 용어로 개념화하였다. 아이는 오직 어머니가 어머니의 도움으로만 알파기능을 작동시킬 수 있다. 알파기능의 요인은 주의와 추상화다. 알파기능이 기능하게 되면, 알파요소를 생성하게 된다.[69] 베타요소는 기억이라기보다는 소화되지 않은 사실인 반면, 알파요소는 알파기능에 의해 소화되고, 따라서 사고를 위해 사용될 수 있다. 소화되지 않은 사실 즉, 베타요소와 기억을 구분하는 것은 중요하다.[70]

베타요소는 보통 죽음과 와해의 공포와 같은 것을 포함하지만, 우리가 그것을 언어로 표현하면 그것은 더 이상 베타요소가 아니라 알파요소가 된다. 만약 어머니와 관계가 좋다면, 죽음에 대한 공포는 수정될 수 있으며, 아기는 이것을 견뎌낼 수 있고, 어떤 의미에서 그것이 무엇인지 알게 될 수 있다. 만약 그렇지 않다면, 어머니가 '담아주지 못함'으로 인해 베타요소가 증가할 수 있고, 아기는 '이름 없는 무서움'에 남겨질 수 있다. 이름이 없다는 것은 이름을 부를 수 있거나, 생각할 수

있거나, 꿈꿀 수 있는 무언가로 전환되지 않았기 때문이다.[71]

    Bion에 의해 발전된 투사적 동일시의 개념에서는 어머니 역할이 중심이 된다. 이것은 아주 초기에 유아가 투사하는 테러에도 파괴되지 않고, 유아와 하나가 될 수 있는 Winnicott의 '참 좋은 어머니(good enough mother)'와 연결된다. Bion의 용어로 말하자면 Winnicott의 '참 좋은 어머니'는 베타요소인 원초적 정서경험을 견뎌낼 수 있을 뿐만 아니라 그것들을 다루어서, 사고가 가능해지고, 실재하며 견딜 수 있게 알파요소로 변형시킬 수 있는 어머니를 의미한다. Bion은 이것을 어머니의 '몽상능력(capacity for reverie)'이라고 했다.[72] 이것은 아기 스스로는 담아낼 수 없는 경험(불안, 좌절)을 어머니가 대신 흡수하여 견뎌주는 특별한 심리상태를 말한다.[73]

    몽상(reverie)이라는 용어는 어떤 내용에라도 거의 적용될 수 있을지도 모른다. 나는 몽상을 사랑이나 증오로 가득 찬 내용만을 위해서 제한해두고자 한다. 이렇게 국한된 의미로만 사용하는 것은 몽상이 사랑하는 대상으로부터 나오는 어떤 것들이라도 수용하도록 열려있는 마음상태이기 때문이다. 따라서 유아의 투사적 동일시를 수용할 수 있는 것이 가능한데, 이것은 유아가 느낀 투사적 동일시가 좋은 것으로 여겨지건 나쁜 것으로 여겨지건 간에 그러하다. 요컨대 몽상은 어머니의 알파기능의 한 요인이다.[74]

Bion의 담아주기 기능 개념은 Klein의 투사적 동일시에 관한 생각으로부터 발전했다.[75] 투사적 동일시 과정에서 어머니 역할의 결정적 중요성을 처음으로 이해한 것은 Bion이며, 이것은 현대정신분석 사고의 발달에 결정적 영향을 미치게 되었다.[76] 담아주기에 대한 Bion의 이론은 지난 40년 동안 정신분석의 발달에 심오한 영향을 미쳤다. 투사와 투사적 동일시가 유아와 어머니 간의 의사소통과 이해를 발달시키는데 핵심적이라는 그의 관점은 역전이를 환자에게 미치는 부정적 반응이 아니라, 치료자가 변화과정에 참여하는데 결정적인 것으로 보게 하였으며, 치료적 만남에서 역전이의 중요성을 새롭게 인식시키는데 크게 기여하였다. 치료자가 환자를 담아준다는 것은 투사된 감정을 다루고, 이해하여, 변형된 형태로 재내사할 수 있도록 그것을 경험하고, 인식할 수 있는 능력을 포함한다.[77]

　Bion은 투사적 동일시는 가장 원시적 소통방법으로서, 아이가 견딜 수 없는 감정이나 체험을 어머니에게 투사하고, 어머니는 이에 걸맞게 이 감정이나 체험을 소화하여 아이에게 재투사하게 된다. 이 경우 Bion은 어머니는 담아주는 그릇(container)이 되고, 소화되어야 할 경험은 담기는 것(contained)이 된다고 설명한다. Bion은 또한 이러한 담아주기 기능에 대하여 담아주는 그릇을 여성적인 것으로, 그리고 담기는 것을 남성적인 것으로 규정하여, 남성적인 것과 여성적인 것이 결합하여 새로운 것이 생성되는 자연의 조화로 설명한다.[78] Bion은 대상이 투사되는 담아주는 그릇(container)과 투사될 수 있는 대상인 담기는 것(contained)을 표상하는 추상화로 각각 ♀과 ♂의 기호를 사용할 것

을 제안하였다.[79]

　Malin과 Grotstein은 Klein의 투사적 동일시 개념을 훨씬 확장하여, 투사적 동일시가 정상적이고 병리적인 발달과 치료과정에 대한 이해를 증진시킬 수 있음을 보여주었다. 이들은 투사적 동일시를 태어날 때부터 존재하는 정상적 과정이며, 대상관계를 통해서 성장과 발달을 가져오는 가장 중요한 기제 중의 하나라고 설명한다. 이 기제 안에서 대상들과 그것에 연루된 정서들이 새롭게 통합된 수준에서 재경험됨으로써 자아가 보다 더 통합되고 발달하게 된다는 것이다. 이들은 투사적 동일시를 사람들이 심리적 내용물을 밖으로 환경에 투사하고, 투사된 자기의 부분들에 대한 환경의 반응을 감지함으로써 자신의 내적 심리적 삶을 확인할 수 있는 방법이라고 생각한다. 이 과정은 새로운 심리적 통합을 가져오고, 정상적 성장과 발달로 안내하며, 따라서 치료과정에서 결정적으로 중요한 것이라고 말한다.[80]

　Malin과 Grotstein은 투사적 동일시 과정을 투사, 투사된 자기와 외부 대상이 합쳐진 혼합물(alloy)의 창조, 그리고 재내면화의 세 요소로 설명함으로써 보다 다루기 쉽게 해주었다. 즉, 투사적 동일시에서 외부 대상은 원치 않아 부인된 자기의 투사된 부분을 받아들이고, 외부 대상과 새로 투사된 부분이 합쳐진 혼합물이 다시금 자기내부로 재내사됨으로써 순환과정이 완성된다는 것이다.[81]

　Ogden은 투사적 동일시란 초심리학적(metapsychological) 개념이 아니라고 한다. 그것이 묘사하는 현상은 마음의 작용에 대한 추상적 신념의 영역이 아니라 사고, 느낌, 행동의 영역에 존재한다고 말한다. Ogden은 투사적 동일시를 한 사람(투사자)의 무의식적 환상에 상응하는 느낌상태가 다른 사람(수용자) 안에 생성되고 다루어지는 방식 즉, 한 사람(투사자)은 다른 사람(수용자)을 사용하여 투사자의 측면을 경험하고 담아내도록 하는 방식을 다루는 개념이라고 정의한다.[82] Ogden은 투사적 동일시가 개인 심리내적 그리고 대인관계적 상호작용 간의 역동적 작용에 대한 진술이며, 이 둘 간의 교량역할을 한다고 서술한다.

> 투사적 동일시는 무의식적 환상, 대인 간 압력, 그리고 별개의 성격체계의 반응 등에 대한 진술을 생성된 느낌이라는 하나의 세트로 통합하는 개념이다. 투사적 동일시는 부분적으로는 대인 간 상호작용에 관한 진술(한 사람이 다른 사람에게 투사적 환상에 동의하도록 가하는 압력)이고, 부분적으로는 개인적 정신활동(투사적 환상, 내사적 환상, 심리작용)에 대한 진술이다. 가장 근본적으로, 투사적 동일시는 심리내적 그리고 대인관계적인 것 둘 사이의 역동적 상호작용에 대한 진술이다. 기존의 많은 정신분석적 명제들이 그 유용성에 있어서 제한적인 이유는 이들이 심리내적 영역만을 배타적으로 다루어서 치료에 중요한 자료를 제공하는 심리내적 영역과 대인관계적 상호작용 간에 교량역할을 하지 못하기 때문이다.[83]

Scharff 부부의 정리에 의하면, Ogden은 치료자가 투사된 것을 정교화하는 측면을 그의 연구에 포함시킴으로써 두 몸 관계의 투사적 동일시 체계를 연구했다. 그리고 Ogden은 Klein처럼 유아의 경험을 강조하면서도 Klein의 한계를 넘어서 투사적 동일시의 대인관계적 측면과 환경의 중요성을 강조했다. Ogden은 또한 Bion의 통찰에 근거해서 유아(또는 엄마-유아)가 엄마에 의해 담겨지는 경험의 효과와 엄마의 담아주는 기능에 대해 숙고했다. 이렇게 함으로써 그는 우리의 관심을 투사적 동일시라는 대인관계적 과정의 심리내적 차원으로 돌려놓았다.[84]

투사적 동일시에 있어서 주된 강조점이 처음에는 Klein에 의해 내담자 즉, 투사자에게 주어졌다. 이후 Bion이 환경적 요인을 강조한 이래로 오늘날은 그 강조점이 분석가 즉, 투사대상자로 점차 옮겨졌다. 이것은 특히 어떻게 내담자가 투사적 동일시를 사용하여 분석가로 하여금 원형적 대상관계를 재연하도록 하는지를 강조한다. 이 두 강조점의 변화는 역사적 측면이며, 임상작업에서는 두 측면이 모두 사용된다. 이러한 투사적 동일시는 심리현상의 넓은 범위를 통합하기 위한 충분한 이론적 도구가 되었다. 이것은 집단심리, 상징주의, 건강염려증과 폐쇄공포증, 정신분열증과 자폐, 그리고 치료적 교착 등 그 영역이 다양하다. 그 심각성에 있어서도 일반적 상태로부터 혼돈상태에 이르기까지 다양한 형태의 정신병리를 이해하는 데 매우 중요한 기법적 지침을 포함한다.[85] Louv는 투사적 동일시를 바라보는 다양한 관점에 대하여 다음과 같이 정리한다.

투사적 동일시는 그 의미와 정의에 있어서의 다양성(multiplicity)으로 인해 이 개념을 옹호하는 Klein학파와 이것을 없애야한다는 비Klein학파 사이에서 혼란한 상태에 놓이게 되었다. Klein학파들은 투사적 동일시를 이론적으로나 임상적으로 다양하게 적용함으로써 일종의 혼종개념(a sort of hybrid concept)으로 발전시켜나간 반면, 다른 심리분석전통의 이론가들은 '오컴의 면도날(Occam's razor)'을 들이대며 결정적으로 협의의 개념만을 허용하였다.[86] 이들은 Klein이 처음 제안한 개념, 즉 자기의 어떤 부분을 부인(disavowal)하는 것을 목적으로 대상에게 뱉어내고 동시에 그 대상을 통제하는 심리과정인 전능환상으로서의 개념만을 고수한다.[87]

Louv는 투사적 동일시 개념이 1946년 Klein에 의해 소개된 이래로 찬성하는 자나 반대하는 자 모두에게 영감을 불러일으켰고, 당황케 하였으며, 끊임없이 괴롭혀왔지만 언제나 이들을 매혹시켰다고 표현한다.[88] 이상에서 보는 바와 같이 투사적 동일시는 처음 Klein에 의해 심리내적 환상인 개인내적 현상으로 제안된 이래, 대인 간 의사소통인 대인 간 현상으로 이해되기도 하고, 더 나아가 가정이나 집단 등 두 사람 이상의 자기 및 대상의 다중적 부분들 사이의 관계현상으로 이해되기도 한다. 이렇듯 투사적 동일시에 대하여 이론가들마다 각자가 견지하는 이론적 배경에 따라 다양한 관점들을 나타내기 때문에 누구나 동의할 수 있는 개관을 제시한다는 것 자체가 불가능하다. 따라서 투사적 동일시에 대한 관점은 각자의 이론적 배경에 따라 선택적일 수밖에 없다.

# 투사적 동일시와
심리발달

투사적 동일시는 유아가 생후 초기 3~4개월경 시작되는 편집-분열자리의 가장 주된 불안인 멸절불안과 박해공포로부터 자신을 보호하기 위하여 무의식적으로 사용하는 원시적 양태의 방어기제다. 본 장에서는 투사적 동일시를 배태한 편집-분열자리와 그 전후의 자폐-접촉자리, 우울자리를 살펴보고자한다. 생후 초기 유아의 심리발달은 가장 기본적이며 미발달된 경험양태인 자폐-접촉자리로부터 시작해서, 편집-분열자리를 거쳐, 가장 발달되고 성숙한 경험양태인 우울자리에 이르게 된다. 편집-분열자리와 우울자리는 Klein의 발달적 자리 개념에 기초한 것이다. 반면, 편집-분열자리보다 더 원시적이고 지금까지 불충분하게 이해되어온 자폐-접촉자리는 Esther Bick, Donald Melzer, Frances Tustin 등이 자폐어린이들과 임상적으로 작업하는 맥락에서 발달된 임상적 및 이론적 작업을 기초로 하여 Ogden에 의하여 제안되었다.[89]

생후 초기 유아기의 발달과정부터 시작되는 자폐-접촉자리와 편집-분열자리, 그리고 우울자리의 경험양태들은 어른이 된 후에도 계속해서 세상을 경험하는 방식으로 작용한다. 어떤 순간에 어느 한 양태가 우세할지라도 다른 양태들 역시 존재하며, 그 사람의 생각과 기능에 영향을 미친다. Ogden에 의하면 세 양태는 어느 것도 다른 것들로부터 고립되어 존재하는 것이 아니며, 하나가 생성되고 보존되면, 변증법적으로 다른 하나는 소멸된다.[90] Ogden은 어떤 양태가 특정 순간에 작용하는 것은 일관된 무의식적 선택에 따른 것이라기보다는, 경험을 조직하는 자폐-접촉, 편집-분열 및 우울양태가 서로 창조하고, 보존하고, 부정하는 변증법적이고 역동적인 상호작용에 따른 것으로 보았다.[91]

이 세 가지 경험양태는 모든 사람에게 나타난다. 자폐-접촉적 기능과 편집-분열적 기능은 특히 스트레스나 외상이 극심할 때 나타나고, 자폐-접촉적 징후들은 자폐증환자나 정신증 환자들에게서 특별히 두드러지게 드러나기도 한다. 경계선과 자기애적 상태의 환자에게서는 흔히 편집-분열적 기능이 주된 양태로 드러난다.[92] Ogden은 각 자리에서의 붕괴에 의한 정신병리를 다음과 같이 설명한다.

> 정신병리는 자폐-접촉자리, 편집-분열자리, 우울자리의 세 기둥 사이에서 조직되는 경험의 풍부함이 붕괴되는 형태라고 생각될 수 있다. 붕괴는 각 자리에서 일어날 수 있다. 자폐-접촉 기둥 쪽에서 붕괴되면 형태 없는 공포의 테러로부터 감각을 기저로 하는 곳으로의 도피가 시도되어 기계와 같은 폭정에 갇

히게 된다. 편집-분열 기둥 쪽에서 붕괴되면 생각이나 느낌이 사고되거나 해석될 수 없이 단순히 일어나고, 놀랍거나 보호적인 것으로 경험되는 비주체적인 세계에 갇히게 된다. 우울 기둥 쪽에서 붕괴되면 신체감각으로부터 고립되어, 살아있는 경험의 직접성으로부터 고립되고, 그 결과 자발성과 생동감이 결여된 상태로 남게 된다.[93]

한편, 자폐-접촉적 양태와 편집-분열적 양태는 나쁘고 우울적 양태는 좋다는 식의 생각은 잘못된 것일 뿐만 아니라, 그것은 분열적 사고다. 각 양태는 모두 독특한 장점과 단점을 동시에 갖고 있다. 자폐-접촉적 양태와 편집-분열적 양태가 갖고 있는 한계들은 분명하지만 긍정적 측면을 살펴보면, 자폐-접촉적 양태는 사람의 신체적, 감각적 경험의 바탕이 되고, 편집-분열적 양태는 삶의 매 순간에서 강렬함과 활기를 강화한다.[94] 다음에서 자폐-접촉자리, 편집-분열자리, 우울자리에서 각각 경험을 조직하고 정의하는 방식, 특징적 불안, 특정한 방어양상 및 심리기제, 대상들과의 관계양상, 자기감 등을 살펴보고자한다.

자폐-접촉자리

자폐-접촉자리 개념은 Ogden이 현대정신분석학에 끼친 가장 중요한 이론적 공헌이다. 이것은 편집-분열자리나 우울자리보다 더 원시적 심리조직을 개념화하는 것으로, 경험을 생성하는 데 있어서 감각이 지배적인, 전-상징적 양태다. 자폐-접촉자리 개념은 인간경험에 있어서 상당한 경계감과 자신의 경험이 어디에서 일어나는지에 대한 공간감각의 시초를 제공한다. 이 양태에서의 불안은 끝없고 형태 없는 공간으로 새어나가고, 떨어지고, 해체되는 말할 수 없는 공포로 구성되어있다.[95] 예를 들면 이 양태에서 기능하는 환자는 무감각하고 둔한 마비상태의 블랙홀로 떨어지는 것과 같은 끔찍한 공포를 느낀다. 그는 집 안에서 항상 텔레비전을 켜놓거나 음악을 틀어놓고, 차 안에서는 라디오를 켜놓음으로써 소리라는 '제2의 피부'를 유지하고자 하며, 상담 중의 어떤 침묵도 참기 힘들어하는 모습을 보인다.[96]

자폐-접촉자리에는 경험이 조직되는 두 가지 차원이 있는데, 하나는 피부표면이고 다른 하나는 리듬감이다. 개인은 피부표면에 닿는 감각을 통해서 자기존재의 경계를 경험하고, 이것을 통해 응집적 존재로서의 자기를 알게 된다. 또한 몸 흔들기와 콧노래 같은 리듬활동은 사람에게 '함께 머무르는' 경험과 비슷한 기능을 한다. 이런 행동들은 특히 불안하거나 괴로울 때 강화되거나 명백해지며, 이것은 경계감과 응집성의 느낌을 유지하려는 시도다.[97] Stadter는 그의 내담자가 분노를 참을 수 없게 되었을 때 벽에다 손을 문지르며 신체접촉을 하는 등 자폐적 대상과 관계하는 것은 자신이 보호받고 있으며, 경계 안에 있다는 느낌을 얻기 위한 것으로 해석했다. 이것은 내담자가 심리적으로 붕괴되는 것을 막아주는 자폐-접촉적 기능을 하는 것이다.[98] 자기와 대상을 분열하고 이상화하는 최초단계에서는 자기와 대상 각각의 피부가 자기

와 대상을 담아주는 초기과정에 의존하고 있는 것을 볼 수 있다.[99]

    Ogden은 정신분열증을 앓고 있는 자신의 환자 Robert가 목욕을 하지 않으려는 것을 자폐-접촉자리의 관점에서 설명한다. 몸에서 냄새가 안 나게 되는 것이 Robert에게는 자기의 상실과 같이 느껴진다는 것이다. 그에게서 나는 냄새는 특정한 냄새를 지닌 '누군가'가, 자신의 냄새를 맡을 수 있는 '어딘가'에서, 그에게서 풍기는 냄새를 맡고 그를 기억하는 '다른 사람에게 무엇인가'가 되는 기초를 제공하기 때문이다.[100] 이것은 마치 어린아이들이 아무리 냄새나고 더러워도 자신의 곰 인형이나 천 조각들을 고수하는 것과 유사하다. 이러한 중간대상에 대하여 Hamilton은 다음과 같이 설명한다.[101]

> 중간대상은 부화단계와 연습단계에 동반되는 구강과 피부에 대해 증가된 인식과 함께 처음 발달하지만, 이것은 항문감각에 대한 흥미가 증가하는 시기에도 여전히 중요하게 남는다. …… 유아기 때 가지고 다니고, 빨고, 애무하고, 잡고, 껴안는 담요는 아이가 감싸 잡지만 반면 아이를 감싸기도 한다. 그것은 아이에게서 온기를 얻고 또 아이에게 그 온기를 되돌려준다. 심지어 어떤 냄새를 갖게 되고, 그 냄새를 되돌려준다. 이런 냄새는 아이에게 매우 중요하다. 그래서 아이는 그가 소중히 여기는 담요가 세탁되면 항의한다. 아이는 대개 자신과 어머니에 대한 그의 내적 이미지의 따뜻하고 친밀한 측면을 담요에 투사하지만, 때때로 아이는 그의 중간대상을 물거나 때리거나

절단할 수도 있다. 부정적 투사적 동일시의 이런 예는 긍정적 상호작용에 비해 드물게 나타난다.[102]

노래나 자장가, 몸짓, 습관적 태도 등의 중간현상도 중간대상과 같은 기능을 수행한다. 어머니가 몹시 놀란 아기를 안고 얼러주면서 조용히 노래를 불러주자 아기가 진정되기 시작하는 것이 안아주기의 자폐-접촉적 양태다. '안아주기'란 어머니가 아이의 성장과 발달을 촉진시키기 위해서 육체적 환경을 제공해주는 것을 설명할 때 일반적으로 사용하는 용어다. 마찬가지로 성인의 경우 치료자가 환자를 안아주는 것은 환자에게 조용하고 편안한 사무실, 존중하는 태도, 일관성 있는 상담 틀, 공감적 해석과 같은 환경을 제공하는 것을 말한다.[103] 이러한 안아주기 환경은 Bion의 담아주기 개념처럼 심리적 공간을 창조해내는 어머니의 인지적 기능을 언급하기보다는 신체 심리적 경험을 허용하는 어머니와 아기 사이의 공감적이며, 정신 신체적 동반자 관계를 언급한다.[104]

Ogden은 중간현상에 대하여 병리적 자폐는 '비상징적(asymbolic)' 영역에 속하지만, 감각에 기반을 두고 경험이 조직되는 자폐-접촉 양태는 Winnicott이 말한 중간현상을 매개로 상징을 창조하는 준비과정이 된다는 점에서 '전-상징적(pre-symbolic)'이라고 그 차이를 구별한다.[105] Hamilton은 중간대상과 중간현상은 심리치료 상황에서 흔히 나타나며, 이들은 심각한 혼란을 보이는 환자의 치료에서 특히 중요한 역할을 한다고 역설한다. 그는 많은 정신분열증 환자가 자신의 동물인형과의 투사적 동일시 관계를 통하여 질병에서 회복되는, 때로는 질병을

극복하는 과정에서 이 중간대상이 가진 중요성이 부각된다면서 그 예를 제시하고 있다.[106]

한편, 해체되거나 용해될 것과 같은 불안과 무감각하고 둔한 마비상태의 블랙홀로 떨어질 것과 같은 끔찍한 공포 등 자폐-접촉자리의 경험양태는 사이비 교주들에게 엮이기 쉬운 취약성으로 작용할 수 있다. 사이비 교주들은 사람들로 하여금 반복 지속적으로 몸을 흔들며 울부짖게 함으로써 이들을 자폐-접촉자리의 가장 원시적 경험양태로 깊이 퇴행하도록 유도한다. 사이비 교주들은 참여자들을 이렇게 취약한 정서상태에 지속적으로 노출시킴으로써 극도로 무력화한 후, 목양(牧羊)으로 위장(僞裝)된 조종을 통해 이들을 더욱 의존적으로 만들어 통제한다. 의존을 조장하여 상대를 무력화시켜 절대 순종하도록 만들고, 자기들의 세(勢)를 확장하며, 자신들은 점점 더 강력한 독재자로 군림하는 힘의 투사적 동일시는 사람을 비자율화시키는 엄청난 파괴력을 지닌다. 이제까지 편집-분열자리나 우울자리와 더불어 변증법적으로 성쇠를 거듭하는, 가장 원시적 심리조직을 개념화하는 자폐-접촉자리에 대하여 살펴보았다. 다음으로 편집-분열자리에 대하여 살펴보고자 한다.

편집-분열자리

Klein은 1946년 그녀의 논문 "Notes on Some Schizoid Mechanisms"

에서 William Ronald Dodds Fairbairn의 '분열자리'와 동의어로 '편집자리'라는 용어를 사용하였다. 이후 심사숙고한 끝에 Klein은 두 용어를 합하여 편집-분열자리라는 표현을 사용한다.[107] Klein은 편집-분열자리를 그녀의 이론에서 가장 기초적 자리로 보았다. 하지만 이것은 Ogden에 의해 소개된 자폐-접촉자리보다 조금 더 발달된 자리에 속한다.

생후 초기 3~4개월경 시작되는 편집-분열자리의 가장 주된 불안은 떨어져나가 파편화되는 것에 대한 멸절불안이다. Klein에 의하면 초기 자아는 대체적으로 응집력이 결여된 상태여서, 통합하려는 경향이 해체하려는 경향으로 대체되어 산산조각이 난다. Klein은 이렇게 통합과 해체의 경향 사이에서 오락가락 요동하는 것이 생후 초기 몇 달의 특징이라고 믿는다. 그녀는 이후의 자아에서 알게 되는 기능 중 어떤 것들은 처음부터 거기에 있었다는 가정이 정당하다며, 이러한 기능들 가운데 불안을 다루는 기능이 두드러진다고 말한다. 그녀는 편집-분열자리의 멸절불안에 대하여 다음과 같이 말한다.

> 불안이란 유기체 내부에서 죽음본능이 작동되면서 생긴다. 이것은 멸절(죽음)공포로 느껴지고 박해공포의 양상을 띤다. 파괴적 충동에 대한 공포는 즉각적으로 대상에게 부착되든지, 아니면 통제할 수 없이 강력한 힘을 가진 대상에 대한 공포로 경험된다. 원초적 불안의 다른 중요한 근원으로는 출생외상(분리불안)과 신체적 욕구에 대한 좌절 등을 들 수 있다. 그런

데 이러한 경험들은 처음부터 대상에 의해 야기된 것으로 느껴진다. 비록 이러한 대상들이 외적인 것으로 느껴질지라도, 내사를 통해 이 대상들은 내적 박해자가 되고 결과적으로 파괴적 충동에 대한 공포가 안으로부터 강화된다.[108]

Field는 이렇게 편집-분열자리에서 떨어져나가는 멸절불안에 대하여 이는 둥근 지구가 태양의 주위를 돈다고 믿는 3차원적 사고이전 즉, 편평한 지구의 끝까지 가면 영원한 나락으로 떨어지게 될 거라는 지구 중심적 2차원적 사고에 고착되어있는 것이라며 다음과 같이 설명한다.

우리가 편집-분열, 부분-대상 수준에서 기능하는 경우, 적어도 의식면에 있어서 우리는 오직 대극으로만 구성되어있는 2차원 세계에 거주한다. 이것은 위와 아래라는 단지 두 표면만을 지닌 편평한 지구라는 정신구조를 말한다. 여기에는 사랑 아니면 증오, 전능 아니면 무능, 행악자 아니면 피해자, 조(燥) 아니면 울(鬱) 등 양자택일만이 있을 뿐이다. 분열적 성격에는 무의식에서 어떤 일이 일어날지라도 깊이가 부족한 것은 명명백백하다. 어떤 것이라도 담아둘 내면의 공간이 없다. 좋은 경험, 도움이 되는 해석 및 통찰은 마치 접시에 내리는 비처럼 가라앉을 새도 없이 흘러 없어져버린다. 자기애적 성격은, 지구중심주의자와 같이, 자신의 사적 세계를 중심으로 고착되어 살아간다. 2차원적 편집수준에서는 세계와 사람에 대하여, 지도

상에서 지구표면의 모양이 구(球)가 아닌 것으로 왜곡되는 것과 마찬가지로, 정서적으로 왜곡된다. 그리고 편평한 지구에서 산다는 것은 범(範) 광장공포 상태에서 사는 것을 의미한다. 만일 너무 멀리 나아가게 되면 가장자리에서 떨어지게 된다. 이것은 심리적으로 유아가 느끼는 '영원히 나락으로 떨어지는' 공포에 해당된다.[109]

Klein은 편집-분열자리의 유아를 박해불안으로부터 자신을 보호할 필요에 지배당하고 있는 것으로 보았다. 그녀는 유아가 이러한 박해불안을 다루기 위하여 무의식적 환상 속에서 감당할 수 없는 느낌이나 자기의 측면들을 떼어내어 대상에게 투사하고, 대상들은 자기가 분열한 부분들과 동일시하거나 똑같이 느끼게 된다고 설명한다. 불안을 다루려는 필사적 욕구는 초기자아로 하여금 근본적 기제와 방어를 발달시키도록 압력을 행사한다. Klein은 파괴적 충동이 부분적으로는 외부로 투사되어(죽음본능의 편향), 최초의 외부 대상인 어머니 젖가슴에 부착된다고 생각한다. 파괴적 충동의 남은 부분은 Freud가 지적한 바와 같이 Libido에 의해 유기체 안에 어느 정도 구속되지만, 이러한 과정들 중 어떤 것도 그 목적을 전적으로 이루는 것은 없으므로, 내부로부터 파괴될 것 같은 불안은 활동성을 지닌 채로 남게 된다. Klein은 응집력의 결여와 함께, 자아는 이러한 위협의 압력 하에서 산산조각 나는 경향을 갖게 되며, 이렇게 산산조각 나는 것은 정신분열의 해체상태의 기저를 이루는 것으로 보인다고 덧붙인다.[110]

분열, 투사, 내사, 부인은 보통 생애 첫 몇 달 동안 계속되는 편집-분열자리에서 특징적 기능을 하는 원시적 양태의 주요 방어기제다.[111] 편집-분열자리에서는 분열이 가장 주된 심리기제다. 대상과 자기는 전부 또는 전무로 즉, 좋음/나쁨, 만족/불만족, 수용/거절이라는 극단적 형태로 경험된다. 이런 양태에는 강렬한 공포나 흥분상태가 포함되어있다. 이 양태에서 세계, 타인, 그리고 자기는 사랑과 미움, 삶과 죽음, 창조와 파괴 같은 이분법적 세력 사이의 전쟁터로 여겨진다. 분열은 대립적 세력을 분리된 채로 유지하는 과정으로서, 자폐-접촉자리에서 감각층이 제공하는 것 이상으로 존재의 혼돈상태에 얼마의 질서를 제공하는 역할을 하기도 한다.[112] 이러한 방법으로 유아는 분리나 의존, 그리고 상실, 분노, 시기심으로부터 보호받으며, 성인이 된 후에도 다른 사람들을 지각하고 관계 맺는 데 있어 이와 같은 무의식적 기제를 계속 사용한다.[113]

편집-분열자리의 방어과정들, 특히 분열과 파편화를 동반하는 투사는 비정상적 동일시 형태를 발생시킨다. 이것은 다시금 자기를 손상시키고, 그 결과 취약한 내적 상태를 만들어낸다. 이것은 좋은 내적 대상을 안전하게 형성하려는 환자의 시도를 방해하고, 행복한 삶을 살 수 있는 안정적 인격의 핵심을 위태롭게 한다. 이것은 또한 개인으로 하여금 우울자리의 고통스러운 염려와 죄책감에 직면하지 못하게 만든다.[114]

Gabbard는 위험하거나 불쾌한 사고나 느낌이 분리되어 외부로 투사되며, 타인의 탓으로 돌려지는 편집-분열자리는 평생에 걸쳐서 인간정신 안에 존재하는 조직화된 경험의 기본적 양식이라고 말한다. 그는 그 예를 정치적 회합이나 운동경기 및 대기업의 회의장면 등과 같은 모든 종류의 집단경험에서 쉽게 찾아볼 수 있다고 한다. 또 미국의 McCarthy 시대의 마녀사냥처럼 역사상 중요한 시기의 모든 문화 역시 편집적 사고의 영향을 받았다고 말할 수 있다고 한다.[115]

편집-분열적 경험에는 타인에 대한 진정한 공감, 타인의 경험에 대한 인식이 존재하지 않는다. 타인을 해치는 것에 대한 염려나 죄책감도 없다. 타인을 공격하면서 느끼는 고통은 피해자가 보복하거나 타인에게서 얻은 것들을 상실할지도 모른다는 공포 때문이다. 편집-분열적 경험은 자폐-접촉적 경험과 마찬가지로 현재 이 순간에 대한 것뿐이다. 여기에는 시간의 연속성이 없으며, 과거의 사건들과 연결되지 않은 순간적 직접성의 감각만이 있을 뿐이다. 이 양태에서는 자기에 대한 경험 역시 비연속적인 것이다. 하나의 순간이 전체현실인 것처럼 경험되고, 과거에 일어났던 일과 그때 자신이 가졌던 느낌이 지금의 것과는 전혀 별개인 것처럼 느껴진다. 여기에서 자기는 감각에 매여 있는 자폐-접촉적 양태수준을 넘어 '대상으로서의 자기'로 지각된다. 이 양태의 주된 과정은 투사와 투사적 동일시로, 환자는 "그가 나를 화나게 했다," "나는 그럴 수밖에 없었다," "스트레스가 너무 심해서 술을 마시지 않을 수 없었다"와 같은 방식으로 자신의 경험을 이야기한다. 자기 자신이 주체라는 감각이 결여되어 있으며, 따라서 자신을 통제하고 공격하고 압박을 가한다고 느껴지는 외부의 힘 앞에 무력해지는 경향이 있다.[116]

요약하면, 편집-분열자리에서 대상(젖가슴)은 부분대상으로 분열되어 존재한다. 자기 자신은 주체가 아닌 대상으로서의 자기로 지각된다. 사고와 감정은 주체 자신의 것이 아니라 자신을 차지하는 신체적 대상과 힘으로 경험된다. 즉, 자아의 주체성은 부재하고 오직 대상으로서의 자기인식만이 존재한다. 타인은 그 자체로서 하나의 주체라기보다는 자신과 대비되는 대상으로서 경험된다. 따라서 대상에 대한 배려나 관심은 거의 존재하지 않는다.[117]

Hanna Segal에 의하면 편집-분열자리에서 자아가 성취한 것들은 이후의 발달에 기초가 되기 때문에 이후의 발달에도 매우 중요하며, 그것들은 가장 성숙하고 통합된 인격에서도 하는 역할이 있다.[118] 투사적 동일시는 편집-분열자리의 특성이지만, 이 자리에 고착되거나 일시적으로 퇴행하는 성인에게서도 흔히 나타난다.[119] 박선영은 이러한 편집-분열자리가 완벽하게 배척되거나 극복되어야할 어두움이 아니라 우울자리를 배태(胚胎)하는 빛나는 어두움이며, 결국 그것은 우울자리로 체현되는 주체의 어머니로서 상징과 의미를 출산하는 모체가 아닐까 생각한다고 말한다.[120] 이제까지 살펴본 편집-분열자리는 자폐-접촉자리나 우울자리와 더불어 평생을 거쳐 변증법적으로 상호작용하는 것으로, 통과하거나 제거, 극복해야할 것이 아니다. 다음으로 우울자리에 대하여 살펴보고자한다.

우울자리

Klein은 1935년의 논문 "A Contribution to the Psychogenesis of Manic-Depressive States"에서 유아적 우울자리와 조-울 상태 사이를 연결하며 우울자리에 대한 개념을 소개하였다. 이후 그녀는 1940년의 논문 "Mourning and Its Relation to Manic-Depressive States"에서 이유(離乳)를 전후하여 유아가 느끼는 상실과 관련하여 유아적 우울자리와 정상적 혹은 비정상적 애도 사이의 관계를 명백히 한다.[121] Klein은 우울자리를 어린이 발달에 있어서 핵심이 되는 자리라고 강조하였다. 그녀는 어린이의 정상적 발달과 사랑할 수 있는 역량은 자아가 이 중요한 자리를 어떻게 극복하는가에 대체적으로 좌우되는 것 같다고 하였다.[122] Klein은 우울불안과 죄책감은 전체로서의 대상을 내사함으로써 생기게 된다고 제안하였다. 그러나 이후 1946년의 논문 "Notes on Some Schizoid Mechanisms"에서 Klein은 우울자리보다 앞선 편집-분열자리에 대한 보다 심층적 연구를 하면서, 초기단계에 파괴적 충동과 박해불안이 지배적이기는 해도 유아의 최초 대상관계, 이를테면 어머니 젖가슴과의 관계에서 이미 우울불안과 죄책감이 일부 작용하고 있다는 결론에 이르렀다.[123]

Bion에 의하면, 언어이전의 소통단계인 편집-분열자리와 달리 언어적으로 사고할 수 있는 능력이 발달되어야 심리적 실재에 대한 자각이 가능해지는데, 이것의 기반이 우울자리와 연결되어있다.[124] 우울자리는 앞의 두 자리와는 달리, 다양하고 복잡한 것들을 하나로 연결할 수 있는 보다 상징적이고 추상적인 사고능력을 지니고 있다. 편집-분열자리의 내적 세계가 분열된 부분대상으로 구성되어있는 반면, 우울자리의 내적 세계는 전체대상으로 구성되어있다. 즉, 자신과 타인을 긍정적인 것과 부정적인 상태가 혼합된 양가적 측면을 포함하고 있는 존재로 경험한다. Julia Mitchell은 이러한 우울자리에 대하여 발달적 관점에서 다음과 같이 설명한다.

> 발달적으로 자아는 좋음과 나쁨이 같은 사람 안에 함께 공존할 수 있다고 볼 수 있게 되고, 전체로서의 사람을 받아들일 수 있게 된다. 유아는 어머니로 인한 좌절에 대하여 어머니에게 계속 화가 날 수 있지만, 이제는 보복을 두려워하기보다는 자신이 환상 속에서 끼친 손상에 대하여 불안과 죄책을 느끼게 된다. 이러한 자리를 극복하기 위하여 유아는 일찍이 실제의 어머니나 내적 어머니를 환상 속에서 파괴한 것에 대하여 취소하거나 회복하기를 소망한다. 그렇게 함으로써 유아는 손상되었던 그리고 회복된 어머니를 받아들이게 되고, 자기의 내적 세계의 일부로 이러한 새로운 내면화를 더하게 된다.[125]

우울자리에서 개인은 과거와의 연결을 유지한다. 현재경험이 과거와 별개로 인식되는 것이 아니라, 과거에 일어났던 일과 미래에 일어나기를 바라는 일의 맥락 안에서 인식된다. 시간이 흐르면서 자기와 타자의 다중적 부분들이 연속성을 형성하게 되며, 그 결과 자기 자신을 안정성과 응집력을 가진 존재로 인식한다. 우울자리에서의 자기는 '주체로서의 자기'다. 자기의 외부에 있는 강력한 힘에 압도되는 느낌보다는 삶을 조절하고 책임지는 자기다. 우울자리의 경험에는 공감능력이 포함된다. 타인이 단순한 사물이 아니라 내적 경험세계를 가진 또 다른 인간존재임을 알게 된다. 그리고 타인에 대해 관심을 가짐으로써 그에게 상처를 입힌 것에 죄책감을 느낀다. 우울자리에서의 주요 불안은 다른 사람을 해치거나 쫓아버리지 않을까 하는 두려움이다. 그러나 그 개인은 그러한 손상을 현실적으로 보상하고자하는 바람과 가능성에 대한 생각과 소망을 가지고 있다.[126]

우울자리의 핵심이 되는 회복충동(reparative drives)이 융성해지면 현실 검증력이 증가하게 된다.[127] 이때 유아는 자신의 환상이 외부 대상에 미치는 영향에 대하여 관심과 불안을 가지고 지켜보게 된다. 그리고 유아가 회복한 중요한 부분이란 대상에 대한 전능통제를 내려놓고 대상을 있는 그대로 수용하는 것을 배우게 되는 것이다.[128] 적절한 회복은 방어로 간주되기 어렵다. 그것은 심리적 현실에 대한 인식과 이러한 현실이 야기하는 고통에 대한 경험, 그리고 그 고통을 완화하기 위하여 현실적으로나 환상으로 적절한 행위를 취하는 것 등에 기초하기 때문이다. 사실 회복은 자아의 성장과 현실적응에 필요한 중요한 기제이므로 방어의 정반대라고 말할 수 있다.[129] 이러한 회복충동에 대하여 Segal은 다음과 같이 정리한다.

유아가 우울자리에 들어가서 어머니를 전능하게 파괴하였다는 느낌과 직면하면, 어머니를 잃은 것에 대한 죄책과 절망은 어머니를 내적·외적으로 다시 회복하고, 재창조하려는 소망을 일깨운다. 이러한 회복소망은 내적·외적으로 다른, 사랑하는 대상과의 관계에서도 일어난다. 회복충동은 통합으로 한 걸음 더 나아간다. 사랑은 증오와 더욱 첨예하게 갈등하며, 파괴성을 통제하고, 이미 손상된 것을 회복하며, 복구하는데 적극적이다. 내적·외적 좋은 대상을 회복하려는 소망과 역량이 바로, 갈등과 어려움을 뚫고 사랑과 관계를 유지할 수 있는 자아역량의 기초가 된다. 또한 창조적 행위의 기초가 되기도 하는 이것은, 잃어버린 행복, 잃어버린 내적 대상, 그리고 내적 세계의 조화를 복구하고 재창조하려는 유아의 소망에 뿌리를 둔다.[130]

그러나 우울자리는 결코 완전하게 극복될 수 없다. 그것은 우울경험들을 일깨워주는 상실의 상황뿐만 아니라 양가감정과 죄의식을 내포하는 불안들이 언제나 우리와 함께 있기 때문이다. 성인의 삶에서 좋은 외적 대상은 언제나 원초적인 좋은 내적·외적 대상의 측면을 상징하고 그 측면을 보유한다. 따라서 이후의 삶에서의 어떠한 상실도 좋은 내적 대상을 상실하는 불안과 함께 우울자리에서 처음으로 경험했던 모든 불안을 일깨운다. 만일 유아가 우울자리에서 좋은 내적 대상을 꽤 안정적으로 정립할 수 있었다면, 우울불안의 상황이 병으로 발전되지 않고 효과적으로 극복될 수 있으며, 보다 풍성함과 창조성에 이를 수 있을 것이다.[131]

Klein은 우울불안과 후회감을 방어하기 위해 사용되는 특정 방어기제들을 지적한 바 있다. 우울자리의 관심과 죄책감으로부터 발생하는 과도한 고통을 방어적으로 회피하는 데는 편집적 방어와 조적 방어의 두 가지 방법이 주로 사용된다. 임상적 우울현상 안에서 대상에 대한 관심으로부터 자기에 대한 끝없는 반추로 옮겨가는 과정 중 노골적인 편집적 상태가 발생할 수 있다. 이때 우울자리에서 물러나 다시 편집자리로 돌아가는 일이 생길 수 있다. 또한 부인, 승리감, 그리고 내적 대상의 통제 등은 우울자리에서의 전형적인 조적 방어들이다.[132]

Segal은 "Depression in the Schizophrenic"이라는 논문에서 정신분열증 환자에게 우울이 나타나고, 환자가 우울을 방어하기 위하여 투사적 동일시를 사용하는 사례를 보고한다. 그녀는 전이에 나타나는 박해불안과 분열방어(schizoid defences)에 대한 분석이 환자를 훨씬 더 자아와 대상의 통합에 이르게 한다고 보았다. 이때 환자는 보다 정신이 온전해져서 자신이 미쳤다는 사실뿐만 아니라 자신의 충동, 우울감, 죄책감 그리고 회복(reparation)의 필요에 대한 현실을 직면하기 시작한다는 것이다. 이 상황에서 정신분열증 환자는 죄책감과 고통을 견뎌내지 못하여 온전한 정신으로 나아가던 걸음을 되돌리고, 자기의 우울한 부분을 분석가에게 즉각 투사하는데, 이것이 부정적 치료반응(negative therapeutic reaction)을 야기한다고 한다. 분석가가 환자 자아의 우울한 부분을 담고 있으며 이러한 원치 않는 우울을 환자에게 되돌리려고 강제한다고 느껴지기 때문에, 환자 자아의 보다 건강한 부분은 상실되고 분석가는 다시 박해자로 느껴지게 되는 것이다. Segal은 이러한 부정적 치료반응을 통제하고 환자로 하여금 인격의 건강한 부분을 되찾아 보유하고 강화하도록 하기 위해서는, 우울이 나타나고 그것을 투사하는 전 과정이 전이 안에서 면밀히 다루어져야 한다고 제안한다.[133]

Klein에 의하면 편집-분열자리와 우울자리 사이에서의 동요는 항상 발생하는 정상발달의 일부며, 따라서 두 발달단계는 명확히 구분될 수 없다. 게다가 변형은 점진적 과정으로 두 자리의 현상은 한동안 어느 정도 서로 뒤섞여 상호작용하며 지속된다.[134] Kristeva는 편집-분열자리와 우울자리가 서로 철저하게 분리되어 있는 것이 아니라 퇴행과 진보과정을 거듭하며, 서로 교차하고 일정 정도 공존한다는 Klein의 관점이 정신분석을 발달적 관점이 아니라 구조적 관점으로 해석할 수 있도록 해주는 중요한 단서가 된다며 이를 높이 평가한다.[135]

단계들과는 달리 자리들 사이의 끊임없는 변동은 자리가 분명한 연속관계에 따라 발달하는 것이 아니라는 사실을 말해준다. 외적 세계와 내적 세계는 상호작용을 통해서 불안을 만들어내며, 주체로 하여금 공포로부터 관심으로 또는 그 반대방향으로 계속 이동하게 만든다. 주체는 계속해서 대상과의 관계 안에서 그 특성을 획득한다. 이것은 주체가 내적 대상들로부터 만족을 얻으며, 심리적 방어기제의 성격을 결정하고, 사람들에 대한 감정을 형성함에 있어서 내적 대상들과의 관계에 의존한다는 사실을 말해준다. 자리들 사이에서 일어나는 변동은 Freud가 말하는 단계개념이나 퇴행개념보다 훨씬 더 유동적이다.[136] 편집-분열자리와 우울자리 사이의 이동에 대하여 Ann Garland는 다음과 같이 정리한다.

유아가 분열과 투사의 필요를 극복하기 위해서는 어머니의 사랑하고, 돌봐주며, 용서하는 부분들(the loving, caring, forgiving parts)로부터 지속적인 확신을 받아야한다. 유아는 점차적으로 안정된 내면의 자기를 발달시키게 되고, 투사와 내사를 통해 통제하려는 욕구를 덜 느끼게 된다. 우울자리로의 이러한 이동은 양가(ambivalence)의 수용, 자기에 대한 신뢰의 증가, 어머니나 다른 의존대상과의 과도한 동일시로부터의 점차적 분리를 의미한다. 이러한 발달단계에 이르지 못하게 되면 과도한 의존, 분리불가, 타인에 대한 공포, 내적 세계로의 고립된 철퇴 등을 야기한다.[137]

여기서 중요한 핵심이 되는 '자기에 대한 신뢰의 증가'는 자기의 완벽함에서 기인하는 것이 아니다. 이것은 완벽함에 대한 갈망을 내려놓음으로써 자기의 결핍을 수용하고 불안과 수치와도 어깨를 나란히 할 수 있는 양가의 수용상태에서 가능해진다. 불안하고 수치스럽고 불완전한 상태를 감수하면서 살아가려는 용기 있는 삶의 태도는, 불안하거나 수치스럽거나 완벽하지 않으면 과도하게 의존하거나 철퇴하여 고립된 채 공포 가운데 살아가는 삶의 태도와는 극명하게 대조된다.

Klein의 가설은 지나치게 환상에 의존하여 실제 환경에서 인물들의 영향을 지나치게 과소평가하며, 당대의 정신분석가들에게 별로 중요하지 않게 받아들여지던 죽음본능을 지나치게 강조하고, 또한 한 살도 안 된 소아들을 통한 이론으로 성인의 인지형태를 설명하려한다는 비난을 받고 있다. 그럼에도 불구하고 그녀가 '편집-분열자리와 우울자리'들을 발달단계에서 그냥 지나쳐가는 것이 아니라 평생 마음속에서 변증법적으로 상호작용하는 두 개의 경험양식으로 본 발전적 업적은 임상적으로 중요한 가치를 지닌다.[138]

이렇듯 한 '단계'를 극복하고 다음 '단계'로 넘어가는 '단계'라는 순차적 용어 대신 '자리'라는 용어를 사용한 Klein의 뛰어난 통찰의 관점에서 볼 때, 우리 인생은 편집-분열자리에서의 악과 죽음을 극복하고 우울자리에서 그 여정을 마치는 것이 아니라 평생 동안 편집-분열자리와 우울자리를 넘나드는 한 마당의 춤이다. 그러나 이때 편집-분열자리와 우울자리를 넘나든다 함은 평면 위 일직선에서 양 선단(先端)을 오가는 것이 아니라 나선형의 입체적 자리바꿈을 의미한다. 이것은 순환 개념을 도입함으로써 진화를 직선이 아닌 나선형의 진행으로 이해한 Pierre Teilhard de Chardin의 창조적 과정상의 한 단편이라고 생각할 수도 있겠다.[139] 따라서 설령 오가는 움직임이라고 한들 결코 이전의 그 자리로 돌아가는 것은 아니다. 자폐-접촉자리, 편집-분열자리, 우울자리 사이를 평생 오락가락하는 인생의 흥망성쇠는 상호주체적으로 끊임없이 생성되는 과정을 의미한다. 본 장에서는 투사적 동일시를 배태(胚胎)한 편집-분열자리와 서로 창조·보존·부정하며 변증법적이고 역동적으로 상호작용하는 그 전후의 자폐-접촉자리, 우울자리에 대하여 살펴보았다.

투사적 동일시의
기능

　투사적 동일시 개념 자체가 시간이 지나며 변화와 발전을 거듭하고 있는 것과 마찬가지로, 투사적 동일시의 목적 혹은 기능에 대한 이해 역시 새로운 측면이 제안되면서 발전해 왔다. 처음 Klein에 의해 심리내적 방어기제로서 제안된 이 개념은 Bion에 의하여 의사소통 기능이 크게 부각되었다. 이후 많은 이론가에 의하여 투사적 동일시의 기능은 대체적으로 심리내적 방어와 대인관계소통이라는 크게 두 가지로 구별된다.

　Ogden은 투사적 동일시의 기능을 방어기능, 의사소통기능, 원시적 대상관계기능, 심리적 변화를 위한 통로(pathway for psychological change)로서의 기능으로 설명한다. 이것은 (1) 자신이 원하지 않거나 내적으로 위험한 자기의 부분으로부터 거리를 두거나, 자신의 그러한 측면을 환상 속에서 투사수용자 안에 생생하게 보존하는 방어적 기능, (2) 투사수용자에게 자신이 투사한 것과 유사한 감정들을 경험하도록 압력을 가하여 자신을 이해시키는 의사소통의 기능, (3) 투사자는 투사수용자를 투사된 자기의 부분을 수용할 수 있을 정도로 충분히 분리되어 있으면서도, 투사자의 느낌을 완전히 공유하고 있다는 환상을 유지할 수 있을 정도로 충분히 개별화되지 못한 자로 경험하는 원시적 대상관계의 기능, (4) 투사자가 고투하고 있는 것과 유사한 느낌들이 다루어지고, 투사수용자가 유도된 느낌들을 다루는 기능을 투사자로 하여금 동일시하게 하는 심리적 변화를 위한 통로로서의 기능이다.[140]

이상에서 보는 바와 같이 투사적 동일시는 방어기능과 회복기능을 모두 갖고 있는 무의식적 정신과정이다.[141] 투사적 동일시의 방어기능 자체도 연약한 지체의 생존전략이라는 차원에서 중요한 의미를 지닌다. 이러한 방어기능을 넘어서 투사적 동일시는 치료과정이나 일상생활에서 의사소통, 공감, 심리적 변화를 위한 통로의 기능을 한다. 본 장에서 이러한 기능들에 대하여 고찰하고자한다.

방어로서의 투사적 동일시

초기 유아기의 불안으로 인한 정신증적 특징은 자아로 하여금 특정 방어기제를 발달시키는 것에 있다. 모든 정신증적 장애들은 이 시기에 고착된 것이다. 유아기의 정신증적 불안기제와 자아의 방어들은 자아, 초자아, 대상관계 등 유아의 모든 측면의 발달에 심오한 영향을 미친다.[142] 이러한 초기 유아기의 불안을 다루려는 무의식적 시도로 투사자는 일차적으로 자신에게 위협이 되거나 원치 않는 부분(내적 대상을 포함하여)을 제거하여, 그것을 다른 사람 안에 넣고 강력하게 통제하려는 무의식적 환상을 갖고 있으며, 이때 자기의 투사된 부분은 부분적으로 사라져서 다른 사람 안에 거하는 것처럼 느껴진다.[143] Klein학파 정신분석가들은 이렇게 개인이 자신 안에 있는 심리적 삶의 요소를 제거해버리는 하나의 방식, 즉 자신의 요소를 다른 사람에게 집어넣는 방식에 초점을 맞춘다.[144]

Kernberg는 투사적 동일시를 첫째, 투사자가 스스로 감당할 수 없는 심리내적 경험의 측면을 대상에게 투사하는 것, 둘째, 투사자가 자신이 투사한 투사된 부분과의 공감, 즉 감정적으로 자각하는 상태를 유지하는 것, 셋째, 감당할 수 없는 심리내적 경험에 대한 방어적 노력의 연장으로서 대상을 통제하려는 시도, 넷째, 실제대상과의 상호작용에서 투사된 것을 대상이 경험하도록 유도하고자하는 무의식적 시도 등으로 이루어진 원시적 방어기제라고 설명한다.[145]

Hinshelwood는 투사적 동일시를 사용하는 동기들 중 많은 것이 환상이 지닌 폭력성과 관련이 있다며, 투사적 동일시의 방어적 측면을 설명한다. 그 예로 감당할 수 없는 경험의 방출, 원치 않고 감당하기 어려운 현실을 인식하는 정신기능의 제거, 대상의 분리됨에 대한 인식 혹은 자신이 대상과 다르다는 인식을 방어하기 위한 대상에 대한 침범과 점유, 타자들의 정신을 지속적으로 통제하는 것에 의한 전능경험의 유지 등을 들 수 있다. 그밖에도 자기의 좋은 부분을 보다 안전하게 보존하기 위해 대상 안으로 집어넣기가 있다.[146]

Segal은 "자기의 나쁜 부분은 그것을 제거하거나, 대상을 공격하고 파괴하기 위하여 투사된다. 좋은 부분은 분리를 피하거나, 그것을 안에 있는 나쁜 것으로부터 안전하게 지키거나, 원시적 투사적 회복을 통하여 외부 대상을 개선하기 위하여 투사된다"며 방어기능 이면의 무의식적 동기를 설명한다.[147] Segal은 편집-분열자리에서 사용되는 이러한 방어기제를 즉각적이고 압도적인 불안으로부터 자아를 보호하는 방어기제로서 뿐만 아니라, 발달에서의 점진적 단계로 보아야한다고 강조한다.[148] 그녀는 또한 인간발달에서 어떤 경험도 결코 버려지거나 지워질 수 없으며, 가장 정상적인 개인도 최초의 불안이 자극되면 최초의 방어기제가 작동되는 상황이 벌어질 수 있다는 것을 기억해야한다고 말한다.[149] Betty Joseph은 발달구조와 방어구조 사이의 상호작용에 대하여 언급하면서 통합과 발달의 결과, 원초적 방어의 필요가 감소하게 된다고 하였다.[150] 투사적 동일시의 목적과 기능에 대한 논의는 초기에는 방어적 기능에 초점이 맞춰져왔으나, 이후 Bion이 제안한 의사소통의 기능을 중심으로 발달적 목적이 주목받고 있다. 다음에서 투사적 동일시의 의사소통으로서의 기능에 대하여 살펴보고자한다.

의사소통으로서의 투사적 동일시

투사적 동일시의 방어기능이 통제라는 개인내적 측면에 중점을 둔다면 의사소통의 기능은 대인관계적 측면에 중점을 둔다. 투사적 동일시는 축출의 양태에서부터 의사소통의 양태에 이르기까지 다양한 형태를 띤다. 긍정적 방향의 맨 끝에는 공감, 또는 '다른 사람의 입장에 서보는' 투사적 동일시의 형태가 있다. 하나의 심리내적 과정인 투사적 동일시는 역시 하나의 내적 정신세계를 지닌 다른 사람들과의 정서적 접촉에 있어서 중심적이고 필수적인 요소다. 이런 점에서 그것은 의사소통의 한 형태, 즉 언어이전뿐만 아니라 상징이전이라는 의미에서 비상징적인 언어의 형태로 기능한다.[151] 투사적 동일시에 의한 의사소통의 기능은 언어화할 수 없는 유아가 자신의 느낌을 어머니 안에서 유발하도록 하는 것이다. 어머니가 함께 느끼도록 만듦으로써 이해받았다는 생각이 들도록 하는데서 시작된다.[152] 투사적 동일시가 의사소통의 한 형태로 사용될 때, 그것은 단순히 축출하는 역할뿐 아니라, 어떤 의미를 전달할 수 있고 그 의미가 이해될 것이라고 기대된다.[153] 이와 같은 맥락에서 투사적 동일시는 치료 상황에서 말로 표현할 수 없는 내담자의 내적 경험이 치료자에게 전달되고 이해받는 도구로 활용될 수 있다.

Nathan Field는 "Listening With the Body: An Exploration in the Countertransference"라는 논문에서 치료자 안에 저절로 생기는 신체적 느낌과 같이, 특별하지만 거의 논의된 적이 없는 역전이 현상에 대하여 서술한다. 그는 (1) 이것은 무의미한 신체감각인가, 아니면 환자에게서 오는 무의식적 소통의 증거인가? (2) 만일 후자라면, 이것이 치료적으로 어떤 연관이 있는가? (3) 어떤 종류의 심리기제가 이런 메시지를 전달하는가? 등 세 가지 의문점에 대해서 고찰한다. Field는 여러 해 동안 많은 환자들과 만나면서 다양한 신체감각이 저절로 생기는 경험을 하였다고 보고한다. 이를테면 그는 생생하게 묘사되고 있는 극적 이야기를 듣고 있는데도 무지하게 졸리는 경우를 예로 든다. 그는 지각할만한 아무런 언어적, 신체적 신호가 없는데도 이러한 신경의 지배가 환자와 함께 있는 상태에서 생긴다고 했다. 어떤 때에는 이러한 현상이 환자가 상담실로 들어올 때부터 시작되기도 한다는 것이다. 환자에게서 그에게 전해진 것이 알아차리기에는 너무 적은 신호이기 때문이기도 하지만 이때 유도되는 감각이 그 당시 환자가 말하고 있는 것과는 정반대이기 때문에, 그것이 미치는 영향의 성격이나 정도를 설명하기가 어렵다고 했다.[154] 그는 이런 경험을 반복하면서 '한 사람의 무의식이 의식을 거치지 않고도 다른 사람의 무의식에 반응할 수 있다'는 Freud의 관찰이 진리임을 확신하게 되었다고 말한다.[155]

Field는, 분석가는 어리벙벙해지는 한편 내담자의 기능은 항진되는 상호작용에 대하여 보고한 Money-Kyrle의 사례를 예로 들면서, 이것은 마치 자기와 대상의 교류가 강요되어서 서로가 연합된 상태의 상보적 측면을 경험하는 것과 같다고 말했다. 이때 분석가는 스스로를 내담자의 내적 상태와 동일시하도록 기꺼이 허용할 수 있는데 이것이 바로 Heinrich Racker가 말하는 일치적 역전이다. 이런 경우 투사적 동일시는 방어기제뿐만 아니라 의사소통의 역할을 하게 되며, 분석가는 내담자와 함께 고통을 겪음으로써 메시지를 받았다고 느끼게 되는 것이다.[156]

말로 전달할 수 없는 내담자의 사고, 느낌, 지각, 신체감각 등의 경험은 상담자에게 미치는 무의식적 영향을 통해 전달되고 이해될 수 있다. 이것은 상담자가 투사적 동일시의 역동에 대한 지식을 사용함으로써 가능해진다. Bollas는 신체의 기억은 우리의 최초경험에 대한 기억을 전달해주는 것으로, 사고되어야 할 앎의 형태며, 사고되지 않은 앎의 일부를 구성한다고 말한다.[157] 또한 의사소통하려는 주된 요점이 감정의 강도일 때, 치료자가 그러한 소통과 적절하게 접촉한다면 치료자는 비슷한 강도의 감정을 느끼고 있음을 발견하게 된다. 이때 분석가나 치료자는 격렬한 감정과 접촉하는 것을 견디면서 '행동으로 나아가지' 않을 수 있어야 한다. 그리고 명료하게 숙고하고 관찰할 수 있는 능력이 흐려질 때는 사고가 충분히 명료해지기를 기다렸다가 소통할 수 있어야 할 것이다.[158]

결혼이주여성 A, B, C와의 상담을 통해 투사적 동일시의 비언어적, 정서적 의사소통의 측면에 대하여 살펴보고자 한다. 상담자는 선교봉사 차 결혼이주여성들이 많이 사는 농촌지역을 방문하여 이들을 상담한 적이 있다. 이들은 상담자가 평소에 접하던 내담자들, 즉 시간당 적지 않은 상담료를 자신을 위해 지출할 능력이 있고, 상담자와 공유언어를 지니고 자신의 고통을 언어로 표현할 수 있는 내담자들과는 매우 다르다. 이들은 아무것도 가진 게 없었으며, 자신들의 아버지보다도 훨씬 더 나이가 많고 농번기를 제외하고는 늘 술로 세월을 보내는 남편과 늙은 시어머니, 그리고 아이들을 뒤치다꺼리 하는 것 외에는 아무런 할 일도 없었다. 산과 들 외에는 아무런 볼 것도 없는 오지로 시집와서 사는 20세 남짓의 결혼이주여성들이다.

결혼이주여성 A는 원활하지는 않아도 비교적 소통이 가능했으나 말을 조심스럽게 아끼며, 좀처럼 속마음을 열려고 하지 않고 상담자를 무척 경계하는 모습이었다. 상담사가 A의 나라에 다녀온 이야기를 하며 무엇이라도 공유할 수 있는 부분을 찾으려고 애쓰자 그때서야 상담자를 '아줌마'라 부르며, 한층 더 다가오는 모습을 보였다. 이런저런 이야기 끝에 자신은 반드시 '떠날 거다'라는 의미심장한 말 한 마디를 슬쩍 흘린다.

결혼이주여성 B의 경우, 방에 들어서니 앙상하게 마른 B의 시어머니가 새우처럼 몸을 쪼그리고 누워 있다가 일어나 앉으며 말 상대가 그리웠다는 듯이 이야기를 쏟아낸다. B의 남편은 농한기라 돈을 벌러 타지에 가고 없다. B의 일과는 어린아이 둘과 가끔 자리에 대소변을 누는 시어머니를 돌보고, 때맞춰 식사를 챙기는 것이 전부라고 한다.

결혼이주여성 C의 경우, 거의 의사소통이 안 될 정도로 한국어가 매우 서툴렀다. 간신히 알아들은 바에 의하면, C는 현재 임신 중이며, 남편은 전처와의 사이에 3남매를 두고 있다고 한다. C는 부모를 일찍 여의고 할머니와 할아버지와 함께 살았으며, 그 할머니가 너무 보고 싶다며 하염없이 울기만 한다. 울다가 간간이 스스로 '괜찮다'를 연발하며, 울어서 미안하다며 계속 울기만 한다.

예쁜 눈을 말똥말똥 뜨고 아무런 감정 없이 "떠날 거다"라고 말하는 A, 마치 남의 일을 말하는 듯 자신의 처지를 서술하는 B, 스스로 "괜찮다"를 연발하는 C. 이들은 소통되지 않는 언어로 "괜찮다"며 부정하고 있는 이면의 '괜찮지 않은' 감정을 상담자 안에 고스란히 옮겨놓았다. 상담자는 전혀 괜찮지 않았다. 일과를 마치고 마무리 예배를 드리면서 상담자는 몸 전체가 설움덩어리 그 자체인 것같이 자신을 주체할 수 없을 정도로 무너져 내렸다. 무표정의 A와 B의 모습 이면에 있는, 표현되지 못한 아픔은 고스란히 상담자 몫이 되었던 것이다.

Casement에 의하면, 내담자와 함께 있을 때 내담자에게 있어야 할 감정이 당사자에게는 없고, 그 감정에 상담자가 깊은 영향을 받게 될 때, 상담자는 내담자 자신이 감당하기에 너무 힘들다고 생각되는 느낌을 무의식적으로 소통하고 있음을 깨닫게 된다. 상담자는 그때 투사적 동일시가 의미하는 바를 이해할 수 있고, 그것이 그렇게 강력한 형태의 소통인 것을 체험하게 된다.[159] Field는 언어로 명료화할 수 없는 상태에 있는 이들과 소통할 수 있는 유일한 방법은 그들과 '함께하는 것'이라고 말한다.[160] Casement는 아주 신경을 써서 듣기만 한다면, 아무 말도 하지 못하는 아이와 소통할 수 있는 엄마처럼 내담자가 소통하려는 것을 파악할 수 있다고 말한다.[161] 고통스러운 감정을 감당해내고, 말로 표현하는 것이 어려운 내담자는 치료자에게 강한 역전이 감정을 불러일으킴으로써 자신의 상태를 전달한다.

그들은 A, B, C가 아니었다. 상담자의 딸이었다. 어린 나이에 콧대 높은 유럽의 어느 나라에서 공부하느라 외국인으로서 여러 가지 설움을 겪으며, 자존심 상해하던 상담자의 딸은 이들과 동갑내기다. 시골 오지에서 자신의 아버지보다 더 나이 많은 남편과 살며, 늙은 시부모의 대소변을 받아내고, 어린아이들을 기르고 있는 이들은 상담자의 딸인 것이다. 동시에 이들의 모습에서 신의 신분을 저버리고, 가장 낮은 미천한 말구유에 인간의 몸을 입고 임한 예수의 모습이 떠오른다. 사회,

경제, 문화적 혜택을 전혀 받지 못하는 외지에서 그 누구보다도 더 나그네와 같은 삶을 사는 이들, 쉰 살이 넘도록 장가가지 못하고 있던 노총각의 아내가 되어준 이들, 돌봐주는 이 없이 방치된 노부모를 돌보는 이들이야말로 목마르고 헐벗었던 나그네가 바로 '나'였노라고 말했던 '예수'가 아닐까.[162] Moltmann에 의하면, 가난하고, 병들고, 억압받는 사람들의 구주는 언제나 고난의 길을 걸었던 '그리스도'였고, 부유하고 지배층에 속한 사람들의 구주는 대부분 만유의 지배자이자, 하늘에서 다스리고 계신 '그리스도'였다.[163]

이들과 경험을 공유할 수 있는 수단은 이제껏 상담자에게 익숙해왔던 언어적 소통이 아니었다. 상담자는 이들이 처한 환경, 경계하는 듯 억제된 태도, 눈물, 눈짓, 몸짓, 더듬거리는 어눌한 몇 마디와 소통하고 있었다. 비언어적이고 무의식적 의사소통 중 하나인 투사적 동일시를 통해 상담자는 내담자의 내면세계를 언어로서가 아니라 감정상태 그대로 느낄 수 있게 되었다. 언어로 담아내지 않은, 날 것 그대로의 경험이기에 상담자에게는 더욱 강력한 메시지로 전해진다.

소통의 내용이 언어로 표현할 수 없는 경험이거나 언어발달 이전의 경험일 때, 투사적 동일시는 특히 정서적 의사소통의 형태로 사용된다. 투사적 동일시가 정서적 의사소통의 형태로 사용될 때, 투사자는 자신이 전달하고자하는 것을 타자가 알아차리고, 느끼며, 그에 반응하도록 하려는 무의식적 욕구를 가지고 있다.[164] Gabbard에 의하면, 내담자는 좌절감 등 견딜 수 없는 고통스런 느낌을 다른 사람에게 투사하므로, 치료자는 내담자에 의해서 유발된 역전이 느낌에서 일말의 단서를 볼 수 있어야 한다.[165] 이와 같이 소통을 위한 수단으로 언어사용이 불가능한 결혼이주여성들과의 관계에서 역전이가 소통의 수단이 될 수밖에 없는 경우에, 상담자가 이들 결혼이주여성들과 자신의 딸을 동일시하는 역전이 반응에 반응에 집중하면, 이들이 전하는 강렬한 정서를 깊이 이해할 수 있게 된다.

결혼이주여성 A, B, C와의 비언어적 소통으로부터 상담사가 느낀 격렬한 감정은 두 가지로 분류될 수 있다. 결혼이주여성들이 '자신 안에 담아둘 수 없다고 느끼는, 참을 수 없는 감정상태를 무의식적으로 상담사 안에 일으키려는 절망적 몸부림'과 관련된 것은 객관적(내담자의 요인에 의한) 역전이에 해당한다. 또 다른 한편, 이들의 깊은 공허와 고독이 상담사의 딸의 것으로 다가오는 강렬한 감정은 주관적(상담자의 요인에 의한) 역전이에 해당한다. 그러나 객관적 역전이와 주관적 역전이는 서로 별개가 아니라 서로의 반응을 유발하는 상호주관적 관계를 벗어날 수 없다.

투사적 동일시로 강력하게 연결된 결혼이주여성 A, B, C와 상담자의 상호관계를 설명하면 다음과 같다. 첫째, 투사과정에서 결혼이주여성들은 감당할 수 없는 강렬한 감정을 처리하거나 제거, 통제하기 위해 이 감정을 무의식적 전능환상 가운데 상담자에게 밀어 넣는다. 둘째, 유도 혹은 강요의 과정에서 결혼이주여성들의 감정이 상담자 안에서 유발된다. 셋째, 의사소통의 과정에서 상호작용이 미치는 영향이나 결혼이주여성들에게서 전달되는 비언어적 압력에 상담자가 열려있을 때, 상담자는 자신에게 일어나는 정서적 반응을 정서적 의사소통으로 이해할 수 있게 된다. 이러한 과정을 통해 상담자는 서러움, 외로움, 어려움 등 결혼이주여성들이 감당할 수 없다고 느끼는 감정을 경험하게 됨으로써 이들의 정서적 내면세계를 이해할 수 있게 된다. Ogden은 의사소통양식으로서의 투사적 동일시에 대하여, 이는 투사자가 자기와 일치하는 감정을 다른 사람 안에서 유도해내어 다른 사람에 의해 이해받거나, 다른 사람과 하나가 되는 감각을 만들어내는 과정이라고 설명한다.[166]

Betty에 의하면, 정의상 자기의 부분들을 대상 안에 넣는 것을 의미하는 투사적 동일시의 경우, 만일 투사수용자인 분석가가 일어나고 있는 일에 대해 진정으로 개방적이며, 자신이 경험하고 있는 것이 무엇인지 인식할 수 있다면, 이것은 이해를 얻게 되는 아주 강력한 방법이 될 수 있다.[167] 투사자의 방어로서의 투사적 동일시는 투사대상자의 역량에 따라 의사소통으로 이해될 수 있다. 사람들은 스스로도 실체를 알지 못하는 그 무엇을 투사적 동일시를 통해서 가장 원초적으로 소통한다.[168] 그 무엇은 소리 없는 고통과 공포, 불평과 탄식, 의심과 어려움, 흐느낌일 수 있고, 감탄과 찬양 혹은 침묵일 수도 있다. 이것은 마주 선 주체가 서로의 울림통이 되어 공명하는 원초적 의사소통이다. 공명은 서로의 경계가 붕괴되는 원시적 대상관계에서 가능하다. 다음으로 투사적 동일시의 원시적 대상관계로서의 기능에 대하여 살펴보고자 한다.

원시적 대상관계로서의 투사적 동일시

Ogden에 의하면, 자신에게 위협이 되거나 원하지 않는 부분(내적 대상을 포함하여)을 제거하여 그것을 다른 사람 안에 넣고 강력하게 통제하려는 무의식적 환상은 느낌과 생각이 자체의 생명을 가진 구체적 대상이라는 원시적 생각에 근거한다. 즉, 이러한 대상은 한 사람 안에 들어 있다가 제거되어 다른 사람 안에 놓일 수 있으므로, 그것을 담고 있어서 초래되던 결과로부터 헤어날 수 있다고 느낀다는 것이다. Ogden은 이와 같이 자신의 일부분을 다른 사람 속에 가져다 놓고 내부로부터 그 사람을 통제하려고 하는 환상이 투사적 동일시의 중심면모라고 말한다. 이는 투사자가 부분적으로라도 자기와 대상표상 간의 경계가 심각하게 흐려진 발달수준에서 기능하고 있다는 것이다.[169]

Hamilton은 원시적 대상관계로서의 투사적 동일시 현상을 Margaret S. Mahler의 재접근단계로 설명한다. 그는 투사적 동일시는 재접근단계의 유아에게서 번갈아 나타나는 애정 어린 행동과 강압적 행동에서 일정역할을 하는 것으로 생각했다. 유아가 공생(共生, symbiosis)에서 나오면서 자기와 대상, 즐거움과 고통, 좋은 것과 나쁜 것을 구별하기 시작하는데, 이런 구분은 부분적으로 이루어지고, 자기이미지와 대상이미지 간의 통합도 역시 부분적으로 이루어진다. 그 결과 유아는 자기감정을 쉽게 부모에게 전가하고, 부모 안에 있는 그 감정을 통제하려고 시도한다는 것이다.[170]

원시적 대상관계로서의 투사적 동일시는 심리적으로 오직 부분적으로만 분리되어있는 대상과 함께하는 기본방식이다. 이것은 진정한 대상관계와 주관적 대상과의 관계 사이의 단계에 놓여있는 대상관계의 이행기적 양식이다.[171] 원시적 대상관계에서 투사자는 수용자를 자기의 부분을 담아줄 만큼 충분히 분리되어있는 사람으로 경험하지만, 동시에 투사자의 느낌을 문자 그대로 공유한다는 환상을 유지할 만큼 충분히 미분화된 사람으로 경험한다.[172] 이러한 혼란스러움은 관련된 사람들 사이의 연결과 일체감을 증진시킨다.[173]

이와 같이 원시적 대상관계로서의 투사적 동일시는 소외, 분리를 피하고 애착을 유지하려는 방편으로 사용된다. Segal은 분리를 피하기 위해 투사적 동일시가 이상적 대상에게 향하여 사용될 수 있다고 했다.[174] Charles A. Henry 역시 자신의 사례를 예로 제시하며 투사적 동일시의 재연이 소외를 피하고 애착을 유지하는 기능이 있다고 제안했다. 그는 행동장애를 보이는 공격적인 소년이 재연하는 가학적 투사적 동일시를 관심과 애착을 추구하는 도발로 볼 수 있다고 했다. 이러한 관점은 어린이의 공격적 행동이 부모의 근접성(proximity)을 통제하거나 붕괴된 애착에 질서를 제공하는 역할을 한다는 점에서 애착이론과 조화를 이룬다.[175]

Ogden은 투사적 동일시를 어머니가 유아의 지각요소들을 담아주고, 유아의 감각상태에 의미를 부여하는 방식으로 반응하는 것으로, 유아와 어머니를 연결하는 보다 초기형태의 것이라고 설명한다. 후에 유아 자신이 무의식적으로 투사한 측면을 내사하고, 자신의 투사적 동일시의 수용자로서 기능하는 어머니의 인격구조 측면을 내면화하며, 발달과정에서 자기와 대상표상 간의 분화가 잘 이루어지고, 언어적으로 상징화된 의사소통이 우세해지면서, 투사적 동일시는 배경으로 물러나게 된다.[176] Bion에 의하면 언어적으로 사고할 수 있는 능력이 발달되어야 비로소 심리적 실재에 대한 자각이 가능해지며, 이것의 기반은 우울자리와 연결되어있다.[177]

환자에게 의미 없는 것을 의미 있게 만드는 치료자의 기능 역시 자신의 필요가 무엇인지도 모르는 유아의 필요에 반응해주는 어머니의 기능에 비유할 수 있겠다. 어머니의 반응적인 돌봄은 단지 일련의 자극에 지나지 않던 것들에 의미와 정의를 부여한다. 이를테면, 국부적이지 않고 널리 산만하게 퍼져있어서 어떤 느낌으로조차 경험되지 않는 유아의 고통은 그것에 반응하는 어머니에 의하여 빨기, 삼키기, 맛보기, 포만감, 독특한 방식으로 안기기 등의 경험과 연결됨으로써 점차 배고픔이라는 느낌으로 다가오게 된다.[178]

Ogden에 의하면, 이러한 원시적 대상관계로서의 투사적 동일시는 성숙한 양상의 대상관계에서도 무의식적 토대로서 지속 유지되며, 지배적인 성숙한 기능양상을 침범하지 않으면서 보완한다. 우리는 언제나 자기가 느끼고 있는 것을 다른 사람이 정확히 알아주기를 무의식적으로 요구하고 기대한다. Ogden은 이러한 투사적 동일시가 피분석가와 분석가가 관계 맺는 방법을 포함하여 모든 성인 대상관계의 어떤 한 요소를 나타낸다고 말한다.[179]

Ogden은 심리발달과정에서 이전 단계의 특징적 기능양상은 보다 진전된 기능양상의 한 층으로, 이후 발달단계에도 지속된다고 설명한다. 전이재연이 일어나는 것과 같은 치료적 퇴행의 상황에서는 이전의 요소들이 당분간 우세하기도 하다는 것이다. 이를테면 구강기, 항문기, 남근기의 유아적 성(infantile sexuality)이 단지 성숙한 성기적 성(genital sexuality)의 전조로서만 기능하는 것이 아니라 성숙한 성에서도 전희에서와 같이 비교적 변화된 형태로 지속되는 것과 유사하게, 대상관계의 발달에 있어서도 원시적 비언어적 관계양상은 대인 간 의사소통을 진단하는데 배경이 되는 신체적 감각으로 남아있다는 것이다. 다시 말해서, 언어적 상징이 가능한 특정 의사소통과 함께 보다 덜 세련되고, 때로는 서로 모순되는 무의식의 사고와 느낌들이 눈을 들여다보거나, 이마의 긴장이나, 목소리의 떨림 등을 통해 전달될 수 있는데, 이러한 이전단계의 소통양상이 제공하는 미세함과 모호함이 없다면 성숙한 관계일지라도 기계같이 삭막하게 될 것이라고 말한다.[180]

이상에서 원시적 대상관계로서의 투사적 동일시는 자기가 타자와 연결감과 일체감을 유지하는 한 가지 방식으로, 이후 성숙한 양상의 대상관계에서도 무의식적 토대로서 지속 유지되는 것을 살펴보았다. 다음으로 투사적 동일시의 심리적 변화를 위한 통로로서의 기능을 살펴보고자 한다.

심리적 변화를 위한 통로로서의 투사적 동일시

Ogden은 심리적 변화를 위한 통로, 혹은 수단으로서의 투사적 동

일시 기능을 제안하였다. 소화된 투사는 투사자와 투사수용자의 상호
작용을 통해 투사자의 재내면화를 위해 사용가능해진다. 이러한 내면
화(실제로는 재내면화)의 성격은 투사자의 성숙수준에 따라서 원시적
내사의 유형으로부터 성숙한 동일시의 유형에 이르기까지 다양한 분
포를 보인다. 재내면화과정이 어떤 양상을 띠든지 이것은 투사자가 이
전에 부인하려던 감정들을 새롭게 다룰 수 있는 방식을 숙달할 수 있는
잠재력을 제공한다. 투사가 성공적으로 처리되고 재내면화되는 정도
에 따라 진정한 심리적 변화가 일어나게 된다.[181] 이것은 일찍이 Klein
이 투사와 재내사의 과정을 포함한 투사적 동일시가 유아의 발달에 기
여할 수 있다고 제안했던 것과 맥을 같이한다.

> 내면세계는 외부 세계의 부분적 반영이다. 말하자면, 내사와
> 투사의 이중과정은 내적 및 외적 요소들 사이의 상호작용에 원
> 인이 된다. 이러한 상호작용이 인생의 전 단계를 거쳐 지속되
> 는 것과 마찬가지로 투사와 내사는 전 생애를 거쳐 지속되며,
> 성숙과정에서 수정된다. 그러나 개인이 자기를 둘러싸고 있는
> 세계와 관계하는데 있어서 내사와 투사의 중요성이 상실되는
> 경우는 결코 없다. 성인의 경우에도 현실에 관한 판단은 자신
> 의 내적 세계의 영향으로부터 결코 자유로울 수 없다.[182]

이와 같이 평생 지속되는 변화과정으로서, 투사와 재내사의 순환과
정은 계속해서 내면화된 자기구조를 바꾼다. 여기서 자기구조가 바뀐

다는 의미는 자아표상과 대상표상 그리고 여기에 동반되는 감정이 바뀌는 것을 의미한다. 투사적 동일시는 치료적이거나 심리적 성장을, 혹은 반(反)치료적이거나 심리적 손상을 초래할 수 있다. 투사적 동일시의 방어적 기능, 원시적 대상관계의 기능, 의사소통의 기능, 심리적 변화를 위한 통로로서의 기능 중에서 방어나 원시적 대상관계의 기능에 그치지 않고, 투사적 동일시가 보다 깊은 공감적 의사소통과 심리적 변화를 위한 통로로서 활용되기 위해서는 투사수용자의 역할이 무엇보다 중요하다.

Ogden에 의하면, 환자 치료의 본질은 환자의 투사를 받아들일 수 있는 치료자의 능력에 달려있다. 이것은 치료자가 자신의 보다 성숙한 성격체계의 측면을 활용하여 투사를 처리하고, 그 소화된 투사가 치료관계를 통하여 환자에게 재내면화될 수 있도록 하는 능력을 의미한다.[183] 긍정적이고 성장촉진적인 내담자-치료자 관계의 특질이 변화를 가져오는 열쇠다.[184] 투사자의 투사물을 담아주고, 소화시키고, 변형시켜서, 되돌려줄 수 있는 투사수용자의 역량에 따라, 투사, 내사 등의 순환을 통한 투사자의 변화가 발생하는 것은, 마치 CO_2를 내뱉고 O_2를 들여 마시는 호흡이나, 탁한 피를 맑은 피와 바꿔주는 혈액투석에 비유될 수 있다. 즉, 심리적 변화를 위한 통로로서의 투사적 동일시는 전 존재를 호흡하는 마주 선 두 주체의 정서적 호흡이나, 변형적 내재화를 통한 심리적 투석이라고 할 수 있겠다.

상담관계에서 투사대상자가 되는 상담자는 종종 아무것도 할 필요가 없고, 단지 투사자가 투사한 측면을 마음속에 간직하고 이해할 때 내담자에게 강력한 영향을 줄 수 있다.[185] 자신이 감당하기 어려운 경험들을 상담자가 감내하는 것을 보고 내담자는 있는 그대로의 자기존재가 수용되는 경험을 하게 된다. 자신의 취약한 부분이나 불안, 우울, 공포, 분노 등의 부정적 정서, 욕구, 충동 등을 표현해도 된다는 안전감을 느끼게 되면서, 이들을 분열하여 제거하려는 투사나 투사적 동일시를 무의식적으로 시도할 필요가 없어지게 된다.

이때 내담자는 자신이 감내할 수 없어서 분열하여 투사하던 자신의 측면에 압도되지 않고, 다시 그것을 자신의 것으로 소유할 수 있게 된다. 심리적 변화를 위한 통로로서의 투사적 동일시의 치료적 기능은 투사자가 분열하여 밖으로 투사하여 부인하던 자신의 부분을 되찾아와 자신의 일부로 재수용하는 데 있다. 내담자가 자기가 투사한 내용을 다시 돌려받을 때 자아표상 또는 타인표상이 수정되고, 여기에 동반된 감정도 바뀌게 되어 시간이 지나면서 내담자의 내적 대상관계에 변화가 일어나게 된다. 원치 않는 부분을 기꺼이 껴안을 때 비로소 원치 않는 어려움에서 벗어날 수 있게 되는 것이다.

따라서 투사적 동일시의 미성숙한 방어기제와 원시적 대상관계의 기능에 고착되어 있는 사람을 만날지라도, 그 상태에 머물 수밖에 없는 그들의 역동을 이해하려고 노력하고, 있는 그대로를 수용해줄 때, 분열과 투사라는 원시적 방어기제의 빗장이 풀리게 되고, 투사적 동일시는 심리적 변화를 위한 통로로 사용될 수 있게 된다. 이와 같이 방어에 대한 욕구가 충분히 분석되고 이해되어 존중될 때 방어의 필요성이 해소되고, 내담자가 스스로 방어를 포기할 것이므로 분석가가 방어를 제거할 필요가 없게 된다. 자기심리학자들은 방어를 내담자가 자신의 최소한의 핵심자기를 구하려는 시도며, 심리적 생존을 위해 발생하는 것으로 이해하고, 방어를 해석하거나 직면시키는 대신 내담자의 방어의 필요성을 강조하고 존중해야하며, 그들의 방어에 도전하지 말아야한다고 주장한다.[186] 이렇게 방어개념을 확장하여 이를 일차적 현상으로 이해하는 자기심리학의 경우에는 그 해석에서 인정과 용인의 태도가 드러난다. 반면, 자신의 이론적 신념에 근거하여 환자의 자기애적 요구를 도피수단이나 유아기적 욕구충족에 매달리는 현상으로 이해하는 분석가의 경우에는 그 해석에서 거부와 비난의 흔적이 드러난다.[187]

이와 같은 방어에 대한 이해를 근거로 투사적 동일시에 의한 원시적 방어기제와 미성숙한 대상관계양상은 변화시켜야할 장애물이 아니라, 이들을 구성하고 있는 중요한 일부로 존중되어야한다. 이렇게 담아주고(containing), 안아주는(holding) 과정이 진행될 때 상담의 시공간은 순응적 거짓자기가 진정한 주체성을 지닌 참자기로 탄생하는 자궁이 된다. 상담공간에서의 이러한 경험을 통해 내담자들은 이제껏 순응만 해오던, 건강하지 못한 질서를 의심의 눈으로 바라볼 수 있게 되고, 그것의 건강하지 못함을 인식하게 되면서 더 이상 그 질서에 압도당하지 않을 수 있게 된다.

Ogden은 투사적 동일시로 특징지어지는 치료적 상호관계에서, 공감이라는 용어는 담아주기라는 치료자의 능동적 심리작업이 성공한 결과라고 묘사하는 것이 적절하다고 말한다.[188] 투사자들이 감당하기 힘들어 투사하여 타자화시킨 파편들을 투사수용자가 담아주고, 체현

(incarnation)의 장이 되어주어, 그것들을 감당할 만한 것으로 잘 소화시켜(metabolizing), 투사자들에게 되돌려주는 역할을 하게 되는 경우, 투사적 동일시는 심리적 변화를 위한 통로가 된다. 이것은 내담자가 치료자를 원초적 대상으로 바라보고 자기애적으로 사용하는 것을 치료자가 견딜 수 있어야 한다는 것을 의미한다.[189]

투사적 동일시는 그 기제를 사용하고 있는 주체가 의식하지 못하는 무의식적 기제이긴 하지만, 대상이라는 확장된 자기를 사용하여 주체가 억압 혹은 부인해왔던 주체의 일부를 암시적으로 소통하고 있다는 측면에서 볼 때 자신의 타자성을 회복하려는 무의식적 시도라고 볼 수 있다. 투사적 동일시는 주체가 구체화·언어화·기억해 낼 수 없는 많은 것들을 타자 안에 집어넣고 대상화하여 그것들을 타자를 통하여 직면할 수 있게 된다. 이때 투사의 대상이 된 타자가 투사된 것을 처리하는 역량에 따라 투사적 동일시의 운명이 결정된다. 건강하고 긍정적 관계 안에서 투사된 부분은 무의식적으로 수정되고, 좀 더 긍정적 부분이 되어 투사자에게 다시 내사된다. 그러나 부정적 관계 안에서는, 투사대상자가 투사된 내용을 해로운 방향으로 바꿀 수도 있는데, 그럴 경우에 투사자는 더 불안한 정신내용을 되돌려 받게 된다. 그때 투사자와 투사대상자 사이에는 불안이 증폭되고, 가학과 피학 사이의 폭력과 격렬함이 반복된다.[190]

따라서 투사적 동일시가 심리적 변화를 위한 통로로 사용되기 위해서는 투사적 동일시에 대한 인식과 이해를 심화 확대하여 투사수용자의 역량을 강화해야한다. 상담자가 기꺼이 자기를 비워 내담자가 쏟아내는 '흑암의 빛줄기'를 담아주는 투사의 수용자가 되어줄 때, 상담자는 참자기의 탄생을 돕는 산파역할을 하게 된다.[191] 이렇게 투사적 동일시가 심리적 변화를 위한 통로로서 활용될 때 선으로서 악을 이기게 된다 (롬 12:21). 여기서 선으로서 악을 이긴다는 표현은 얼핏 이원론적으로 보이긴 해도, 투사적 동일시에서의 그 의미는 제거하려던 악을 수정하여 재내면화 한다는 의미에서 배타적이기보다는 수용적 의미를 내포하고 있다.

CHAPTER **3**

투사적 동일시의 과정

대개의 분석가들은 투사적 동일시를 대략 세 개의 단계로 도식화한다. 첫째 단계는 투사자가 자기의 일부를 다른 사람에게 투사하고, 그 투사한 부분이 상대방을 내면으로부터 점거하고 있다고 여기는 무의식적 환상의 단계이며, 두 번째는 대인 간 상호작용을 통해 투사수용자가 투사와 동일하게 생각하고, 느끼고, 행동하도록 투사자의 압력이 발휘되는 단계고, 세 번째는 투사된 감정들이 투사수용자에 의해 심리적으로 처리된(processed) 후 투사자가 그것을 도로 재내면화되는 단계다.

투사적 동일시 개념은 Klein, Bion, Ogden, Rosenfeld, Scharff 부부 등 여러 학자들에 의해서 발전되었다. 그 중 가장 많은 이론가들의 지지를 얻은 정의는 두 가지의 단계를 포함한다. 그것은 정서상태를 동반하는 자신 혹은 타인의 표상이 무의식적으로 자기 안에서 부인되고 상대에게 투사되는 단계와, 이어 투사자가 상대로 하여금 투사된 것을 무의식적으로 경험하거나 받아들이도록 압력을 가하는 단계다. 여기서 Gabbard는 첫째 단계를 전이, 둘째 단계를 역전이로 설명한다. 나아가 Gabbard는 만약 정신치료적 상황이라면, 투사를 받는 치료자가 문제의 자아표상 또는 대상표상을 받아들인 후 이를 담아주고 견뎌냄으로써, 투사된 내용을 잘 소화하여 다소 변화된 형태로 투사한 사람에게 다시 돌려주거나, 다시 받아들이도록 하는 셋째 단계가 일어난다고 한다.[192]

투사적 동일시를 깊이 연구한 대개의 분석가들은 투사적 동일시를 대략 세 개의 단계로 도식화한다. 첫째 단계는 투사자가 자기의 일부를 다른 사람에게 투사하고, 그 투사한 부분이 상대방을 내면으로부터 점거하고 있다고 여기는 무의식적 환상의 단계이며, 두 번째는 대인 간 상호작용을 통해 투사수용자가 투사와 동일하게 생각하고, 느끼고, 행동하도록 투사자의 압력이 발휘되는 단계고, 세 번째는 투사된 감정들이 투사수용자에 의해 심리적으로 처리된(processed) 후 투사자가 그것을 도로 재내면화되는 단계다. Ogden은 투사적 동일시의 이러한 세 측면이 단일 심리사건의 세 측면이라는 관점에서 동시성(simultaneity)과 상호의존성(interdependence)의 의미를 지닌다고 말한다.[193]

본 장에서는 이러한 투사, 유도, 되찾음으로 구성되는 투사적 동일시의 과정에서 무의식적 요소가 상호 침투함으로써 서로를 구성하는 상호주체성에 대하여 살펴보고자 한다. 특히 고찰할 측면은 다음과 같은 질문들이다. 투사적 동일시 과정에서 투사수용자가 대사(metabolize)하는 것은 투사자의 투사물과 동일한 것인가, 혹은 그것과 유사한 투사수용자 자신의 것이 투사자로부터 유발된 것인가, 아니면 더 나아가 투사자와 투사수용자의 공유된 창작물인가? 투사와 투사적 동일시는 어떻게 다른가? 누가, 누구에게, 무엇을, 어떻게 투사하는가? 누가, 무엇을, 어떻게 동일시하는가? 마지막으로, 투사적 동일시가 치료적일 수도 있고 반(反)치료적일 수도 있는 요인은 무엇인가?

투사과정

투사적 동일시의 첫 번째 단계는 내적 내상을 포함하여 자기의 일부분을 제거하고자 하는 투사자의 소망이 중심이 된다. 그 이유는 이것이 내부에서 자기를 파괴하려고 위협을 하거나 자기의 다른 측면에 의해서 공격받을 위험이 있어서 보호자 안에 넣어 안전하게 보호되어야 할 것들로 느껴지기 때문이다.[194] 본 장에서는 한 사람의 일부가 다른 사람에게 투사되는 심리적 전이가 일어나는 기제에 대하여 살펴보고, 이러한 투사가 투사적 동일시와 투사에서 각각 어떻게 다른 양상을 띠게 되는지를 살펴보고자 한다.

심리상태의 전이

Klein은 투사적 동일시 과정을 자기의 원하지 않는 부분을 분열시키고 이를 '다른 사람 안으로(into) 투사'하여 제거하려는 전능환상으로 설명했다. Field는 이러한 설명이 통찰력 있고 많은 도움이 되는 것은 사실이지만, 동시에 여러 가지 의문이 드는 것 또한 부정할 수 없다고 말한다. 그는 한 사람의 심리에서 원하지 않는 부분이 어떻게 공간을 가로질러 다른 사람의 심리 속에 자리 잡을 수 있는지, 마치 뻐꾸기가 낳고 간 알을 자기 것인 줄 알고 속아 넘어가는 암탉처럼 투사수용자는 어떻게 그 느낌이 자기 것이라는 확신을 갖게 되는지, 그리고 일단 내사된 것들이 중화된(中和, neutralized) 후에 어떻게 본래의 소유주에게로 다시 돌아갈 수 있는지 등의 여전히 풀리지 않는 신비에 대해 의문을 제기한다.[195]

이러한 심리적 전이(transmission) 현상에 대하여, Likierman은 내담자에 의해 투사된 정서는 하나의 심리에서 다른 심리로 날아다니는 물질체가 결코 아니라고 한다. 좀 더 논리적 관점에서 볼 때, 투사적 동일시는 다른 사람의 깊은 무의식상태를 건드리는 고도로 환기적인 의사소통(a highly evocative communication)이다. 그는 분석가가 내담자의 실제 슬픔과 분노, 기쁨을 느낄 수 있는 것이 아니며, 분석가는 단지 자신의 슬픔과 분노, 기쁨이 자기 안에서 드러나도록 허용함으로써 이러한 정서에 대하여 알 수 있을 뿐이라고 한다. 그러므로 분석가 안에서 일어나는 느낌은 분석가 자신의 것이다. 그리고 그러한 느낌에 뒤이어 분석가 개인의 연상과 무의식적 환상이 따라오기 마련이다. Likierman은 이런 식으로 분석가가 자신의 느낌이 환기되도록 기꺼이 허용하는 것, 즉 내담자가 유발하거나 전달한 심리적 대상에 개방적일 수 있는 이러한 능력을 Bion이 말하는 "몽상(reverie)"과 같은 것이라고 말한다.[196] Bion이 말하는 몽상은 "사랑하는 대상으로부터 나오는 어떤 것들이라도 수용하도록 열려있는 마음상태"를 의미한다.[197] 이때 압도되지 않고 자신에게 강렬한 감정이 드러나도록 허용할 수 있으려면 분석가는 내담자가 유발하는 것을 담을 수 있어야 하고, 따라서 상대적으로 힘의 모범이 될 수 있어야 한다.[198]

Ogden 역시 투사수용자는 부분적으로 투사자의 투사적 환상이 그리는 대로 자신을 경험하게 되지만 투사자와는 다른 사람이므로, 투사수용자가 경험하는 감정은 투사자의 감정과 유사하기는 해도 동일한 것은 아니라고 한다. 투사수용자는 자신의 감정을 지어내는 저자(the recipient is the author of his own feelings)다. 투사자의 아주 독특한 압력에 의해 어떤 감정들이 유발된다 할지라도, 그것들은 투사자와는 다른 강점과 약점을 지닌 투사수용자의 성격체계의 산물이라는 것이다. 또한 이러한 사실이 투사된 감정들(정확히 말하자면, 수용자 안에 유발된 투사자와 일치된 감정들)이 투사자가 다뤄왔던 방식과는 다르게 다루어질 수 있는 가능성을 열어준다고 말한다.[199]

Gabbard도 투사적 동일시가 심리상태의 신비적 또는 초자연적 교환이라기보다는 대인관계의 압력 또는 자극에 달려있다는 관점에서, 치료자에게 일어나는 역전이 반응은 치료자 속에 있던 잠재적인 것이 내담자의 자극에 의해 유발되는 것으로 볼 수 있다고 했다. 내담자가 투사한 것을 치료자가 어떻게 받아들일지를 결정하는 것은 치료자 안에 이미 존재하고 있던 갈등과 방어기제와 내적 대상관계다. 비록 치료자가 역전이를 자신에게 이질적인 것으로 경험한다고 해도, 이때 실제로 일어난 것은 치료자의 억압된 자아표상 또는 타인표상이 내담자의 압력에 의해서 활성화된 것일 뿐이다. 이러한 억압된 자아의 출현은 치료자의 익숙하고 지속적인 자아를 혼란에 빠뜨린다. 이렇게 자신이 평소처럼 행동하지 않는 것을 경험하면서 치료자는 투사적 동일시가 일어났음을 인지하기 시작한다. 따라서 치료자는 자신이 비정상적으로 화가 나든가, 지나치게 관대해지든가, 너무 지루하거나, 매우 관음적이 되는 등 어쩐지 '내 자신이 아닌 것 같다'는 느낌이 들 때는 자신과 내담자 사이에 무슨 일이 발생하고 있는지를 조심스럽게 생각해야한다.[200]

이러한 분석가들의 반응에 대하여 Denis V. Carpy는 때때로 분석가들이 임상자료를 논의하면서 마치 감정이 내담자의 마음을 떠나 분석가의 마음속으로 넣어진다고 믿는 것처럼 말하는 경향이 있는데, 이것은 잘못된 관점이라고 지적했다. 그는 분석가가 느끼는 감정은 내담자의 감정이 그대로 들어간 것이 아니라, 내담자가 자기내면에서 제거하고자 하는 것과 아주 유사한 마음상태를 분석가로부터 유발한 것으로 보아야한다고 했다.[201]

Rizq는 그의 논문에서 Ripley's Game이라는 영화를 투사적 동일시의 관점에서 분석했다.[202] 영화에서 천재사기꾼 Ripley는 조나단이 자기를 가리켜 "돈은 많지만 예술은 모르는 미국인"이라고 조롱하는 것을 우연히 듣게 된다. 자존심이 몹시 상했던 Ripley는 조나단이 형편이 넉넉지 않으며 백혈병 말기라는 사실을 알게 됐고, 그에게 어차피 병으로 죽을 바에 아내와 자식에게 돈이라도 남기고 죽으면 좋지 않겠냐며 거액의 청부살인을 의뢰한다. 하지만 이것은 자기를 모욕한 조나단에게 보복하기 위한 의도였다. 조나단이 돈이 궁핍하여 어쩔 수 없이 일을 떠맡긴 해도 시골청년으로서는 감당하기 힘든 낯설고 이질적인 행위를 수행하다가 결국 무능감과 실패, 양심의 가책 등 엄청난 고통을 겪으며 서서히 파멸되어갈 것을 기대한 것이다. 그러나 조나단은 Ripley의 예상을 완전히 뒤엎고 어렵사리 첫 살인을 해낸 뒤 점점 더 묘한 흥분을 느끼며 마치 물 만난 물고기마냥 척척 살인을 해치워나간다.

 Rizq는 Ripley의 투사가 조나단의 내적 속성과 어떻게 맞아떨어지는지, 그래서 조나단이 어떻게 그것과 동일시하는지를 설명한다. 또한 Ripley가 조나단을 청부살인자로 선택한 것 자체가 이미 조나단이 지닌 내면의 속성을 무의식적으로 간파한 것이며, 투사적 동일시는 속성상 그 적임자를 무의식적으로 선택한다는 점도 부연한다. Rizq 논문의 논지는 투사적 동일시에서 투사대상자의 역(逆)동일시 (혹은 내사적 동일시) 과정을 외부 투사물과의 동일시로 보기보다는 투사대상자 자신의 내면에 이미 잠재되어있는 그와 유사한 속성이 유발되는 것이기도 하다는 점을 강조하는 데 있다.

 이러한 점에 대하여 Hinshelwood는 투사는 흔히 실제대상에게 귀속되어 카멜레온처럼 뒤섞이게 된다고 말한다. 일반적으로 투사자는 자신의 투사와 유사성이 있는 사람이나 사물을 발견하여 자신의 원치 않는 자질을 그 사람이나 사물에 전가하는데, 이때 그 유사한 자질은 과장되거나 왜곡된다.[203] Gabbard 역시 역전이는 내담자와 치료자 모두가 함께 기여하여 만들어낸 합작품으로 간주했다. 내담자가 치료자에게서 어떤 반응을 불러일으키는 것은 사실이지만, 역전이 반응의 최종 형태를 결정하는 것은 결국 치료자 자신의 갈등이며, 그 자신의 내적 자기표상과 대상표상이다. 다시 말해서, 투사자 입장에서는 투사를 견고히 하기 위해 투사수용자 쪽에 걸어둘 일종의 갈고리가 필요한데, 투사의 종류에 따라 특정 수용자에게 더 잘 맞는 갈고리의 유형이 존재하기 마련이라는 것이다.[204] 우리 모두는 인간적 연약함을 공유한다. 내담자가 투사하는 온갖 종류의 정서, 방어, 태도는 이미 우리 속에도 있으므로 투사적 동일시를 하는 사람의 믿음에는 항상 다소간의 진실이 있기 마련이다. 따라서 임상현장의 열기 속에서 어디까지가 내담자의 방어고, 어디부터가 치료자의 심리인지를 파악하는 것은 매우 어려운 일이다.[205]

비슷한 맥락에서, 드라마나 영화감독 혹은 시나리오 작가가 극중 인물의 성격과 잘 부합하는 연기자를 물색하는 상황도 생각해볼 수 있다. 여기서 '역할과 잘 부합하는 연기자'라는 말의 의미는 이미 그 사람 안에 해당역할에 맞는 요소가 잠재되어있다는 뜻이다. 이는 외부적으로 주어지는 자아이질적인(自我異質的, ego-dystonic, ego-alien) 배역이 배우의 내면세계를 활성화시키는 현상과 관련 있다. 종종 우리는 악역을 하면서 자신 안의 악마근성에 놀랐다고 연기소감을 전하는 배우들을 종종 접하게 된다. 이것은 배우들이 맡은 배역을 통해 감추어져 있던 자신의 내면세계가 드러나는 것을 경험했다는 고백이다. 사람들에게 공감을 주는 훌륭한 배우란 연기를 통하여 사람들 안에 잠재되어있는 무의식을 활성화시키는 배우다.[206]

이처럼 사람들이 영화나 연극, TV 드라마나 대중가요에 열광하는 이유는, 그것들이 의존, 분리, 인정, 경쟁 등과 같은 원초적 핵심감정과 그것을 매개로 전개되는 관계양상 등의 핵심역동을 공명(共鳴, resonance)할 수 있기 때문이다. 사람들은 때로는 극중 인물이나 상황과 동일시되기도 하고, 때로는 그들을 3인칭화시켜 심리적 거리를 유지하면서, 연기되는 가상세계를 통하여 자신들의 해결되지 못한 핵심역동들을 흘낏 볼 수 있는 기회를 갖는다. 사람들은 또한 이러한 가상세계를 자신들의 문제를 다루려는(mastery) 도구로 반복 강박적으로 사용하기도 한다. 이와 같이 누군가의 인격에 이미 존재하는 측면을 이끌어내고 확대하는 능력(the capacity to elicit and amplify an already existing aspect of someone's personality)은 임상적으로 명백한 타당성이 있으며, 이것의 출발은 투사적 동일시 개념이다. 현대정신역동치료자들은 이것을 임상상황에서 작용하는 가장 중요한 기제 중 하나로 간주한다.[207]

Lubbe는 정서의 전이(the transmission of affect)에 대한 현대정신분석의 논의가 특히 상호주관이론이 제기하는 도전과 직면하려면, 용어상의 모호함과 인식론적 수수께끼부터 풀어야한다고 지적한다. 그럼에도, 주체와 객체 사이에서 이루어지는 심리상태의 전이(transmission of psychic states)는 간혹 개념적 명료성이 아쉽긴 하지만 이자(二者)관계나 가족, 집단, 그리고 세대 간 역동에 대한 여러 심리분석적 설명들 안에 암시되어 있다고 말한다.[208]

이상에서 살펴본 바와 같이, 자기의 원하지 않는 부분을 분열시켜 이를 '다른 사람 안으로(into) 투사'하여 제거하려한다는 전능환상 개념은 심리적 전이현상에 대한 통찰력 있는 설명임에는 틀림없다. 하지만 실제 한 사람에서 다른 사람에게로 심리가 옮겨 다니는 것이 아니라, 한 사람의 심리가 다른 사람에게 전달되고, 그와 유사한 다른 사람의 심리가 유발 혹은 환기되는 것이라는 점이 주로 강조되고 있음을 살펴보았다.

투사와 투사적 동일시

Ogden은 투사적 사고양상이 투사적 동일시와 투사에서 각기 어떻게 다르게 나타나는지 구별해야한다고 말한다. 투사적 동일시에서는 투사자가 자신이 방출한 감정, 생각, 자기표상에 대해 투사수용자와 똑같은 감정을 경험한다. 대조적으로, 투사에서는 투사자가 환상 속에서 방출한 자신의 어떤 측면을 자기 것으로 인정하지 않고 투사수용자에게 속한 것으로 돌리므로, 투사수용자와 자신이 유사하다고 느끼지 않는다. 자신이 갖고 있지 않은 특성을 갖고 있는 투사수용자는 투사자에게 낯설고, 위협적이고, 당황스럽고, 심리적으로 멀리 떨어진 존재로 경험된다. 이를테면 투사자 자신은 자기가 다른 사람에게 무언가를 투사하고 있다는 사실을 알지 못하며, "저 사람은 화낼 일도 없는데 왜 저렇게 화를 내지? 어디가 잘못됐나 봐"라고 말할 수 있다는 것이다.[209]

중요한 타자(significant other)와의 관계란 '내 안에 네가 있고, 네 안에 내가 있는' 즉, 서로가 서로를 구성하는 관계다. Klein에 의하면, 첫 대상과의 관계는 그 시작부터 내사와 투사의 상호관계 그리고 내적·외적 대상 및 상황과의 상호작용에 의하여 형성된다. 이러한 과정은 자아와 초자아를 형성하는데도 동원되고, 생애 첫해의 후반기에 시작되는 오이디푸스콤플렉스의 토대가 되기도 한다.[210] 이것을 도식으로 설명해보면, 중요한 타자관계의 A와 B는 서로를 구성하는 교집합 C를 공유한다고 상정해 볼 수 있다. 교집합 C는 긍정적 요소와 부정적 요소를 모두 포함하고 있다. A와 B는 C의 요소들을 각자의 상황에 따라 A는 B의 것으로, B는 A의 것으로 투사 혹은 투사적 동일시를 한다. 각자 안에 있는 혐오스러운 부분이나 긍정적인 부분을 각자가 처한 상황에 따라 부인하고 타자의 것으로 인식하기 쉽다는 것이다.

다음 A와 B의 사례는 투사적 사고양상이 투사와 투사적 동일시에서 어떻게 다르게 나타나는지를 보여준다. 일가친척, 부모와 고향을 떠나 남편만을 의지하고 어렵사리 월남한 A는 하나씩 태어나는 자녀들을 키우며, 고아 아닌 고아에 거지와 진배없는 삶을 악착같이 살아냈다. 이런 와중에도 A부부는 나름대로 부와 명예를 차곡차곡 쌓아갈 수 있었다. 하지만 부와 명예가 쌓여가는 것과는 별도로 A는 여전히 변함없이 거지와 다를 바 없는 삶을 고집한다. 이렇게 자신의 경제적 여유와는 무관하게 늘 궁핍하게 살아가는 이유가 자신의 '거지감' 때문이라고 기가 막히게 표현한 내담자도 있었다. 이 '거지감'은 한국전 전후세대의 사람들에게 대물려 만연되어 있는 자기감으로, 개인적 차원을 넘어 험난한 한국역사가 빚어낸 파생물이기도 하다.

A의 자녀들은 함입, 내사, 동일시라는 과정을 거치며, A의 일부인 '거지감'을 자신들의 일부로 내면화(internalization)하였다.[211] A의 많은 자녀 중 유독 A의 이런 면을 쏙 빼닮은 B는 가장 강렬하게 A의 '거지감'을 못견뎌했다. B는 최고학부를 졸업하고 소위 일등신랑을 만나 A와 마찬가지로 적지 않은 부와 명예를 지니게 되었지만, 피난민 처지도 아닌 B의 '거지감'은 피난민인 A의 수준과 막상막하다. A 혹은 B는 상대에게서 보이는 (사실은 자기의) '거지감'이 여간 못마땅한 게 아니다. Klein은, A 혹은 B처럼 자기의 부분들에 대한 많은 증오를 B 혹은 A에게로 돌리는 것을 '투사적 동일시'라고 불렀다. 이 경우, 자기의 일부를 가지고 있는 대상이 자기와 분리되어있다기보다는 자기의 한 측면으로 느껴지므로 투사에 의한 동일시로 볼 수 있다는 것이다.[212]

A의 많은 자녀 중에 하필 B에게만 유독 이렇게 강력한 투사적 동일시가 일어나는 데는 많은 역동적 이유가 있을 수 있다. 그 중의 하나는 소년가장으로 성장한 B의 남편에게도 B에게 투사하여 제거해버리고자 하는 '거지감'이 있었기 때문에, 이로 인하여 A와 B 사이에 '거지감'으로 연결되는 투사적 동일시가 더욱 강화된 측면을 꼽을 수 있겠다. 이것은 일차적으로 투사자가 자신에게 위협이 되거나 원하지 않는 부분(내적 대상을 포함하여)을 제거하여, 그것을 다른 사람 안에 넣고 강력하게 통제하려는 무의식적 환상을 갖고 있다는 Ogden의 말로 설명이 가능하다.[213] Klein에 의하면, 이렇게 다른 사람들을 통제해야 할 필요를 느끼는 것은 어느 정도 자기의 부분들을 통제하려는 편향된 충동 때문이다. 자기의 부분들이 다른 사람 안으로 과도하게 투사되었을 때,

그것들을 통제할 수 있는 유일한 방법은 그 사람을 통제하는 것이다.[214]

A와 B의 관계양상을 투사적 동일시의 세 과정으로 살펴보면 다음과 같다. 첫째, 투사과정에서 A와 B는 상대에게서 보이는 '거지감'을 맹렬히 비난하며, 두 사람은 '거지감'이라는 공통분모를 매개로 연결된다. 둘째, 유도과정에서 A와 B는 왠지 서로를 경계하게 되고 모종의 불편한 압력을 느낀다. 서로 상대에게 주는 것도 없이 괜히 뭔가를 빼앗길 것 같은 마음이 들기도 하며, 상대에게 더욱 인색하게 방어적으로 대하게 된다. 이때 A와 B의 무의식적 환상은 상대 안으로 들어가 내면으로부터 상대를 통제하는 것이다. 셋째, 재내면화과정에서 A와 B는 서로 상대가 자신에게 인색하게 굴기 때문에 자신도 할 수 없이 그렇게 행동한다고 생각한다. 결과적으로 A와 B는 상대에 대한 자신의 생각이 옳다고 더욱 확신하게 된다.

투사의 관점에서 볼 때, A와 B는 두 사람 사이의 교집합 C의 일부인 '거지감' C'를 A는 B의 것으로, B는 A의 것으로, 즉 자신과는 완전히 별개의 것으로 바라보고, C'를 서로에게 투사하여 상대에게 귀속시킴으로써 A는 A-C'라는 부분자기로, B는 B-C'라는 부분자기로, 서로 부분대상관계를 맺고 있다. 이렇게 서로의 교집합에 대한 인식 없이 서로가 분리된 존재로 상대 탓만 하는 인과 작용의 모형을 과정철학에서는 서로 충돌하고 그 반발로 멀어지는, 본질적으로 독립적인 당구공 모델에 견준다.[215]

이와 대조적으로, 투사적 동일시의 관점에서는 A와 B가 둘 사이에 서로의 원인이요, 결과이기도 한 상호침투적인 화육(化肉, incarnation)

C'를 상호내포하고 있다는 연결감을 어렴풋하게 인식한다. C'는 누군가가 다른 사람에게 투사하여 집어넣은 것(project into)이 아니라, 상호 투사적 동일시를 통해서 동시적으로 그 자체의 부분을 주체 안으로 집어넣는 것이다. Scharff 부부에 의하면, 보다 지속적이고 강렬한 관계에서는 무의식적인 내적 대상관계의 요소들이 더욱 심층적 전이로 나타난다. 여기에서 전이는 자기와 내적 대상의 요소들을 단순히 다른 사람에게 투사하는 단계로부터 투사적 동일시를 통해서 무의식적 요소가 상호 침투하는 단계로 옮겨간다.[216]

투사는 자기의 일부를 밖으로 던져버리고, 그것을 자기의 것으로 여기지도 않으며, 던져진 것과 관계도 맺지 않는다. 이에 비해 투사적 동일시는 자기의 일부를 밖으로 던진 다음 그것과 관계의 끈을 놓지 않을 뿐만 아니라, 그것을 다시 끌어들인다. 투사적 동일시는 타자와 깊게 관련되어있으며, 그것의 핵심은 관계성이다. 투사에는 출구만 있고, 투사적 동일시에는 출구와 입구가 둘 다 있다는 것을 차이로 들 수 있다. 다시 말해, 투사는 내보내고 마는 것이고, 투사적 동일시는 들어오기 위해 나가는 것이다.

상담과정에서 많은 내담자들은 자신들이 늘 (특히 어머니에 대한) 비난만 반복하며 과거에 매여 있는 것은 아닌지 묻곤 하는데, 이것은 투사적 관점이라고 할 수 있다. 그러나 상담이 진행되고 보다 깊이 있게 내면세계와 만나면서, 그들은 그것이 과거의 어머니 이야기가 아니라 지금 나의 이야기임을 깨닫게 된다. 이러한 변화는 자기의 원치 않는 측면이 전적으로 낯설고 이질적인 것(entirely alien)으로 경험되는 투사의 관점으로부터, 자기의 부인된 측면이 동시에 자기의 일부로 경험되는 투사적 동일시의 관점으로 전환되는 것이라고 할 수 있다.[217]

A와 B가 각자 자신의 일부를 부인하고 투사의 상태에 머물러 있는 한, 두 사람의 불편한 관계는 해결될 수 없다. 그러나 A와 B가 투사적 동일시 과정에 대한 자각을 통해 자기가 부정하여 남의 것이라고 여기던 원치 않는 측면이 여전히 자기의 일부라는 것을 인식하고, 지금껏 부정하고 투사했던 그 측면을 되찾아 올 때, 비로소 그들은 온전한(whole) 자기로 회복되고, 보다 성숙한 관계로 나아갈 수 있다. 즉, 상대에게 귀속시킨 C가 동시에 자기의 일부임을 인식하고 C를 되찾아옴으로써, 비로소 온전한 A와 온전한 B라는 전체자기가 회복되어 전체대상관계가 가능해진다. 이때 '온전하다'는 의미는 뱉어버리고 싶도록 원치 않는 측면 C를 자기 것으로 수용하여 자기의 부족한 모습 그대로를 긍휼히 여기는 것을 의미하므로, '완전하다'는 의미와는 다르다. 결국, 자기연민(com-passion) 즉, 자기와 하나 되는 느낌의 부재가 분열을, 분열이 투사를, 투사가 자기와 타인의 파편화를 야기하는 것이다.

이러한 수용 작업은 단 한 번에 끝나는 것이 아니다. 그 C가 복합적이고, 다중적이며, 수많은 C'들로 구성되어있기 때문이다. 즉, C는 개인의 삶에서 의미 있는 타인에 대한 경험(대상표상), 그 대상과 상호작용하는 자기에 대한 경험(자기표상), 그리고 이 둘을 연결하는 정서로 구성된 C'의 수많은 쌍들로 이루어진 복합체다. 그러므로 이러한 표상들이 치료나 그에 준하는 다른 경험에 의해 인식됨으로써 변화과정을 거치려면 오랜 시간이 필요한 것은 당연하다. Mitchell은 이와 관련하여 대상관계이론에서는 자기를 특정상황과 다양한 관계상황 안에서 다중적이고, 비연속적이며, 변화하고 발달하는 것으로 본다고 말한다.[218]

이렇게 타인과 공유하는 자신의 타자성 C를 수용해나가는 과정을 Ulanov는 선(善)을 세워가는 과정으로 정의한다. 그는 우리를 하나 되게 하는 이러한 타자성 안에는 새롭게 발견되어야 할 어떤 것이 항상 존재하므로, 선함은 우리가 계속해서 세워가는 것이며, 결코 끝이 있는 것이 아니라고 한다. 이러한 과정을 통해 우리는 각자 독립적 존재임을 확인할 수 있는 한편, 동시에 우리 자신을 넘어서 서로를 향해 나아가도록 부름 받는다. 존재한다는 것은 존재를 함께 나누는 것이고, 그러한 경험은 우리로 하여금 기쁨과 감사함과 관대함을 느끼게 한다. 그리고 이 기쁨의 중심에는 우리가 타자를 신뢰할 수 있다는 행복한 깨달음이 있으며, 이것은 우리가 우리 상황을 함께 나누고 마음을 함께할 때만 그 행복이 더 커질 수 있음을 자각하는 깨달음이다. Ulanov는 또한 우리의 타자성 C가 소외되고 서로 경쟁하는 부분들로 분리되어있다고 느낄 때 우리에게는 다투고, 훔치고, 시기하고, 망가뜨리는 일이 일어난다고 말한다.[219]

이러한 연관성을 근거로, 투사적 동일시는 자기-대상 간의 분화가 덜 되어 경계가 허물어진, 미분화되고 미성숙한 관계에서 일어나는 원시적 혹은 비정상적 심리기제라고 주장하는 Kernberg나 William W. Meissner 등과 같은 이론가들이 있다. Kernberg는 투사적 동일시에서 자기-대상 경계가 모호해지고, 대상 안에 정서반응을 강력하게 유발시키는 현상이 일어나는 것은 좀 더 낮은 수준의 자기-대상 분화를 시사하는 것으로 믿고, 투사적 동일시를 투사보다 더 미성숙한 기제라고 생각했다.[220] 특히 Meissner는 투사적 동일시는 자아경계가 흐려지고, 자기-대상 분리가 상실되며, 대상을 자기의 일부로 받아들인다는 점에서 기본적으로 정신증적 기제로 보았다.[221]

물론, 경계선 성격장애 등 실제로 경계가 허물어진, 미분화한, 미성숙한 상태에서 투사적 동일시가 아주 흔히 사용되는 것은 사실이다. 그러나 투사적 동일시를 '기본적으로 정신증적 기제'로 보는 사람들은 정신증적인(psychotic)인 것과 원시적인(primitive) 것을 혼동하는 것이라고 Ogden은 지적한다. 자아경계가 불분명하여 대상을 자기의 연장으로 취급하는 것은 정신증적 상태의 특징이기는 하나, 이것은 건강한 인격으로 구성된 관계양상의 한 계층에 속하는 것이기도 하기 때문이다. 그는 치료에서 투사적 동일시의 형태를 지닌 전이를 포함하여 보다 원시적인 관계양상과 통제된 접근을 하는 것은 인격이 잘 기능한다는 표시가 되기도 한다고 부언한다.[222]

Hamilton 역시 이러한 성격의 자기-대상 경계에 대하여, 우리가 분명한 자기-대상 경계를 유지하면서 누군가와 공감할 수는 없으며, 공감이라는 개념의 정의 자체가 이런 객관성의 부재를 요구한다고 말한다. 그는 공감적으로 이해받는 느낌이 주는 따뜻함과 쾌감은 성인이 느낄 수 있는 가장 강력한 융합경험이라 할 수 있는 오르가슴에 비해 생리적으로는 덜 강력하지만, 그와 유사할 만큼 친밀한 것이라고 말한다. 오르가슴에서 성인은 자기에 대한 감각, 시간과 공간에 대한 감각, 연인으로부터의 분리감, 나아가 존재 그 자체가 아예 상실되는 듯한 경험을 한다. 유사하게, 다른 사람이 우리가 느끼는 것을 알고, 온 마음을 다해 귀 기울이며, 이해하고 있다는 확신이 들거나 또는 역으로 다른 사람을 공감적으로 이해하는 행위는 자기-대상 경계의 흐려짐을 수반할 수밖에 없다는 것이다.[223]

이러한 경계의 문제에 대하여, Michael Gorkin은 자기와 타자 간의 명확한 분리(the clear-edged differentiation)는 내담자-치료자 관계처럼 서로가 깊이 연결되어있는 상황이나 부부 및 부모-자녀처럼 친밀한 관계에서는 그 경계가 일시적으로 흐려질 수 있다고 주장한다. 이런 현상은 보다 혼란스러운 사람들에 비하면 덜 보편적이긴 하지만, 신경증적이고 정상적인 사람들 사이에서는 꽤 보편적으로 일어날 수 있다. 하지만 자기와 타자 사이에 전반적인 분리감(an overall sense of differentiation)을 상실할 필요는 없다. 이런 일은 보다 건강한 개인에게는 거의 일어나지 않으며, 상호작용에 연루된 자기의 한 영역(one sector)에서만 경계가 흐려질 뿐이기 때문이다.[224]

가령, 부모와 자식, 사랑하는 연인, 배우자 등 깊은 사랑을 주고받는 친밀한 관계나, 종교적으로 영성이 높은 경우에 이웃이나 더 나아가 자연, 전 우주가 내 몸과 같이 여겨지는 자기확대의 경험을 하게 되는데, 이것을 경계가 허물어진, 미분화되고, 미성숙한 상태라고 말할 수는 없다. 경계를 넘나드는 것에 대해 보다 영적인 관점을 견지할 때, 이것은 "더 큰 의미의 화합(太和)"을 지향하는 것이고, "더 커다란 영에 사로잡히는 것"을 의미한다.[225] 이렇게 투사적 동일시는 개인내적 환상이라는 '한 몸 심리학', 대인 간 '두 몸 심리학'을 넘어, 다중적 측면을 지니고 서로가 서로를 구성하는 강력한 연결성을 함축한다. 투사적 동일시의 상호관계를 대인관계 차원에서 서로에 대한 각자의 내면적 사건으로 바라보는 이해를 기반으로, 다시 대인관계 차원을 넘어 다중적 부분들 사이의 상호구성적인 관계현상으로 바라보는 차원으로 나아간다면 서로가 서로를 구성하는 인자라는 우주적 진리로까지 그 관점이 확대될 수 있다. 인간 중심적 사고에서 벗어나 서로를 넘나들며 상호 침투하는(permeate) 투사적 동일시의 관점에 설 때, 전 우주생태는 서로가 서로를 구성하는 '한 몸'이 된다.

유도과정

투사적 동일시의 주된 특징은 투사적 동일시로 연루된 관계자에게 특정역할을 부여(entitlement)하여 강렬한 반응을 유도하는 것이다. Ogden은 사람들이 투사적 동일시라는 용어를 사용하든지 않든지 혹은 투사적 동일시에 대한 개념을 알든지 모르든지 간에, 그것과 관련된 현상 즉, 다른 사람 안에 자신의 것과 일치하는 느낌을 불러일으키는 일과 연관된 무의식적 투사환상과 끊임없이 마주치게 된다고 지적한다.[226] 일상 혹은 치료상황에서 투사적 동일시로 강력하게 연결된 부부, 자녀, 상담자-내담자 등의 관계는 쫓는 자-쫓기는 자, 피해자-가해자, 주도자-의존자, 희생양 등의 부여된 역할을 수행하는 역할놀이(as if)를 하는 것과 같다. Ogden에 의하면 투사자는 투사적 동일시의 두 번째 단계인 유도나 강요의 단계에서 투사수용자가 투사자 자신과 유사한 느낌뿐만 아니라 투사수용자에게 이식된(transplanted) 투사자 자신의 실제느낌을 경험한다는 환상을 갖는다고 한다. 이때 투사자는 마치 투사수용자와 하나가 된(at one with) 것처럼 느낀다.[227]

이와 같은 투사적 동일시의 유도과정에 대한 인식이 없는 경우에는 누구나 그 유도된 강렬한 반응 즉, 부여받은 역할에 걸려 넘어지기 십상이다. 이러한 맥락에서 Gabbard는 치료자 역시 내담자를 대하면서 어떤 특별한 역할을 강요받은 후에야 비로소 투사적 동일시가 진단되고 이해될 것이므로, 치료자는 자신과 내담자 사이에서 일어나는 상호작용을 잠자코 지켜보아야 하며, 이후의 상호작용을 위해 이를 사용해야한다고 말한다.[228] 즉, 치료자는 자신의 감정을 내담자의 투사적 동일시에 대한 반응으로 인지할 수 있어야만 자신의 감정을 행동화하거나 차단하지 않고 내담자를 이해하는 자료로 사용할 수 있다.[229] 이에 Ogden은 내담자에 대한 치료자의 역전이 반응을 이해하는 것이야말로 치료자가 투사적 동일시를 인지하는데 중심이 된다고 강조한다.[230]

이와 같이 투사적 동일시는 흔히 치료자에게 강력한 역전이를 유발하는데, 어떤 역전이 문제는 아주 중대하고 강력해서 치료상황을 회복불능의 상태로까지 손상시킨다. 따라서 역전이 문제의 중요성은 아무리 강조해도 지나치지 않다.[231] 역전이의 중요성을 강조하는 Margaret Little은 역전이를 인식하지 못하는 분석가를 '눈먼 사람을 인도하는 눈먼 사람'이라고 한다.[232] 이러한 투사적 동일시와 역전이 재연(countertransference enactment)에 대하여 Gabbard는 둘 다 비슷한 과정을 포함하지만 전자는 Klein학파와 대상관계이론에서 발생하였고, 후자는 미국 자아심리학의 노력으로 이루어졌다고 말한다.[233] 투사적 동일시와 역전이 재연은 내담자가 어떻게 미묘한 대인관계의 압력을 사용하여 치료자를 자신의 내적 표상과 비슷하게 변형시키는가를 각각 다른 이론적 배경에서 설명하는 용어인 셈이다.[234]

상담상황에서 투사적 동일시의 과정을 통해 내담자가 덮어씌운 역할에 걸려(객관적 역전이) 넘어가지 않으면서 동시에 상담자 자신의 요소(주관적 역전이)에도 오염되지 않고 기꺼이 투사의 도구로 사용되려면, 다시 말해 주체탄생의 진정한 산파 역할을 할 수 있으려면, 상담자는 늘 이 두 가지 역전이 반응에 깨어있을 필요가 있다. 다음에서는 투사적 동일시를 인식하는데 중심이 되는 역전이, 전이와 역전이의 상호주체성, 그리고 이러한 상호주체적 관계가 외현화되는 무의식적 환상이 만들어내는 드라마에 대하여 살펴보고자한다.

영향(影響)으로 소통하는 역전이

1940년대 후반과 1950년대 초반에 정신분석 사회의 여러 분야에서는 역전이에 대한 관심이 급증하였다. 이때를 Gorkin은 내담자들이 전이를 통해 강력한 역전이 반응을 분석가에게 어떻게 불러일으키는지를 설명하는데 사용되는, 투사적 동일시 개념이 뿌리내릴 수 있는 비옥한 토양이 된 '도전'의 시기라고 묘사한다. 이 시기에 출판된 논문들을 보면 분석가들이 정신분석과정에서 그들의 내면에 일어나는 반응을 아주 솔직하고 자세하게 이야기하기 시작하였으며, 이런 반응을 일으키는데 환자가 어떤 영향을 미치는지에 대해 보다 정확한 설명을 찾기 시작한 것을 볼 수 있다고 한다. 이들은 점차 (1) 감정적 반응을 포함하여 분석가의 모든 반응은 내담자를 이해하는데 유용하게 사용될 수 있으며, (2) 내담자의 전이와 분석가의 역전이는 계속해서 상호영향을 미치는 방식으로 서로 연결되어있다고 인식하게 되었다.[235]

전통적 관점에서 역전이는 분석가 쪽의 분석을 방해하는 바람직하지 않은 반응이다. 역전이의 기원은 분석가 자신의 해결되지 않은 심리성적인 갈등에 있으며, 보통은 오이디푸스적인 것이다. 이것은 만족스럽게 해결될 필요가 있으며, 훈련 분석가의 자문을 통해 분석작업이 성공적으로 이루어진다면, 제거되거나 적어도 조절가능한 정도로 감소된다. 이와는 매우 대조적 관점으로, 대상관계치료에서는 역전이를 치료자의 미해결된 오이디푸스 갈등에 따른 반응으로 생각하기보다 내담자의 투사적 동일시에 대한 자연스러운 반응으로 본다.[236] 환자의 전이감정에 대한 치료자의 역전이 반응은 좁은 의미로는 치료자의 과거에 존재하였던 어떤 관계가 재현된 것이고, 넓은 의미로는 환자의 투사된 측면과의 동일시거나 혹은 이 둘의 혼합이다.[237]

1950년 Paula Heimann이 발표한 역전이에 대한, 4쪽에 지나지 않는 짧은 논문은 역전이의 고전적 개념을 확장시키는 계기가 되었다.[238] Heimann은 많은 분석지원생들이 역전이를 단지 골칫거리의 원천에 지나지 않는 것으로 여기며, 내담자에 대해 감정을 느끼는 것에 죄책감을 느끼고 두려워하며, 결과적으로 어떠한 정서반응도 피하고 "완전히 무감정하고 소원하여야한다(completely unfeeling and detached)"고

믿는 것에 충격을 받아 이 논문을 쓰게 되었다고 밝힌다.[239]

　Heimann에 의하면, 분석가는 자신의 역전이를 인식하고 극복해야 한다는 Freud의 요구에 따라 역전이를 장애요인으로 삼고, 분석가가 무감동하거나 소원해야한다는 뜻으로 결론지어서는 안 된다. 오히려, 분석가는 자신의 정서반응을 내담자의 무의식에 대한 열쇠로 활용해야 한다. 이것이 분석관계에서 내담자가 재연하는 장면에서 분석가가 조연(co-actor)으로 등장하지 않도록, 그리고 역전이를 분석가 자신의 욕구를 위해 이용하지 못하도록 보호해줄 것이다. 동시에 분석가는 역전이로 인하여 자신의 잘못을 되풀이해서 돌아보아야 할 충분한 자극, 그래서 자기 자신의 문제에 대한 분석을 계속해야 할 충분한 자극을 발견하게 될 것이다.[240]

　역전이에 대한 이러한 관점의 변화는 모든 역전이는 무조건 치료자 자신의 해결되지 않은 문제에 기인하므로 치료자 자신이 더 많은 분석을 받아야할 것이라고 보는 경향을 효과적으로 감소시켰다. 또한, 치료자를 내담자의 내적 세계에 대한 좋은 도구로 보는 즉, 역전이를 진단적 및 치료적 수단으로 보는 쪽으로 개념을 대치하는데 성공했다.[241] Ogden 역시 역전이분석은 내담자를 이해하는 치료적 도구가 된다고 다음과 같이 말한다.

　　역전이에 대한 분석은 환자에 대한 치료자의 반응을 이해하고 이를 치료적으로 사용하는 도구가 된다. 치료자 자신의 성격을 반영하는 것으로 인식되는 것 즉, 역전이는 통과, 제거,

극복해야 할 것이 아니다. 오히려 치료자를 향한 우세한 전이의 독특한 성향을 지닌 환자와의 현재경험이 치료자의 느낌과 생각을 어떻게 형성하고 채색하는지를 이해하기 위한 도구로 치료자의 자기이해를 사용하는 것이다.[242]

Heimann은 분석가가 그의 내담자에 대해 경험하는 모든 느낌을 망라하는 개념으로 역전이를 사용한다고 말한다. 또한, 그녀는 분석상황에서 내담자에 대한 분석가의 정서반응은 분석가의 작업에 있어 가장 중요한 도구 중 하나이며, 분석가의 역전이는 내담자의 무의식을 탐구하는 도구라고 진술하였다.[243]

Heimann은 분석가의 무의식이 내담자의 무의식을 이해한다는 기본가정 하에, 깊은 수준의 라포는 분석가가 내담자에게 반응하며 느끼는 감정, 즉 분석가의 '역전이' 형태로 표면에 드러나게 된다고 진술하였다. 이것이야말로 내담자의 목소리가 분석가에게 도달하는 가장 역동적 방식이다. Heimann은 분석가가 내담자의 자유연상을 따라가기 위하여 "고르게 떠 있는 주의(evenly hovering attention)"를 필요로 하는 것과 마찬가지로, 분석가가 내담자들의 정서적 움직임과 무의식적 환상을 따라가기 위해서는 "자유롭게 일어나는 정서적 감수성(freely roused emotional sensibility)"이 요구된다고 제안하였다.[244]

Heimann은 분석가로 하여금 자신 안에 야기된 감정을 '유지(sustain)'할 수 있도록 하는 것이 분석가의 자기분석의 목적이라고 말한다. 이것은 분석가가 환자를 비추어주는 거울기능을 하는 분석작업에 감정들을 "종속시키기(subordinate)" 위한 것이다. 그리고 이것은 내담자들이 감정을 방출하는 것과는 대조된다. 내담자와 분석가 간의 관계를 다른 관계와 구별 짓는 것은 분석가에게는 감정이 부재하고, 내담자에게는 감정이 존재하는 것을 의미하는 게 아니다. 그 차이는 무엇보다 이런 감정들이 체험되는 정도와 그것들로 이루어진 쓰임새에 있는데, 이 두 요소들은 상호의존적이다.[245]

Heimann은 역전이의 '역'이란 부분을 강조하면서 이것이 단지 분석가 측의 전이를 의미하는 것 이상으로 내담자의 전이에 대한 분석가의 반응으로 본다. 따라서 분석상황은 두 사람 사이의 '관계(relationship)'라는 점이 충분히 강조되어야한다.[246] Ogden에 의하면 치료자가 느끼는 모든 느낌은 비합리적 전이와 성숙하고 현실에 기반을 둔 반응이 다중적으로 조합되어 이루어진 것이다. 환자와 관련하여 치료자가 경험하는 느낌은 다른 느낌들과 마찬가지로 그 느낌들이 어디로부터 오는지 꼬리표를 달고 있는 것이 아니기 때문에, 환자와 치료상황에 대한 치료자의 모든 반응을 역전이 개념에 포함시키는 것이 유용하다.[247]

Likierman 역시 내면세계에만 초점을 두는 것은 내담자를 이해하는 데 충분치 않다고 지적한다. 그는 정신적 삶의 내적 차원과 외적 차원이 조화를 이루는 틀에 맞추어 Klein학파의 모델과 상호주체성 모델이 상호 보완하여 집중적으로 작용할 수 있는지를 살펴보았다.[248] 무의식적 전이와 역전이의 관계에 대하여 Little은 다음과 같이 설명한다.

무의식적 역전이는 그 자체로 직접 관찰될 수 없고, 그것이

미친 영향에 의해서만 관찰될 수 있다. …… 어떤 분석이든 심지어는 자기-분석조차도 어떤 의미에서 분리될 수 없는 분석가와 피분석가를 상정한다. 이와 유사하게 전이와 역전이도 분리될 수 없다. …… 자신 안에 있는 무의식적인 어떤 것을 관찰하고 해석하려는 것은 마치 자신의 뒤통수를 보려고 하는 것과 마찬가지며, 다른 사람의 뒤통수를 보는 것이 훨씬 쉬울 것이다. …… 모든 분석가-피분석가의 관계는 정상적 및 병리적, 의식적 및 무의식적, 전이 및 역전이를 다양한 비율로 포함한다. 즉, 모든 전이가 다르듯이 모든 역전이가 다르고, 그것도 분석가나 피분석가 그리고 외부 세계의 변화에 따라서 매일 변화한다. …… 전이와 마찬가지로 역전이는 다른 사람과 관련되어 있기 때문에, 투사 및 내사의 기제가 특히 중요하다.249

투사적 동일시는 투사에 의해서 유발되는 무의식적 역전이를 통해서만 인식될 수 있다. 그러나 역전이 역시 흔들리는 나뭇잎이나 풍향계, 뺨에 느껴지는 감촉처럼 그것이 미치는 영향을 통해서만 감지할 수 있을 뿐 손으로 잡거나 직접 관찰할 수 없는 바람과도 같다. Little 역시 역전이가 직접 탐지되거나 관찰될 수 없다는 면에 대해서, 빛의 파동이나 중력에 의해서만 드러나는 힘을 정의하거나 관찰하려는 물리학자의 어려움과 비교한다.250

치료자가 경험하는 것은 치료자에게 내면화된 과거경험에 의해 결정된 어떤 의미를 지닌 것으로 인식되는 느낌이다. 하지만 동시에 그 시간, 환자가 현장에서 일으키는 무언가에 대한 반응이기도 하다. 환자에 대하여 이해하게 된 어떤 것은 치료자들에게도 사실이다. 사람은 진공상태에 투사하지 않는다. 언제나 환상이 걸리는 핵심이 있게 마련이다. 비록 이러한 느낌들이 현저하게 환자를 향한 치료자 자신의 전이로 인식될 때도, 이것은 역전이분석을 도구로 하여 치료자가 도달하고자 하는 환자 내면의 심리적 실재의 핵심이다.[251]

  이러한 역전이 감정을 개방하는 것이 치료적인가에 대해서는 의견이 양분된다. Sandor Ferenczi나 Alice Balint 등은 개방하는 것이, Heimann이나 Klein 등은 개방하지 않는 것이 보다 분석적이라는 의견이다. Balint는 분석가 편에서의 이러한 솔직함이 정신분석 안에 내재하는 진리에 대한 존중을 유지할 수 있고 도움이 된다고 제안했다.[252] Ferenczi 역시 분석가가 내담자에 대해 폭넓고 다양한 감정들을 지닌다는 것을 인정할 뿐만 아니라, 때로 그것을 솔직하게 표현해야한다고도 권고한다. 그에 의하면, 분석가는 환자가 지닌 어떤 외적 혹은 내적 특성을 힘들게 견디거나 아니면 분석회기 중의 전문적인 혹은 개인적인 일로 불쾌하고 혼란스러워질 수 있다. 이때 분석가는 이러한 일들이 충분히 가능할 뿐만 아니라 실제로 사실임을 인정하고, 이러한 혼란스러움의 원천을 충분히 인식하는 한편 그것을 환자와 나누는 것 외에는 다른 방도를 생각할 수 없다고 말한다.[253]

  반면, Klein이나 Heimann은 분석가가 내담자에 대한 감정을 표현하는 것이 틀렸다고 완강하게 주장한다. 그것은 분석가의 직무가 내담자를 분석하는 것이고, 여기에는 내담자가 분석가의 감정을 어떻게 지각하느냐를 이해하는 작업이 포함되는데, 분석가 편에서의 감정표현은 이 과정을 혼란스럽게 할 수 있으며, 나아가 내담자에게 도움이 되지 않는 이런저런 종류의 압력을 행사할 수 있기 때문이다.[254] Heimann은 자신의 입장을 다음과 같이 강한 어조로 주장한다.

> 나 역시 분석가가 자신의 감정을 내담자에게 전하는 것이 옳지 않다고 생각한다. 그런 정직함은 성격상 '고백' 이상이 되고, 내담자에게 부담이 된다. 어떤 경우라도 그것은 분석과 거리가 멀어지게 된다. 다만, 분석가에게 야기된 정서가 내담자의 무의식적 갈등과 방어에 대한 통찰의 한 가지 이상의 근원으로 사용된다면, 내담자에게 가치가 있을 수 있다. 그리고 이것들이 해석되고 훈습될 때, 뒤이어 내담자의 자아에 나타나는 변화는 현실감각의 강화를 내포한다. 그래서 내담자는 자신의 분석가를 신이나 악마가 아닌 인간으로 보게 되고, 분석상황 안에서 분석가가 특별한 분석적 수단에 의지하지 않고도 '인간적' 관계('human' relationship)를 할 수 있게 된다.[255]

역전이 개방에 대한 이러한 두 입장은 둘 중 어느 하나만을 선택해야 하는, 모순 또는 대립되는 관계가 아니다. 분석적 관계와 '인간적' 관계는 이원론적으로 분리될 수 없는 것으로, 역전이 개방에 대한 논란을 해결할 수 있는 방법은 둘 사이의 통전적 탄력성을 유지하는 것이다. 본 장에서는 투사에 의해서 유발되는 역전이를 통해서만 투사적 동일시가 인식될 수 있다는 점에서 투사적 동일시를 이해하는데 있어서 필수적인 역전이에 대하여 고찰하였다. 뒤에 이어지는 내용에서는 이러한 역전이와 전이의 상호주체적 관계에 대하여 살펴보고자한다.

전이와 역전이의 상호주체성

Ogden에 의하면, 치료자가 내담자의 내적 대상세계의 한 구획에서 대인관계의 실현(내담자와 치료자 사이에서 실제 재연)에 참여한다는 점에서 투사적 동일시는 전이의 한 측면으로 설명될 수 있다. 그는 전이, 역전이, 투사적 동일시의 관계에 대하여 다음처럼 명료하게 정리한다.[256]

> 환자에 대한 치료자의 반응에는 두 요소가 있다. 이것은 치료자가 환자의 무의식적 내면세계를 직접적으로 알 수 있어서 치료적 관심의 중심이 되는 것들이다. 하나는 내적 대상관계에서 환자가 무의식적으로 경험하는 자기를 치료자가 동일시하는 것으로, 이는 전이에서 드러난다(Racker의 "일치적 동일시"). 또 다른 하나는 전이 상황에서 치료자가 환자의 내적 대상의 요소와 동일시하는 것으로, 이는 전이의 근저를 이룬다(Racker의 "상보적 동일시"). 이 두 종류의 동일시는 투사적 동일시를 하고 있는 사람이 투사한 측면을 수용자가 받아들이는

수단이 된다. 투사적 동일시가 전이의 한 측면으로 이해될 수 있듯이, 투사적 동일시에 대한 수용자의 반응은 역전이의 한 측면을 구성한다. 전이와 역전이 경험을 연결시키는 이런 잠재력은 정신분석이론에서 투사적 동일시 개념이 차지하는 특별한 위치를 잘 설명해준다.[257]

정신분석과정을 자기와 타자의 구성물이 변화하는 과정으로 보는 Klein의 견해는 아동뿐 아니라 성인을 위한 분석기술에도 커다란 영향을 미쳤으며, 분석기술로서 전이와 역전이가 강조되는 계기가 되었다.[258] Little은 거울을 비유로 들며 전이와 역전이를 통한 분석가와 내담자의 상호주체성을 알기 쉽게 설명한다. 그녀에 의하면, 전이와 역전이는 내담자와 분석가가 각자 따로 행한 것을 단순히 종합한 것이 아니며, 분석작업은 공동노력의 결과(the result of a joint effort)라고 전한다. 우리는 분석가가 내담자를 거울로 비추어준다고 듣고 있지만, 내담자 역시 분석가를 비추어주며, 서로를 반복해서 지속적으로 수정해나가는 일련의 반사가 계속된다. 분석이 진행됨에 따라 이 거울은 점점 더 명료해지는데, Little은 이것이 내담자와 분석가가 서로를 반사하고 반응하면서, 한쪽 거울이 명료해질수록 그에 상응하여 다른 쪽 거울도 명료해질 것을 요구하기 때문이라고 한다.[259]

치료자를 포함하여 사람이라면 그 누구도 자신이 텅 빈 화면이거나, 티 없이 맑은 거울이라고 주장할 수 없다.[260] 서로를 비춰주고 확인해 주는 '나' 혹은 '너'라는 거울은 모두 주관적이며, 어느 하나 객관적인 것은 없다. 각 사람의 독특한 성격체계에 따라 서로를 비춰주는 수많은 거울들은 서로의 단점을 악화시키기도 하고, 장점을 강화시키기도 한다. 혐오스럽게, 또는 유연하거나 사랑스럽게, 거울에 비친 모습들은 그야말로 다양하다. 마치 수많은 거울로 둘러싸인 방에 있는 것처럼 서로의 거울로 서로를 비추며, 상호주체적 상호작용을 통해 끊임없이 서로를 구성한다. 이러한 관점은 상담상황에도 그대로 적용되며, 환자의 전이에 대한 치료자의 주관성이 환자의 전이에 지속적으로 영향을 준다는 사실을 강조하는 구성주의의 관점이 그것이다.

이와 같은 맥락에서, Cooper-White는 전이와 역전이를 더 이상 별개의 실체가 아니라 의식적 차원과 무의식적 차원을 포함하는 상호작용 스펙트럼의 양쪽 끝으로 설명한다. 이 모델에서 '의미'란 더 이상 '타자' 혹은 대상에게 면밀히 주의를 기울이는 한 사람의 관찰하는 주체에 의한 해석 작업의 산물이 아니라, 특별한 두 사람에 의해 독특하게 구성되는 '어떤 것'이다. 의미는 주체나 대상에게서 생겨나지 않고 전이와 역전이 스펙트럼의 어디쯤에서, 곧 '나(I)'와 '너(Thou)'의 '사이(between)'에서 생겨난다. 즉, 이 패러다임에서는 관련된 두 사람이 상호적 주체(reciprocal subject)로 이해된다.[261] 이렇게 관계의 매트릭스에서 뒤얽혀 있는 '자기'와 '타자'가 의식적 수준과 무의식적 수준 모두에서 함께 작동해서 복잡한 상호작용을 형성하는 것이 상호주체성(intersubjectivity)이다.[262]

이와 같이 관찰자와 관찰대상자는 서로 유기적이고 역동적인 관계를 이루며 서로를 구성하므로, 중립적 관계에서의 관찰이란 가능하지 않다. 관찰자와 관찰대상자, 관찰의 상호주체성에 대하여 Kohut은 다음과 같이 말한다.

> 임상상황, 특히 정신분석적 상황 안에서 관찰자가 관찰대상에 의해 영향을 받는 것과 나란히, 관찰한다는 사실 그 자체가 관찰대상에게 영향을 미치는 현상이 분명히 존재한다. …… 임상분석의 경우, 관찰자는 자신의 존재만으로도 그 영역의 내재적 구성요소가 된다. …… 관찰자가 따르는 이론들은 그가 보는 것 즉, 그가 정신분석 과정과 그 결과를 면밀하게 검토하면서 보는 것에 영향을 미칠 뿐만 아니라, 그가 보는 것, 그가 중요하거나 중심적이라고 여기는 것, 그가 하찮고 무의미하며 주변적이라고 여기는 것 등에 대한 평가방식에도 영향을 미친다.[263]

결과적으로 관찰자는 동시에 관찰의 대상이 되어야 하며, 관찰의 도구인 관찰자 자신에 대한 관찰이 대상의 관찰에 선행되어야한다.

상호주체적 관점에서 본다면, 영역 쫓는 자-쫓기는 자, 피해자-가해자, 주도자-의존자, 희생양 등과 같이 투사적 동일시에 의해 강력하게 유도된 역할(as if)은 더 이상 외부에서 부여된 '무엇'이 아니며, 어느 한 쪽이 원인체고, 그 상대편이 결과체로 고정되지 않는다. 이것은 투사자와 투사대상자 사이의 상호작용에서 서로에게 이미 잠재되어 있는 요소가 활성화되어 제3의 것으로 나타나는 상호주체적 공유의 창작물이다. 한편 상대에게 무언가를 투사하고, 상대방 안에서 그 외현화된 것을 통제·소유하며, 다시 그것과 동일시하는 투사적 동일시를 하게 된다. 또 다른 한편은 상대가 투사한 것을 내사하여 동일시하는 투사적 역동일시를 통해 그것을 자신 안에서 소화하며(metabolize), 다시 그것을 상대에게 돌려주고(재투사), 상대는 그것을 도로 내사하여 동일시(재내면화)하는 양방향의 투사적 동일시를 한다. 두 주체는 투사와 내사, 동일시가 복잡하게 얽힌 투사적 동일시를 통해 서로를 이해하고, 서로를 구성한다. 어느 한쪽이 투사자로, 다른 한쪽이 투사대상자로 고정된 것이 아니라, 서로가 서로에게 투사자면서 동시에 투사대상자가 된다.

 이러한 이해를 기반으로 역할놀이가 원인체와 결과체의 관계가 아니라 공유된 창작물이라는 것을 인식하게 되면, 관계에 대해 책임을 지는 주체자로서의 자기인식이 가능해진다. 이것은 상대의 티끌 속에서 자신의 들보를 볼 수 있는 역량이 생기는 것을 의미한다.[264] 그 결과 상대의 입장을 이해할 수 있게 되어 서로의 변화와 성장을 촉진할 수 있다. 그러나 이때 투사적 동일시에 의해 투사대상자 안에서 유발되는 경험은 투사대상자 자신의 성격체계에 의해서 채색되는 경향이 있다. 그러므로 이러한 투사적 동일시 과정에서 누가 누구에게 무엇을 투사하고, 무엇이 어떻게 유발되는지, 그것은 누구 것인지, 또 누가 누구로부터 무엇을 내사하여 동일시하는지 등을 가려내는 것이 쉽지 않다. 그것은 이 과정이 이론적으로는 순차적 단계를 따라 진행되는 것처럼 설명되지만, 실제로는 한순간에 일어나는 다차원적 측면을 포함하기 때문이다. 따라서 다른 사람들의 압력에 의해 야기되는 자기 자신에 민감해지는 것이 중요하다.

이러한 상호의존적·상호주관적 관계는 치료관계에서도 예외가 아니다. 상담자와 내담자가 무의식적으로 주고받는 영향, 즉 투사적 동일시에 대한 인식과 이해 없이 한 몸 심리학적 접근만으로는 한 인간을 이해했다고 결코 말할 수 없다. 그러므로 상담자는 내담자뿐만 아니라 상담자 자신, 더 나아가 상담과정 자체에도 '자유롭게 떠다니는 주의와 반응성(free-floating attention & free-floating responsiveness)'을 거두지 않아야한다. 즉, 상담자-내담자 관계는 상호주체적 관계이므로 상담자의 한 눈은 내담자에게로, 다른 한 눈은 자기 자신에게로 향하는 이중초점(bifocal)을 지녀야 한다. Casement는 분석가 자신이 분석공간으로 어떤 것을 가져오고 있는지를 정기적으로 지켜봐야 한다고 강조한다. 내담자와의 상호작용에 분석가가 기여하는 모든 요소는 분석할 수 있는 기회를 증대시킬 수도 있고, 그것을 가로막아 분석적으로 이해하려는 시도를 방해할 수도 있기 때문이다.[265] 이것이 바로 Klein을 위시하여 내담자에게 깊은 공감으로 접근할 수 있었던 수많은 정신분석가들이 생애 내내 자기분석을 게을리 하지 않은 이유다.[266] '나'와 '너'가 만나 또 다른 '나'와 또 다른 '너'를 구성하는 것은 기정사실이지만, 그것이 얼마나 '나' 혹은 '너'의 진정성을 보지(保持)하고 있는가는 또 달리 고려해볼 문제다.

Cooper-White는 효과적인 목회적 돌봄에는 상담자 자신의 생각과 느낌, 환상, 그리고 행동에 면밀히 주의를 기울이는 것을 포함한다고 말한다. 이러한 '자기의 사용'은 자기에게 몰두하는 것이 아니라, 목회적 돌봄의 질을 높이기 위해서 자기 자신의 반응을 건강하게 사용하는 것을 의미한다. 또한 그녀는 상담자와 내담자 사이의 상호주관적 관계의 복잡하고 정서로 가득 찬 특성을 곰곰이 성찰하면, 건강한 경계선이 있는 안전한 공간이 조성되면서 이해가 깊어지고, 공감이 강화되며, 존중의 상호성이 커질 수 있다고 설명한다.[267] 상담자는 자기(self)를 자신의 내적 지식과 경험에 관한 정보의 통로로뿐만 아니라, 타자의 정서 상태와 그들 사이에서 생겨나는 공유된 의미를 공감적으로 수용하는 도구로도 활용할 수 있다.[268]

반면, 상담자의 이중초점, 곧 두 눈이 균형을 잃어 어느 한쪽에 치우치게 되면 심리학적 환원주의나 영적 환원주의, 상담자의 구원자 환상이나 종교적 독선과 같은 흑백 이원론에 빠지게 된다. 예컨대 상담자가 자신에게도 치유나 지혜, 배움, 용서가 필요하다는 사실을 부인하고, 이것들은 내담자에게나 필요한 것으로 치부하여 상담자-내담자의 관계를 단순히 도움 주는 자-도움 받는 자의 관계로 분열하여 투사하는 경우가 있을 수 있다. 이것은 내담자를 도움 주는 자로부터 도움을 받기만 하는 수동적이고, 의존적이며, 비주체적인 사람으로 만들어(entitle) 내담자 스스로의 치유능력을 방해하는 결과를 초래한다. 이에 Cooper-White는 상담을 마치 개인적 명성이나 영광으로 가는 길로서 이상화하거나 부풀려서 사역의 매력처럼 여기는 함정에 빠지지 말라고 경고한다.[269]

Gabbard는 역동정신의학자와 병적 상태에 있는 내담자의 심리기전은 정상발달 기능에 관여하는 원칙의 연장일 뿐으로, 치료자와 내담자 사이에는 다른 점보다는 비슷한 점이 더 많다고 말한다.[270] 상담은 도움 주는 자와 도움 받는 자가 고정적으로 분리되어 있는 것이 아니라, 어느 한쪽 사람의 삶의 이야기에 무게를 둔다는 데 차이가 있을 뿐이다. 한쪽 사람의 삶의 이야기를 매개로 연결된 두 주체는 함께 이야기를 풀어가며, 지혜를 공유하고, 관계를 통해 서로 성장해간다. 그럼으로써 서로의 체험이 녹아든 새로운 이야기가 만들어지고, 새로운 이야기는 새로운 주체를 만든다. 돌봄을 주고받는 사람들의 다름에서 오는 변증법적 대화가 서로에게 미치는 영향에 의하여 변화가 시작된다. 상담관계를 포함하여 모든 관계경험은 그 자체가 변화를 유발한다.

이때 그 변화가 긍정적일지, 부정적일지는 서로가 얼마나 상대의 부정을 담아주고 견뎌줄 수 있는가의 여부에 달려있다. 이것은 무엇을 담아주는 것인지, 그것을 담을 역량은 되는지 등을 면밀히 검토해야만 성공적으로 수행될 수 있다. 이를 Bion은 담아주기로, Casement는 해석적 안아주기로, Winnicott은 안아주기, 공격에서 살아남기 혹은 사용되기 등으로 표현하고 있다. Ogden에 의하면, 비록 Winnicott은 글이나 저술에서 투사적 동일시라는 용어를 거의 사용하지 않았지만, 침범이나 반영과 같은 자신의 개념을 사용하여 초기발달에 있어서 어머니의 투사적 동일시가 갖는 역할과 그것이 정상적·병리적 발달에 미치는 영향에 대하여 많은 연구를 하였다.[271]

역동정신치료의 주요개념은 상담실 안에 서로 영향을 주고받는 두 명의 복잡한 주체(또는 두 명의 환자)가 있고, 그들의 정신치료가 진행됨에 따라 서로에게 상호영향을 주며, 상대에 대한 여러 가지 감정을 불러일으킨다는 사실에 있다.²⁷² 상담관계에서 상담자가 부족한 능력에도 불구하고 두렵지만 용기를 내어 상담자로서의 소임을 다 할 수 있는 것은, 모든 것을 알고 있는 지자(知者)도, 현자(賢者)도, 해결사(解決士)도 아닌 그 상담자를 찾아와 믿고 의지하는 내담자가 있기 때문이다. 누구에게도 해본 적이 없는 깊은 내면의 이야기를 어렵사리 내어놓는 내담자는 상담자로 하여금 진정으로 귀 기울이게 만드는 자다. 자신이 겪어야 했던 원치 않는 불행과 고통, 수치 등을 상세하게 나누는 내담자는 삶의 부조리함을 생생하게 증언하는 자다. 내담자는 자신의 전 삶을 드러냄으로써 상담자로 하여금 진단하고 치료하기 위해 필사적으로 노력하도록 만드는 살아있는 문서다. 누군가를 믿고 자신을 모두 내보일 수 있는 내담자의 신뢰와 용기, 그리고 내담자 자신이야말로 상담자로 하여금 공감이 무엇인지, 배려와 관심이 무엇인지를 몸소 체득하게 만드는 안내자다. 내담자는 한 사람을 진정한 상담자로 세워가는 가장 큰 스승이다. Harold F. Searles는 "The Patient as Therapist to the Analyst"라는 글을 통해 환자의 투사적 동일시에 개방적이 되려는 분석가의 노력 그 자체에 분석가가 성장하는 기회가 내재되어 있다며, 이에 대해 상세하게 묘사했다.²⁷³

이와 같은 연유에서, 이들 내담자가 상담실을 찾아 온 순간은 그 자체가 도움을 받는 수동적 자리로부터 도움을 주는 능동적 자리로 옮겨가는 전환점이 된다. 자신이 무능력하고, 부적절하며, 무가치하게 느껴지고, 실패가 두려워 그냥 주저앉아버리게 되는 것은 한 달란트를 받은 자가 쉽게 빠지게 되는 유혹이다.²⁷⁴ 그러나 이러한 유혹을 무릅쓰고 사랑과 지지, 관심과 배려, 도움을 얻기 위해 상담실을 방문하는 내담자의 움직임은 그 자체가 이미 자신이 얻고자 하는 그 모든 것을 상담자에게 나눠주는 자리로 옮겨 앉는 행위다. 이것은 비록 불안하고 두려워, 할 수 있는 일이 지극히 작을 지라도 충성한 자가 큰일을 맡아 이루게 된다는 의미와도 상통한다.[275] 이들 내담자와 함께하는 잠재공간은 내담자뿐만 아니라 상담자의 결핍된 심리구조를 보다 응집된 조직으로 만들어가는 용광로다. 엄밀히 말하면, 어느 한쪽이 능동이고 다른 한쪽이 수동인 것도 아니요, 어느 한쪽이 도움을 주고, 다른 한쪽이 도움을 받는 것도 아니다. 두 주체는 서로를 구성하며 함께 성장한다.

이러한 관점에서 볼 때 정체(停滯)된 정체성(正體性)이란 있을 수 없다. 늘 과정 중에 있는 상호주체적 정체성이 있을 뿐이다. 이것은 너와 나라는 이자관계에만 해당하는 것이 아니라 주체와 주체의 환경이 되는 주체를 둘러싼 모든 것과의 관계에도 해당한다. 이러한 상호 침투적 내면화의 예로 Hamilton은 William Somerset Maugham의 소설 일부를 인용한다.[276]

> 사람이란 그 사람 자체가 오로지 전부가 아니라, 태어난 지역이고, 처음으로 걸음마를 배웠던 도시의 아파트거나 농가며, 어릴 적 했던 놀이고, 자연스럽게 전해 들었던 민간속설들이며, 먹은 음식이고, 공부한 학교며, 좋아하던 스포츠고, 읽은 시며, 믿는 신이다. 이러한 모든 요소가 그가 어떤 사람인가를 규정한다. 이것들은 그저 남에게 들어서는 알 수 없고 직접 경험해야

만 알 수 있다. 스스로 겪고 생활해야만 알 수 있다.[277]

이러한 관점은 Bonnie J. Miller-McLemore가 제안한 "망 안의 살아있는 문서(living document within the web)"라는 개념과 잘 부합한다. 그녀는 목회신학과 임상목회교육(CPE)의 주제를 "살아있는 인간문서(living human document)"로부터 인간에 대한 개념이 지닌 개인주의적 경향의 한계를 보완한 "살아있는 망(living web)"으로, 그리고 한 걸음 더 나아가 "망 안의 살아있는 문서"로 확대시키며, 그 상호주체적 함의를 더욱 부각시킨다.[278] 이것은 목회자들 역시 "돌봄의 연결망을 촉진하는 자들(facilitators of networks of care)"로 보도록 만드는 자극제가 되었다.[279] 이로써 공동체적, 전 지구적, 생태학적 영향과 맥락은 목회적 돌봄과 목회상담의 자기이해에 통합되었다. 그러한 이해에 의하면, 존재하는 모든 것은 망으로 연결되어 서로를 상호 구성하는 상호주체적 존재양식을 지닌다.

무의식적 환상이 만들어내는 드라마

심리치료란 근본적으로 치료자와 내담자가 투사와 내사를 통해서 서로 영향을 주고받으며 함께 내적 드라마를 재연하는 것을 통해서 이루어진다. 따라서 치료자가 매번 드라마의 어느 부분이 재연되고 있는지를 이해하는 것은 매우 유용하다.[280] 이것을 이해하기 위해서는 지금 이 순간 누구의 내면세계의 어느 부분이, 즉 내담자 혹은 치료자의 어떤 내적 자기 혹은 내적 대상이 어떻게 재연되고 있는가를 물어야 한다.

　Ogden에 의하면, 모든 환자들은 그들의 내적 대상세계로부터 나온 장면을 대인간의 무대에서 자신과 함께 재연하도록 다른 사람을 끌어들이는 무의식적 과정에 거의 지속적으로 연루된다. 상담상황에서 치료자에게 부과된 역할은 내담자와 특별한 관계에 있는 자기나 대상의 역할일 수 있으며, 이러한 역할을 파생시키는 내적 대상관계는 다양한 요소를 기반으로 환자가 만들어낸 심리구조물이다. 이 요소들에는 현재와 과거의 현실적 지각과 이해, 자신이나 타인에 대한 원시적이고 미성숙한 지각에 내재된 유아나 어린아이의 대인 간 현실에 대한 오해, 그리고 지배적 환상에 의한 왜곡, 이를테면 현재 분열과 파편화로 경험을 조직하고 사고하는 환자의 특징적 양식 등으로 인해 발생한 왜곡 등이 있다. Ogden에 의하면,

> 환자는 자신의 내적 대상관계를 대인관계에서 재연하는데 있어서 환자 자신이 감독이면서 주연배우 중의 한 사람이고, 치료자는 뜻하지 않게 역할을 맡게 된 것이라고 가정한다면, 투사적 동일시는 치료자로 하여금 특정역할을 하도록 무대지시를 내리는 과정이다. 이 비유에서 볼 때 치료자는 일정 부분의 역할을 자원한 것이 아니며, 환자가 자신의 내면세계의 한 측면을 재연하는데 있어서 한 역할을 맡게 되었다는 사실을 지나고 나서야 회고적으로 이해할 수 있게 된다는 점을 기억해야한다.[281]

내담자와 상담자의 내면세계의 드라마가 펼쳐지는 장으로서의 분석공간에 대하여 Gabbard는 다음과 같이 설명한다.

> 분석공간(analytic space)은 Winnicott의 잠재공간(potential space)이라는 개념에서 파생되었다. 잠재공간에서 내담자는 전이를, 치료자는 역전이를 현실과 비현실로 경험하게 된다. 양자의 경험에는 '마치 ~인 것처럼 느껴진다(as if)'는 공통된 특징이 있다. 내담자는 치료자를 불공평하고 부당하다고 느낄 수 있으나, 치료자를 '어머니와 똑같다'고 주장하기보다는 '마치 어머니인 것처럼' 느끼고 있다는 것을 알고 있다. 분석적 또는 잠재적 공간에서 내담자는 '나는 어머니와 싸울 때 어머니에게 모든 강렬한 감정을 가지게 된다. 하지만 당신은 나의 어머니와는 다른 사람이고, 이러한 감정의 일부를 당신에게 보이는 것은 부당하다는 것을 알고 있다'고 생각할 수 있다. 강렬한 감정이 내담자나 치료자에게 존재하면 '마치 ~인 것처럼 느껴진다(as if)'는 것이 무너지게 되고, 두 사람의 생각과 느낌을 탐색하는 것이 어려워질 수 있다.[282]

Hinshelwood 역시 개인의 내면세계를 대상들(그 자체의 동기를 갖고 있는) 사이의 복합적인 상호작용으로 이루어진 무의식적 환상들의 총체적 드라마로 묘사한다.[283] 어린아이들의 놀이는 이러한 내면의 무의식적 환상이 펼쳐내는 한 편의 드라마다. Kristeva에 의하면, 놀이란 무의식적 환상과 불안, 그리고 충동이 외재화되고 투사되는 장이다. 충동과 갈등의 축출, 투사와 전이를 통한 내적 세계의 현실화, 그리고 이를 통한 불안의 완화 및 극복이 놀이의 주된 기능이다. 그녀는 장난감과 놀이주제를 포함한 모든 놀이상황의 요소는 아이가 자신의 충동과 공격성, 불안과 심리적 갈등의 내적 세계를 그대로 투영하는 대상이 된다고 말한다.[284] 즉, 한 개인의 놀이나 증상을 포함한 모든 행위와 관계는 그의 무의식적 환상과 불안, 충동과 갈등과 같은 내면세계가 투사, 내사, 투사적 동일시 등의 여러 심리기제를 통하여 반복적으로 재연 혹은 외재화되는 개인 삶의 축소판이라고 할 수 있다. 이러한 현상을 Gregory P. Bauer는 "내재화된 자기표상과 대상표상 간의 관계를 무의식적으로 밖으로 드러내는 시나리오 즉, 삶의 각본의 확인 혹은 반복강박이 시도되는 것"이라고 표현한다.[285] 따라서 놀이나 증상을 포함한 인간의 모든 행위를 관찰, 분석, 해석함으로써 우리는 한 개인의 내면세계에 접근이 가능하게 되며, 그 내면세계와의 소통도 가능하게 된다. 이런 맥락에서 Julia Segal은 Klein이 기술한 골치 아픈 종류의 환상을 발견하는 것이 상담과제의 한 부분이라고 말한 바 있다.[286]

이러한 무의식적 환상이 만들어내는 한 편의 드라마의 예로, 투사적 동일시의 관점에서 바라본 부부간의 갈등을 들 수 있다. 각 배우자는 자신의 공격성을 상대 배우자 안으로 투사한다. 각 배우자는 자신이 투사한 자신의 공격성을 지닌 상대 배우자를 착취적이고, 배려가 없고, 무책임하며, 자신의 욕구를 좌절시키는 사람이라고 비난한다. 각 배우자는 서로 자신이 상대 배우자의 공격성에 의한 희생자라고 느끼고, 상대를 공격적이라고 비난함으로써 상대 배우자로부터 그에 상응하는 분노를 유발한다. 각 배우자는 자신이 유발한 상대 배우자의 분노를 보고 역시 자기가 생각한 대로 상대 배우자는 분노가 넘치고 공격적인 사람이 틀림없다고 확인하게 된다. 이런 식으로 각자의 취약성에서 시작되는 환상 속에서 투사적 동일시의 악순환이 반복되는데, 이러한 악순환의 시작점을 찾기란 쉽지 않다. 그 까닭은 이러한 악순환은 상호주체적 관계에서 서로가 함께 구성해내는 공동의 창작물이기 때문이다.[287]

부부는 정서적으로나 신체적으로 가깝기 때문에 무엇이든 이들의 초기 대상관계에서 존재했던 장애물을 더 크게 만드는 경향이 있다.[288] 결혼계약이 이루어지고 마침내 헌신적 관계를 맺는 순간에 이르러서야 비로소 억압된 나쁜 대상이 충분히 자체를 드러내며 급작스러운 전환이 발생되기도 한다.[289] Scharff 부부는 부부의 내면세계는 흥분시키고 거절하는 대상들과 부분대상들, 그것들과의 관계 속에 있는 자기의 부분들, 그리고 그 안에서 발생하는 모든 감정들이 한 데 모여 구성되어 있으며, 여기에는 중심적 관계경험에 기초한 기대와 환상이 기록되어 있다고 한다. Scharff 부부는 부부간의 갈등을 이러한 내적 대상관계가 투사적 동일시를 통해서 드러나는 것으로 설명한다.[290]

결혼관계는 각 배우자 안에 억압되어 온 타자성(otherness) 즉, 세대차, 남성과 여성이라는 성차(性差), 가부장제 등이 각 배우자 서로에게 복합적으로 투사되는 전장(戰場)으로서 투사적 동일시의 온상이다. 결혼생활은 편집-분열의 공포와 적대, 멸절불안의 외상을 고비고비 넘어 균형과 조화, 합일을 향해 나아가는 지난(至難)한 여정이다. 그 취약성을 지탱하고 견뎌나가기 위한 방편의 하나로 수많은 증인들 앞에서 결혼서약을 하기도 한다. 비단 부부관계뿐만 아니라 가족, 연인, 상담자-내담자 사이처럼 관계가 친밀해질수록 투사적 동일시가 활성화되는 습지가 된다. 이러한 관계는 전이에 대한 Heimann의 언급을 떠올리게 한다. 전이란 갈등들, 즉 박해 및 우울불안을 수반하는 오래된 갈등들이 싸움하는 전쟁터인데, 그 까닭은 애초에 발달되고 형성된 자아가 반복되는 경험을 하는 곳이 전이기 때문이다.[291] 이렇듯 부부간의 갈등은 여느 대상관계 갈등과 마찬가지로 일상적 상호작용에서 오는 현실적 갈등 그리고 개인의 무의식적 대상관계와 상호 투사적 동일시에서 오는 전이-역전이적 갈등으로 구성되어있다.

많은 경우 부부간의 해결되지 않는 부정적 표상은 원가족에서 유래하는 것을 임상적으로 확인할 수 있다. 이러한 미해결 과제의 재연은 "부모의 미해결 과제(불안, 우울, 공포, 분노)가 자녀들의 불안(우울, 공포, 분노)을 자극하고, 자녀들은 이 불안(우울, 공포, 분노)을 확대하여, 가족과 부모에게 되돌려주는" 가족 안에서의 미해결 과제의 순환고리 때문이라고 설명될 수 있다.[292] Bollas에 의하면, 사람들은 자아구조 안에 어머니와 아버지의 대상이었던 시절의 기억을 간직하고 있으며, 그 대상은 어머니와 아버지 그리고 유아-아이 자기(infant-child self) 사이의 살아있는 경험들이 펼쳐지는 역사극 안에서 다양한 입장을 나타낸다.[293] Zinner는 갈등하는 부모-자녀 관계를 재연하려는 무의식적 갈망으로부터 배우자를 선택하게 된다고 말한다. 투사적 동일시를 통하여 각 배우자는 상대 배우자를 부모로 여기거나 지난날 자신이었던 자녀로 여기게 된다. 그리고 개인이 상실한 좋거나 나쁜 유아적 대상을 배우자의 형태로 다시 삶 속에 가져와 이전의 핵심갈등관계의 측면을 외재화하는 것은 방어기능뿐만 아니라 회복기능도 하게 된다.[294]

다행히, 서로 갈등을 주고받는 전이-역전이, 투사적 동일시라는 전쟁터에서 초기 대상과는 전혀 다른 반응을 보이는 배우자와의 상호보완적 관계에 의해 이전의 왜곡된 자아상이 수정되고 변화와 성숙을 경험하기도 한다. 그렇다면 결혼이야말로 내면적 부분들이 전체를 이루며 외면화되는 현장이자, 사람들 사이에 모든 연결이 이루어지는 곳이 된다. 전체는 건강할 뿐만 아니라 기쁨이 넘쳐나며, 기능적일 뿐만 아니라 생명력이 넘친다.[295] 이와 같은 이유에서 결혼은 하나의 기회가 되어 진정한 회복이 일어나며 자신의 과거와도 화해할 수 있는 계기가 되기도 한다.[296]

더 나아가 결혼생활과 같은 친밀한 관계 외에 일상생활에서 흔히 일어날 수 있는 상황 속에서도 그 상황에 연루된 사람들 내면의 무의식적 환상에 의하여 드라마가 연출된다. 이를 투사적 동일시의 관점에서 살펴보고자한다. 이를테면 어떤 사람이 식당에서 식사를 하던 중 가지나물이 쉰 것을 발견하는 상황을 가정해보자. 이때 쉰 가지나물이라는 '나쁜 대상'을 둘러싸고 손님과 종업원의 갖가지 반응은 겉보기에는 의식적이고 당연하게 여겨질 만한 일상적이고 평범한 것일 수 있다. 하지만 이러한 반응들은 사실 각 개인의 내면에 축적된 '나쁜 대상'에 대한 무의식적 경험들이 표출되며 서로 상호작용을 통해 빚어내는 한 편의 드라마다.

쉰 가지나물이라는 일견 사소해 보이는 외부자극은 그것을 매개로 연루된 관계자들로부터 다양한 반응들을 유도해내고, 그 반응들의 조합에 따라 상호작용의 양상이 변화한다. 쉰 가지나물이라는 '나쁜 대상'을 둘러싸고 각기 다른 손님과 종업원에 의해서 다양하게 연출되는 이 드라마를 Ogden이 말한 투사적 동일시 과정의 세 단계로 정리해보면 다음과 같다. 첫째는 쉰 가지나물이라는 외부자극, 둘째는 쉰 가지나물이라는 나쁜 대상이 각기 다른 손님들로부터 유도해내는 다양한 반응들(가령, 언성을 높이고 불쾌함을 표현하거나, 쉰 가지나물 이야기로 시작하여 급기야 종업원을 비롯하여 식당 전체를 탓하거나, 가지나물이 쉬었다고 알리는 정도의 정보제공에 그치거나, 쉰 가지나물을 옆에 밀어놓고 별 반응을 보이지 않거나 등), 그리고 마지막으로 각 손님의 다양한 반응에서 유도된 종업원의 다양한 반응(복(伏)더위에 간혹 생길 수 있는 일이니 양해해달라고 변명하거나, 죄송하다고 사과하거나, 다른 것으로 바꾸어주는 등의 대체서비스를 제공하거나, 퉁명스럽고 불쾌한 태도를 보이거나, 아무 반응도 하지 않는 등)이다. 이것들이 어떻게 만나 어떤 조합을 이루는가는 각자가 갖고 있는 '나쁜 대상'에 대한 무의식적 환상이 엮이거나 공동으로 만들어내는 한 편의 드라마와 같다.

Hinshelwood는 실제 외적 대상에게 의미와 정서를 제공하는 것은 현실적 사고의 밑바닥에 있는 무의식적 환상들이며, 이 내적 대상들은 삶과 활동 근저에서 중요한 역할을 한다고 설명한다.[297] 이것은 마치 동일한 음악도 각기 다른 피아노 연주자가 연주하면 달라지는 콘서

트의 다양함에 비유될 수 있다.[298] (외적 혹은 내적) '나쁜 대상'이라는 자극에 의해 투사자나 투사대상자의 내면에 잠재되어있던 역할이 활성화되는 것은 개인의 내부세계에 존재하던 나-너의 모형(self-other constellation)이 외현화(externalization)되어 대인관계의 상호작용에서 어떤 현상을 만드는 것을 의미한다.[299]

Sandler는 이러한 현상을 "역할반응성"이라는 용어로 설명하며, 분석가의 "자유롭게 떠다니는 주의(free-floating attention)"라는 용어에 빗대어 분석가의 "자유롭게 떠다니는 반응성(free-floating responsiveness)"이라는 용어를 제안한다. 그는 분석가의 역할반응성이 환자에 대한 분석가의 생각과 감정뿐만 아니라 겉으로 드러나는 반응에서도 나타난다고 주장한다. 이것은 '유용한' 역전이의 중요한 요소로서, 이처럼 분석가의 감정뿐만 아니라 행동과 태도에서도 드러난다.[300]

Cashdan에 의하면, 투사적 동일시를 구성하는 다양한 의사소통 안에는 행동유발이 포함되어 있으며, 이는 지속적 관계의 특징을 규정하는 구체적 상호조종을 만들어낸다. 투사자와 투사대상자 간에 벌어지는 순간순간의 상호작용을 구성하는 실제적인 메시지들이 이제까지 상상 속에서만 존재했던 것에 행동의 형태를 제공한다.[301] 이를테면 사람들은 심리내적 환상을 현실로 만드는 전능자라고 할 수 있겠다. 즉, 현실 세계와 내면세계는 서로가 서로에게 영향을 끼치며 거듭 새로운 판을 짜가는 늘 현재진행형의 드라마다.

재내면화과정

투사적 동일시의 관점에서 볼 때, 치료과정은 내담자가 치료자를 신뢰하게 됨과 동시에 자신의 심리적 성장을 위해 사용할 수 없거나 통합할 수 없는 자기의 측면을 치료자에게 덮어씌우는 과정을 포함하는 것으로 이해된다. 이때 치료자의 역할은 본래 내담자의 것이었지만 치료자 안에 '머문(reposed)' 결과 살짝 변형된 것을 내담자로 하여금 재내면화할 수 있도록 돕는 것이다.[302] Bion은 이것을 다음과 같이 설명한다.

> Klein은 유아적 두려움을 수정하는 것과 관련되는 투사적 동일시 국면을 기술하였다. 유아는 자신의 마음의 일부, 즉 나쁜 감정을 좋은 가슴에 투사한다. 그로부터 차례대로 나쁜 감정은 제거되고 재내사된다. 좋은 가슴에 머무르는 동안에 나쁜 감정

은 수정된 것으로 느껴지는데, 재내사된 대상이 유아의 마음에 참을 만한 것으로 수정된다.[303]

유도과정에서 유발되어 치료자 안에 머문 것에 대한 치료자의 역전이 반응, 다시 말해 투사자와 관계하면서 투사수용자 안에 활성화되는 역전이 반응을 치료자가 분석하는 것은, 환자가 자신이 투사한 측면을 변형된 형태로, 즉 자신의 일부로서 수용하고 분석하고 통합할 수 있는 형태로 재내면화하도록 허용한다.[304] 이러한 재내면화과정을 통하여 (1) 분석가는 환자의 투사를 내사하고 그것을 작업하여 환자가 감당할 수 있는 형태로 환자에게 투사(또는 재투사)하며, (2) 환자는 이제 수정된(혹은 신진대사된) 경험을 내사함으로써, (3) 자신을 이해할 수 있는 능력이 더해지고 따라서 자신을 견딜 수 있는 능력도 커진다.[305]

투사자가 감당하기 힘든 자신의 측면을 투사대상자에게 덮어씌우려 할 때, 여기에는 자신이 감당할 수 없는 절망을 담아주고 변화하도록 유도하려는 무의식적 희망이 담겨있다. 이렇게 투사자의 절망에서 무의식적 희망을 읽을 수 있을 때, 투사수용자는 그 절망에 압도되지 않고 그것을 담아주고 조절하여(modulating) 변화시킨 후(transforming) 그 기저의 무의식적 의미(meta communication)를 해석해줄 수 있게 된다. 이때 해석을 받아들일 수 있는 투사자의 역량에 따라 언어적 해석, 소리 없는 해석(interpretation in silence), 행동에 의한 해석(interpretation in action) 등으로 제공될 수 있어야 한다. 무의식적 희망이 의식되어 공유되면 절망은 설 자리를 잃게 되므로, 억압·분리·

부정·투사 등의 필요성은 사라진다. 투사자는 이러한 과정을 내면화하여 자신의 절망을 담아내는 방법을 배우게 된다. 이것은 절망을 다루는 기법이 아니라, 어머니의 안아주기와 담아주기를 통해 유아가 성장하고 성숙하는 것과 같은 진정한 상호작용이다. 이것이 바로 주체탄생의 과정이며, 이러한 과정에서의 실패는 주체성의 생성을 가로막아 유아적 자아에 고착되는 결과를 초래한다.

주체적 자아

내담자가 상담실을 처음 방문하면 무슨 말을 어떻게 하면 되냐고 묻는 경우가 종종 있다. 이에 상담자는 상담공간에서의 상담과정을 쓰레기 처리과정으로 여기자고 제안하기도 한다. 어디서도 꺼내기 힘든 것들을 맘껏 꺼내놓은 다음 버릴 것은 버리고 골라낼 것은 골라내는 것이다. 내면의 것을 꺼내놓고 보면 내심 커다란 문제로 여겨지던 것이 별것 아닐 수도 있고, 또 사소하게 생각되던 것이 의외로 문제의 핵심일 수도 있으므로, 이것저것 가리지 말고 일단 쏟아놓고 보자는 말도 덧붙인다.

이렇게 쏟아내고 골라내는 작업을 Ulanov 부부는 나쁜 콩과 좋은 콩을 분리해야 했던 신데렐라의 이야기에 빗댄다. 신데렐라는 이 작업을 마친 후에야 무도회에 참석할 수 있었고, 결국 공주가 되어 자기실현을 했다. Ulanov 부부에 의하면, 심리치료과정 역시 골라내고 분별하는 작업을 통해 한쪽은 통합시키고 다른 한쪽은 버려야 하는 힘든 과정이다. 특히 신데렐라 이야기의 종결부분에 나오는 결혼이미지는 나뉘었던 부분들을 적절하게 연합하여 기능적이고 행복한 전체를 형성하는, 즉 모든 것이 연합을 이루어 하나도 상실되는 것이 없는 결합의 모습을 의미하는 것으로 설명된다.[306] 이와 같이 파편화된 조각들을 골라내고 모으는 작업에 따르는 불안에 대하여 Klein은 다음과 같이 말한다.

> 자아는 자기가 사랑하는 대상들이 조각으로 해체되어있는 상태라는 정신적 실재와 직면하게 된다. 이러한 인식에 기인한 절망, 회한, 불안이 수많은 불안상황의 근저에 깔려있다. 그중의 일부만 인용해본다면, 이 조각들을 어떻게 올바른 방법으로 적절한 때에 함께 모을 것인가, 어떻게 좋은 조각들을 골라내고 나쁜 것들을 제거할 것인가, 조각들을 함께 모아 이룬 대상에게 어떻게 생명을 부여할 것인가, 이러한 작업을 하는 과정에서 나쁜 대상들이나 자기 자신의 증오에 의해 방해받게 되는 것은 아닌가 등이다.[307]

그렇다면 상담공간에 쏟아낸 그 쓰레기들은 어디로 가는 것일까? 주체로서의 상담자는 내담자에 의해 쓰레기통으로 변형된다. 그리고 내담자가 쏟아내는 쓰레기를 담고, 재생산하고, 재활용 가능한 것으로 돌려주는 역할을 한다. 다시 말하자면 폐기처분하려던 쓰레기가 상담공간에서 투사와 투사적 동일시를 통해 재생 처리되고, 본 주인에게 되돌아가게(recycle, reclaim, reown) 되는 것이다. 결국 골라내고 가려내는 분석작업(analysis)은 통합을 위한 작업이다.

  Garland에 의하면, 치료자는 투사된 감정을 다루는 심리공간을 제공하는 것뿐만 아니라 그 감정들이 내담자에게 되돌아갈 수 있도록 하는 적극적인 역할도 해야한다. 내담자는 치료자가 전이 안에서 획득한 통찰을 거쳐 자신에게 되돌아온 감정을 스스로 인지하고 견뎌낼 수 있어야 비로소 자율성과 독립성을 획득할 수 있기 때문이다.[308] Garland는 치료자가 투사를 인지하고 담아줄 수 있음으로써 그것을 통해 내담자가 잃었던 부분을 되찾아 인격을 통합하고, 궁극적으로는 분리되어 자율적인 존재를 획득할 수 있는 역량을 발달시키는 것이 치료의 궁극적 목적이라고 말한다.[309]

  Malin과 Grotstein은 투사적 동일시를 통해 "투사된 자기와 외부 대상의 혼합물(alloy)이 생성"되는 과정에서 투사자와 투사대상자는 서로가 서로를 수용하여 변형되는, 이른바 되어감(becoming)의 과정, 즉 창조의 과정에 동참하게 된다고 한다. 이러한 과정은 첫째, 투사, 둘째, 투사된 자기와 외부 대상이 합쳐진 혼합물 또는 생성체의 형성, 셋째, 재-내면화(re-internalization)라는 세 구성요소로 이루어진다.[310] 이와 같이 투사자의 투사물이 투사수용자 안에서 변형된 후 투사자에게 되돌아가는 재내면화과정을 Ogden은 다음과 같이 설명한다.

    재내면화과정에서 수용자는 부분적으로 투사자의 투사적 환상이 그리는 대로 자신을 경험하게 되지만, 사실 투사자와는 다른 사람인 수용자가 경험하는 것은 새로운 감정들이다. 수용자의 감정은 투사자의 감정과 유사하기는 해도 동일하지는 않다. 수용자의 감정을 지어내는 저자는 수용자 자신이다(the recipient is the author of his own feelings). 투사자의 아주 독특한 압력에 의해 어떤 감정들이 도발된다 할지라도, 그것은 다른 강점과 약점을 지닌 수용자라는 다른 성격체계의 산물이다. 이러한 사실은 투사된 감정들(정확히 말하자면, 수용자 안에 유발된 일치된 감정들)이 지금껏 투사자가 다뤄왔던 방식과는 다르게 다루어질 수 있는 가능성을 열어준다. 수용자가 자신에게 투사된 감정들을 투사자와는 다른 방법으로 다룸으로써 생성된 새로운 감정들은 원래의 투사된 감정이 처리된 변형판(a processed version)으로 볼 수 있다. 이 새로운 경험(투사된 감정들과 수용자 측면들의 혼합물)은 투사자로 하여금 의문시되던 자신의 감정들이 가치 있고 즐길 만한 것이라는 느낌을 가질 수 있게 한다. 그럼으로써 자기나 자기의 가치 있는 내적 혹은 외적 대상의 다른 측면을 훼손하지 않으면서도 투사된 감정, 사고, 표상들과 더불어 살아갈 수 있다고 느끼게 된다.[311]

투사적 동일시의 관점은 언어적 해석의 사용을 요구하지도, 배제하지도 않는다. 치료자는 내담자와 함께하며 이야기를 나눌 방법을 무엇이든 찾으려고 시도한다. 이를 통하여 치료자가 내담자의 내적 대상세계의 통합되지 않은 측면을 수용해서 내담자가 받아들이게 하고, 이들이 배울 수 있는 형태로 만들어 내담자에게 다시 돌려보낼 매개물이 된다.[312] 즉, 이미 환자의 것이었지만 아직은 통합과 심리적 성장의 목적으로 사용되지 못했던 투사적 동일시를 다루는 치료적 기법을 약간 형태를 변형하여, 환자로 하여금 사용가능하도록 하는 것이다.[313] 이렇게 주체가 구성되는 과정에 대하여 Ogden은 분석가, 피분석가, 분석적 제3자의 상호주체적 구성으로 설명한다.

> 분석과정은 분석가, 피분석가, 분석적 제3자라는 세 주체의 상호작용을 나타낸다. 분석적 제3자는 분석가와 피분석가가 창조한 것이다. 동시에 이 분석적 제3자에 의해 분석가와 피분석가는 분석가와 피분석가로 창조된다. 분석적 제3자가 없다면 분석가도, 피분석가도, 분석도 없다. 또한 분석가와 피분석가는 자신들의 성격체계, 개인력, 정신-신체적 구조 등의 맥락 안에서 분석적 제3자를 경험하므로, 제3자(비록 함께 창조한 것이기는 해도)에 대한 경험은 참여자들 사이에서 서로 일치하지 않는다. 더욱이 이것은 분석가 및 피분석가라는 역할관계로 강력하게 규정되는 분석적 틀 안에서 만들어지는 것이기 때문에 다분히 비대칭적 구성물이다. 분석적 한 쌍이 분석적 담화의 주요(비록 배타적이지는 않을지라도) 주제로 삼는 것이 피분석가의 과거와 현재경험이라는 점에서, 피분석가의 무의식적 경험은 특별한 우선권을 갖는다. 즉, 분석적 제3자 안에서 분석적 제3자에 대한 분석가의 경험은 주로 피분석가의 의식

적 무의식적 경험을 이해하는 도구로 사용되며, 분석가와 피분석가는 결코 상호분석이라는 민주적 과정에 관계하는 것이 아니다. 분석적 제3자의 개념은 주체와 객체, 전이-역전이의 상호의존을 위한 사고틀을 제공한다. 이것은 분석가의 자기몰두적인 산만한 마음이라든가 피분석가와 상관없어 보이는 신체감각, 분석적 쌍이 상호주체적으로 만들어낸 '분석적 대상' 등을 포함하여 분석가가 맞닥뜨리는 수많은 상호주체적인 임상적 사실들에 대하여 분석가가 명확히 사고하고, 면밀하게 주의를 기울이려는 노력에 도움이 된다.[314]

남 탓을 하며 분열시키고 축출하였던 자신의 일부를 되찾아와 자신의 것으로 수용하게 될 때, 내담자는 더 이상 자신을 누군가에 의한 무력한 희생자로 경험하지 않고 비로소 진정으로 자신을 책임지는 주체로 설 수 있다. 재통합(reintegration) 혹은 되찾아옴(re-owning)의 과정을 통해서 무엇이 자신의 것이고, 무엇이 타인의 것인지 구분하게 됨으로써, 대인관계가 향상되고 더 이상 자신만의 생각 속(원시적 전능환상)이 아닌 실제세상에서 살 수 있게 된다.[315]

살아가면서 원치 않는 일들과 뜻하지 않게 조우(遭遇)하면서 겪게 되는 아픔의 원인과 의미를 추적하다 보면, 결국 실마리는 주체 대 주체의 관계에서 발견된다. 반면, 그 실마리를 찾기 이전의 어려움은 주체의식을 인식하기 이전의 주체 대 객체의 관계에서 비롯되는 것임을 알 수 있다. 주체 대 객체의 관계에서는 자신을 어떤 타인이라는 원인체에 의한 결과체, 즉 원인에 의한 결과인 객체로 여긴다. 누군가를 탓하는 투사는 주체 대 주체의 관계가 아니라 주체 대 객체의 관계 속에서 스스로를 객체의 자리로 비하하는 것으로, 주체가 아닌 자신에게는 책임 소재가 없다. 분열과 투사를 주 기제로 하는 이원론적 삶의 태도는 관계의 단절과 자기의 파편화, 자기의 객체화를 초래한다. 자신의 일부를 떼어내어 외부로 축출함으로써 스스로를 대상화하고, 스스로에게 소외되어, 외로움과 절망을 느낄 수밖에 없다.

반면, '각자가 서로에게 영향을 미치는 환경'이 될 때, 서로 마주한 자들은 원인에 의한 결과라는 분리된 이자(二者)가 아니라 서로를 구성하는 하나의 유기체가 된다.[316] 이로써 자신을 환경에 의한 수동적 희생물로 받아들이기보다는 환경과 적극적으로 상호작용하는 환경의 구성요소 중 하나라는 느낌을 갖게 된다.[317] 드러난 현실이 공유의 창작물임을 인정하고 그것에 영향을 미친 '자신의 기여분'을 분별하고자 노력할 때, 우리는 결과체라는 객체로서의 자기인식을 넘어 나름의 독자성과 책임을 지닌 주체로서 자기를 인식할 수 있게 된다. 이를테면 이것은 못마땅한 지금의 내가 오로지 미숙한 부모 때문에 생긴 결과체라는 관점에서 벗어나 있는 그대로의 부모도, 나도 서로가 서로를 구성하는 각자 하나의 주체라는 인식을 갖게 됨을 의미한다. 여기서 원인체와 결과체라는 이분법은 설 자리를 잃고, 주체 대 주체 간의 관계가 된다. 객체로부터 주체로의 이러한 전환(transitional)은 해방의 경험이다. Kristeva에 의하면 죽음충동, 부정성, 상징 등의 의미를 중시하는 Klein의 정신분석은 우울자리의 성공적 통과를 통해 이뤄지는 주체 탄생의 드라마다.[318] 이것은 또한 기독교의 핵심상징인 십자가에서의 고통이 죽음으로 끝나지 않고 생명으로 이어지는 것과 다르지 않다.

유아적 자아

투사적 동일시는 투사자나 투사수용자의 성숙정도에 따라 병리적일 수도 혹은 정상적일 수도 있다. 지금부터는 투사적 동일시의 질을 좌우하는 요인으로 먼저 투사자의 측면을 살펴보고자한다. Klein에 의하면, 좋은 대상과의 충분한 동일시는 자기로 하여금 선함을 자기 것으로 소유하고 있다는 느낌을 갖게 한다. 반면, 상황이 좋지 않을 때는 과도한 투사적 동일시가 일어나 자기의 분열된 부분들이 대상 안으로 투사되고, 그로 인한 자기와 대상 사이의 강렬한 혼동이 곧 자기를 나타내게 된다. 자아의 약화 및 대상관계에서의 큰 장애는 바로 이것과 관련이 있다.[319] Klein은 투사와 내사 사이의 상호작용이 균형을 이루는지 또는 어느 한 쪽이 과도한지에 따라 자아의 역량, 다른 사람과의 관계, 내면세계의 질이 좌우된다며, 다음과 같이 설명한다.

> 우리는 투사를 통하여 자신이나 자신의 충동 및 느낌의 일부를 다른 사람 안에 투사함으로써 그 사람과의 동일시를 성취할 수 있다. 그러나 이것은 내사로 인한 동일시와는 다르다. 대상이 자기 안으로 들어온다면(내사), 이때의 강조점은 내사자가

이 대상의 어떤 특성들을 취득하고 그것의 영향을 받는다는 사실에 있다. 반면, 자신의 부분을 다른 사람 안에 넣을 때는(투사), 투사자가 자신의 어떤 특성들이 그 사람에게 속해있다고 여기는 것을 기반으로 동일시가 이뤄진다. 투사는 많은 반향을 일으킨다. 우리는 우리 자신의 어떤 감정과 사고를 다른 사람의 것으로 여기는(어떤 의미에서 다른 사람 안으로 집어넣는) 경향이 있다. 그리고 이 투사가 우호적일지 적대적일지는 우리가 어느 정도로 균형을 유지하며, 어느 정도로 박해를 느끼는가에 달려있다. 우리 느낌의 일부를 다른 사람 것으로 귀속시킴으로써 우리는 그들의 느낌, 필요, 만족을 이해한다. 바꿔 말해서, 다른 사람의 입장에 서게 되는 것이다(putting ourselves into the other person's shoes). 이런 방향으로 지나치게 나아갈 경우 다른 사람 안에서 완전히 자기를 잃어버리고 객관적 판단이 불가능해지기도 한다. 동시에, 과도한 내사의 경우 내사된 대상의 지배가 철저해지면서 자아의 역량이 위험에 처하게 된다. 만일 투사가 지나치게 적대적이면 다른 사람에 대한 진정한 공감과 이해가 손상된다. 따라서 투사의 속성은 우리가 다른 사람들과 맺는 관계에서 매우 중요하다. 투사와 내사 사이의 상호작용이 적개심이나 과도한 의존에 지배받지 않고 균형을 이룬다면, 내면세계는 풍부해지고 외부 세계와의 관계는 개선될 것이다.[320]

Meissner는 이러한 Klein의 언급에 대하여 Klein이 투사, 내사, 투사적 동일시(투사에 의한 동일시), 내사적 동일시(내사에 의한 동일시)를 혼용하고 있다고 지적한다. 그는 투사는 투사된 것이 대상에게 속하고, 대상에게서 유래하는 속성이나 특성으로 경험되는 것에 보다 가깝다고 말한다. 그리고 공감의 경우도 자신의 내적 과정을 조율함으로써 다른 사람의 내면세계의 측면과 공명할 수 있게 되는 것이며, 이때 대상으로 추론되는 것은 대상으로 경험된다. Meissner는 투사적 동일시의 핵심은 투사된 것이 동일시됨과 동시에 자기의 부분으로 경험되는 것에 있으며, 이 점에서 투사와 구분된다고 주장한다.[321]

Rizq는 투사적 동일시의 정상적인 과정에서는 필요에 따라 투사기제들을 거두어들이면서 견고한 자신의 입장에서 안정적으로 관계를 맺을 수 있도록 융통성 있게 적용할 수 있지만, 이런 철회가능성이 막히면 좀 더 병리적 형태의 투사적 동일시가 일어난다고 보았다. 이때 개인은 수용할 수 없거나 감당할 수 없는 혹은 사고할 수 없는 자기의 부분을 부인하거나 그것과 거리를 두기 위해 자기의 측면을 무의식적으로 투사하게 된다.[322]

Likierman에 의하면, 환자의 복구능력은 신뢰의 결여, 강도 높은 고통, 어려움을 자기 파괴적으로 해결하는 경향 등에 의해서 손상된다. 보다 많은 학대를 받아 취약한 환자일수록 손상을 더 큰 공격으로 받아들이고 공격적으로 반응함으로써 상황을 더욱 악화시킨다. 반면, 보다 힘이 있는 환자일수록 손상을 직면하고 이러한 상황을 초래하는데 자신이 기여한 바를 잘 평가하며, 복구과정에 상호적으로 개입하는 적절한 조치를 취할 수 있도록 도움을 받는다. 이러한 점에서 그는 Klein학파와 의견을 같이하고 있다.[323]

이상에서 살펴본 바와 같이 Klein, Rizq, Likierman 등은 투사적 동일시의 질을 좌우하는 요인으로 투사자의 측면을 강조했다. 이와는 대조적으로 Ogden은 투사수용자의 측면에 초점을 둔다. Ogden은 투사적 동일시의 '성공적인(successful)' 처리라는 생각은 상대적이며, 모든 처리는 수용자의 병리정도에 따라 오염되고 불완전하다는 것을 염두에 두어야 한다고 말한다.[324]

> 투사수용자는 자신의 보다 넓은 성격체계의 맥락 안에서, 이를테면 이해로 극복하거나 보다 현실에 기반을 둔 표상과 통합함으로써, 투사자가 유도한 느낌과 더불어 살며, 그것을 다룰 수 있을 것이다. 이런 경우, 투사자는 수용자가 수용자 자신에게 유도된 그 느낌을 다루는 측면을 내사나 동일시를 통해서 건설적으로 재내면화할 것이다. 그러나 이와 반대로, 수용자가 그 유도된 느낌과 더불어 살 수 없는 경우라면 그는 부인, 투사, 전능적 이상화, 더 심한 투사적 동일시, 혹은 폭력, 성적 행동 등의 긴장완화를 위한 행위들 혹은 거리를 유지하는 행위들을 사용하여 이러한 느낌들을 다루게 될 것이다. 이것은 투사자로 하여금 자신의 느낌이나 환상들이 진짜로 위험하고 견딜 수 없는 것으로 확인하도록 만든다. 수용자가 그 느낌들을 병리적으로 다루는 것을 동일시하여 투사자의 본래 병리는 더욱

강화되거나 확장된다.[325]

이상에서 살펴본 바와 같이 Klein이나 Rizq, Likierman, Ogden은 투사자나 투사수용자 중 어느 한 편을 투사적 동일시의 성숙여부를 좌우하는 요인으로 간주한다. 이와는 대조적으로 Bion은 결합과 침투를 성장으로, 분리와 박탈을 생명력의 감소로 정리하며 투사자와 투사대상자의 담고 담기는 관계에 초점을 둔다. Bion은 담고 담기는 것은 정서에 의해 결합되는 것과 침투되는 것에 민감하다고 한다. 그러므로 결합되거나 침투될 때, 아니면 둘 다일 때는 대개 성장이라고 기술되는 방식으로 변하는 반면, 정서가 분리되거나 박탈당할 때는 생명력이 감소하여 생명 없는 대상에 가깝게 된다.[326] 사고의 추상성과 복잡성이 더 낮은 수준에서 더 높은 수준으로 발전하는 것은 성장으로 이끄는 정감적 환경에서 작용하는 우ㅎ의 모델(담고 담기는 관계)을 따라 일어나며, 반면 관계가 부정적인 분위기에서 생겨나면 성장과 반대되는 결과가 생긴다.[327]

Bion은 이렇게 담고 담기는 관계에 있어서 해로운 결과가 초래될 수 있는 경우를 부모-자녀의 관계로 설명한다. 이를테면, 부모가 자녀의 투사적 동일시를 수용하는데 실패하거나 자녀가 부모로 하여금 이러한 기능을 하도록 허용하는데 실패하는 경우가 여기에 해당된다. Bion에 의하면, 투사적 동일시를 통하여 유아는 유아의 감정들을 담을 수 있을 만큼 충분히 힘이 있는 인격 안에서 자신의 감정들을 탐색할 수 있다. 하지만 유아의 감정들을 담아주는 저장소로 기능하는 것을 거부하는 어머니나 어머니로 하여금 이러한 기능을 행사하지 못하도록 하는 환자의 증오나 시기심 때문에 이러한 기제의 사용이 부인되면, 유아와 젖가슴 사이의 연결이 파괴되고, 결과적으로 모든 배우기가 의존하고 있는 호기심에 대한 충동에 심각한 장애가 생긴다.[328] 또한 Bion은 투사자의 시기심에 의하여 담고 담기는 관계가 붕괴되는 것을 다음과 같이 설명한다.

> 투사자의 시기심에 의해 투사수용자의 담아주는 기능이 훼손되어 유아의 죽을 것 같은 두려움이 이름 모를 위협으로 악화되는 것에 대하여 Bion은 다음과 같이 설명한다. 유아는 자신의 죽을 것 같은 두려운 감정을 분열시켜 가슴에 투사하는데, 이때 파괴되지 않은 가슴에 대한 시기심과 미움을 함께 투사한다. 시기심은 공생관계를 방해한다. K에서 가슴은 그것에 투사되었던, 죽을 것 같은 두려움에서 두려움 요소를 수정했을 것이다.[329] 그리고 유아는 때가 되면 이제 감내할 수 있고 결과적으로 성장을 자극하는 그것의 인성부분을 재내사했을 것이다. -K에서는 가슴에 대해 죽을 것 같은 두려움에서 좋거나 가치 있는 요소를 시기하여 제거하는 것으로, 그리고 가치 없는 찌꺼기를 유아에게 강제로 돌려보내는 것으로 느껴진다.[330] 자신이 죽어가고 있다는 두려움으로 시작했던 유아는 결국 이름 모를 위협을 컨테인하게 된다. …… 이것은 공허한 우월감-열등감에 지나지 않을 때까지 모든 좋은 것에 대해 시기하는 제

거하기 또는 박탈과정이 계속된다. 우월감-열등감은 아무것도 아닌 것으로 퇴보한다. …… 기호 K와 -K를 사용해온 이론들은 집단에서 실현화를 표상하는 데서 볼 수 있다. K에서는 새로운 아이디어나 사람들을 도입함으로써 집단이 커진다. -K에서는 새로운 아이디어나 사람이 그 가치를 박탈당하며, 그리고 집단은 새로운 아이디어에 의해 평가절하된다고 느낀다. K에서 분위기는 심리건강을 증진시킨다. -K에서는 집단도 아이디어도 살아남을 수 없는데, 부분적으로는 제거하기에 흔히 있는 파괴 때문이고, 부분적으로는 제거하기 과정의 결과 때문이다.[331]

한편, 투사적 동일시의 성숙여부를 결정하는 요인을 이렇게 투사자나 수용자 어느 한 편 혹은 둘의 담고 담기는 관계로 보는 대신, Zinner는 투사적 동일시가 건강하기도 하고 불건강하기도 한 연속선상의 어딘가에 위치한다는 유용한 개념을 제시한다. 그는 부부관계에서의 관계의 질이나 투사적 동일시를 사용하는 정도 등에 따라 연속선상에 그 위치가 결정된다며 다음과 같이 말한다.

관계 안에 나타나는 투사적 동일시는 하나의 연속선을 이룬다. 이 기제의 가장 원초적 형태가 작용하는 한쪽 끝에서는 자기표상과 대상표상이 융합되어있고, 대상에 대한 지각이 솔직히 망상적이라고 할 정도로 왜곡되어있다. 한편 연속선상의 건강한 한쪽 끝에서 자기는 자신의 선(先)경험을 선택적으로 사용하여 대상의 주체적 세계를 공감적으로 파악할 수 있다. 어떤 특정한 관계가 이 연속선상의 어디에 위치하는가를 결정하는 것은 내면화된 핵심 대상관계의 발달수준과 질, 각 배우자가 상대 배우자를 개별적이고 분화된 개인으로 경험할 수 있는 능력, 그리고 방어의 필요성에 대한 강도 등에 달려있다. 각 배우자가 투사적 양상을 사용할 때 갈등을 외부로 돌리는 방법을 덜 사용할수록, 그리고 경험을 공유하기 위한 도구로 더 활용할수록, 부부관계는 연속선상의 더 건강한 쪽으로 다가갈 수 있게 된다.[332]

원래 투사적 동일시는 유아적 자아를 방어하기 위해 사용되며, 과도하게 사용되는 경우에는 심한 정신병리처럼 보일 수 있는 원시적 정신기제로 생각되었다.[333] 그러나 이상에서 살펴본 바와 같이 투사적 동일시 자체가 병리적인 기제라기보다는 투사자와 투사수용자의 심리적 역량에 의한 역동적 관계에 따라 건강과 병리의 연속선상을 변증법적으로 오가는 것을 살펴보았다. 보다 건강한 선단에 속하는 경우, 즉 방어보다는 소통이 우세하는 경우에는 주체적 자아가 탄생하는 도구로 사용될 수 있지만, 그 반대의 경우에는 자아가 황폐화되고 고갈되어 자아의 약화를 초래함으로써 유아적 자아로 고착된다.

CHAPTER 4

사례를 통해서 본
투사적 동일시

Klein은 많은 병리가 내담자들이 편집-분열자리에 고착되어 있는 경우에 발생한다고 보았다. 그녀에 의하면, 초기 유아기의 불안에서 생기는 정신증적 특징은 자아로 하여금 특정 방어기제를 발달시키게 하며, 모든 정신증적 장애들은 이 시기에 고착된 것이다. 또한 유아기의 정신증적 불안기제와 자아의 방어들은 자아, 초자아, 대상관계 등 유아의 모든 측면의 발달에 심오한 영향을 미친다.

사례를 통해 생의 초기에 발생했던 병리적 대상관계가 이후 다른 사람들과의 상호작용에 기초가 되고, 특히 친밀한 중요한 타자와의 관계에서 그 병리적 양상이 투사적 동일시를 통하여 반복되는 것을 살펴본다.

질병이나 시련, 고난을 겪으며 삶의 평형(equilibrium)을 잃고, 혼돈 가운데서 고통으로 지칠 때 우리는 이제껏 의지하며 살아온 자신의 삶의 구조에 의문을 제기한다. 이러한 상태에 대해 Stadter는 심각한 사건과 반응을 경험하고 있는 사람이 개인적이고 정서적인 변화를 이룰 수 있는 상태, 즉 방어기제가 흔들리는 상태라고 한다.[334] 이 때 우리는 자신이 살아온 삶을 돌아보며 구조의 보강 혹은 변화가 필요함을 인식하며 반(反)-구조를 시도한다. 이것은 구조(construct), 해체(deconstruct), 재구조(reconstruct)로 설명된다. Field는 비적응적 자아구조가 그대로 존재하는 한 질적 변화는 일어날 수 없다고 한다.[335] 한 사람에게 당연하게 여겨진 세계가 의문스러워질 때, 그 사람은 창조적 변화에 대해 개방적이 된다.[336]

개중에는 이러한 전환적(transitional) 시기에 혼돈을 경험하며 자기를 내려놓음으로써 극한의 경험 혹은 종교적 경험을 하기도 한다. 이를테면, 물이 99도를 넘어 수증기로 변하기 시작하는 100도를, 또 부싯돌을 비비다가 비로소 불을 얻게 되는 발화점(發火點)을 임계(臨界)온도라고 하듯, 갈 때까지 간 극한의 임계(臨界)경험은 때로 변모(transformation)의 경험이 된다. Field에 의하면 바로 이러한 위험스러운 국면에서 내담자에게 보다 나은 새로운 자아가 형성되는 동안 상담자는 이 상황을 안정시키기 위한 보조자아로서 기능해야한다.[337] 상담자는 출애굽 광야에서와 같은 이행기 여정에서 극한 경험의 동반자라고 할 수 있다.

Klein은 많은 병리가 내담자들이 편집-분열자리에 고착되어 있는 경우에 발생한다고 보았다. 그녀에 의하면, 초기 유아기의 불안에서 생기는 정신증적 특징은 자아로 하여금 특정 방어기제를 발달시키게 하며, 모든 정신증적 장애들은 이 시기에 고착된 것이다. 또한 유아기의 정신증적 불안기제와 자아의 방어들은 자아, 초자아, 대상관계 등 유아의 모든 측면의 발달에 심오한 영향을 미친다.[338] 본 장에서는 의존적 투사적 동일시를 특징적으로 나타내는 선숙의 사례와 경계선 인격장애로 어려움을 겪고 있는 은숙의 사례를 통하여 내담자가 특징적으로 보이는 투사적 동일시를 살펴보고자한다. 여기서 선숙의 사례를 택한 이유는 다양한 투사적 동일시들 가운데 해결되지 않은 의존성에 뿌리를 두고 있는 투사적 동일시가 가장 우세하기 때문이다. 의존성이 초기 아동기의 기반임을 생각한다면 이것은 그리 놀랄 일은 아니다.[339] 그리고 은숙의 사례를 택하게 된 이유는 '원시적 방어인 투사적 동일시가 분열과 함께 경계선 성격조직의 핵심특징'이라는 데 있다.[340] 편집-분열자리에 고착되어있는 선숙과 은숙의 사례를 통하여 생의 초기에 발생했던 병리적 대상관계가 이후 다른 사람들과의 상호작용에 기초가 되고, 특히 친밀한 중요한 타자와의 관계에서 그 병리적 양상이 투사적 동일시를 통하여 반복되는 것을 살펴보고자 한다.

의존적
투사적 동일시

선숙의 사례를 통하여, 내면화된 원초적 대상관계가 이후의 부부관계나 자녀와의 관계 등에서 어떠한 부적응적, 병리적 관계양상들을 초래하는지 그 원인론적 통찰과 이해를 투사적 동일시의 관점에서 탐색해보고자 한다. 편집-분열자리에 고착되어 파편화, 신체화 등에 의한 고통을 호소하는 선숙의 특징적인 불안에 대하여, 그리고 이를 처리하기 위해 선숙이 주로 사용하고 있는 의존적 투사적 동일시의 심리기제 등 편집-분열자리의 심리역동에 대하여 살펴보고자한다. 나아가, 선숙이 자신에 대하여 깊이 성찰하게 되면서 자신과 상호의존적 관계에서 서로를 구성하고 있는 어머니에 대한 성찰이 가능하게 되고, 이로써 부분대상관계로부터 전체대상관계로, 즉 편집-분열자리로부터 우울자리로 옮겨가는 과정을 살펴보고자한다.

선숙은 두통과 배앓이 등 다양한 신체증상과 공황에 가까운 발작적 불안을 견딜 수 없었다. 그뿐만 아니라 이러다 미쳐버리는 것이 아닐까

해서 너무도 무섭고 겁나 정신과를 찾았다. 그녀의 다양한 신체증상들은 신체검사와 신경학적 검사 상 이상소견이 없었다.

　선숙이 그녀의 남편 용석을 처음 만난 것은 한 의료선교단체에서다. 남의 일을 제 일처럼 발 벗고 나서서 도와주고 믿음이 좋은 용석은 선교와 봉사뿐만 아니라, 학업 등 성취와 성공에 대해서도 야망과 집착을 갖고 있는 유능하고 인물 좋은 재활치료사다. 선숙은 이러한 용석이 가정일도 언제나 자신과 함께하고, 모든 일을 의지할 수 있는 해결사이기를 소망하며 결혼하였다.

　그러나 결혼 후 용석은 선교와 봉사에 점점 더 빠져들며 가정을 소홀히 하여 선숙의 무의식적인 의존적 소망은 충족될 수가 없었다. 이제 선교지에 온 지 일 년 남짓밖에 되지 않았지만 용석은 자신의 돌봄을 받는 선교지 사람들로부터 이상화되고 관심받는 것이 즐겁고, 그럴수록 더 선교와 봉사사역에 헌신하였다. 한편 선숙의 중학생 딸 역시 선교지에서의 학교생활이 한국과는 비교도 할 수 없이 행복할 뿐이다. 남편과 딸이 각자의 생활에 바쁘고 기쁘게 몰두할수록 선숙은 점점 더 외로움과 소외감, 거절감을 떨쳐버릴 수가 없었다.

　선숙은 남편이 선교와 봉사에 몰두하며 선교지 사람들만을 우선시하고 자기를 뒷전으로 여긴다는 생각이 들자, 이러다 자신이 버려지는 것은 아닐까 하는 엄청난 불안에 압도되기 시작하였다. 선숙은 수시로 남편에게 전화 걸어 확인하곤 하였다. 어느 날 회의 때문에 남편과 전화연결이 되지 않자 극도로 불안해져서 거의 미칠 지경에 이르게 되었다. 그 후 여하한 경우에라도 남편과 연락을 할 수 있도록 하기 위해,

선숙은 용석의 지인(知人)들의 번호를 모두 다 저장해두었다. 용석이 밖의 일로 바빠질수록 선숙은 더 요구적이 되고, 선숙이 더 요구적이 될수록 용석은 점점 더 밖으로 도는 악순환이 반복되었다.

선숙은 아예 말을 하지 않거나, 밥도 먹지 않고 누워있거나, 집 밖에 나가지도 않는 등 점점 무기력해졌다. 선숙은 종종 자궁 속의 태아와 같은 모습으로 몸을 웅크리고 혼자만의 세계로 철수하더니, 급기야 무당이나 헛것이 보이는 지경에 이르렀다. 선숙이 병으로 나가떨어지자, 남편은 선교와 봉사 일을 대폭 줄이고 딸의 학부모 역할, 장보기, 공과금 처리 등 집안일을 도맡아 할 수밖에 없게 되었다. 이제 선숙은 남편에게 의존하지 않고는 어느 것도 혼자서 할 수 없었다. 선숙은 자신의 이러한 증세가 평생 가면 어떻게 하나 너무나 두려운 나머지 잠도 못 이룰 정도로 고통스러웠다. 선숙은 입원하기를 원했으나 정신과의사는 정신과적 치료와 병행하여 상담을 권하였다.

의존에 대한 퇴행적 욕구

선숙은 마치 진공청소기가 주위의 모든 것을 빨아들이는 것과 같이 텅 빈 내부의 심리구조를 메우기 위해 남편의 돌봄을 비정상적으로 요구하였고, 이것은 남편으로부터 더욱 강한 방어를 유발하였다. Gabbard는 결핍된 정신구조로 인하여 고통 받는 환자는 자신에 대하여 전체적으로 안전하지 못하다고 느끼며, 이들은 심리적 항상성

을 유지하기 위하여 주변사람들로부터 비정상적 반응을 요구한다고 설명한다.[341]

Cashdan은 선숙과 같이 여러 형태의 만성적 무기력을 호소하는 것이 의존적 투사적 동일시를 사용하는 사람들이 취하는 관계적 입장의 특징이라고 한다. 이러한 조종적인 의존적 투사적 동일시는 '나를 보살펴라' 혹은 '나에게 무엇을 해야 하는지 말하라'와 같은 메시지를 포함하고 있다. 이러한 메시지에는 '그렇지 않으면 나는 사라질 것이다'와 같은 더욱더 불길한 '메타 커뮤니케이션'이 숨어있다. 이들이 전하는 메타 커뮤니케이션은 혼자서는 살 수 없다는 것이고, 이들이 유발하는 반응은 돌보게 만드는 것이다.[342]

그러나 본래부터 선숙이 남편에게 전적으로 의존하지 않으면 살 수 없을 정도로 무능한 것은 아니었다. 선교지로 오기 전까지만 해도 선숙은 전문직에 종사하면서 상당한 능력을 인정받으며, 선교사인 남편을 대신하여 가장역할을 하였다. 이런 선숙이 이렇듯 극심하게 의존적이고 퇴보적인 위치로 떨어지게 된 것은 다음과 같은 Cashdan의 말로 설명이 가능하다 "의존적 투사적 동일시를 사용하는 사람들은 대부분 매우 지적이고 많은 자원을 가지고 있다. 대인관계에서 이러한 형태의 조종을 사용하는 것은 실제 또는 진정한 욕구와는 관계가 없다. 대신에 그것은 내적 동기에 의해 유발된 대인관계 스타일을 보여주는 것이다."[343]

선숙의 내적 대상관계에 입각한 삶의 신념 즉, 그녀의 무의식적 핵심역동인 의존-통제를 근거로 하는 투사적 동일시의 관계요구는 상당

상황에서도 그대로 재연되었다. 이것은 선숙이 내적 자기표상 역할을 하면서 상담자로부터 어머니의 내적 대상표상 역할을 유도하는 것이다. 선숙은 자신이 말하기보다는 상담사에게 조언과 설명, 해답을 자주 요구하였다. 이에 대한 반응으로 상담사는 제시, 충고, 해석을 하려는 충동을 자주 느끼게 되었다. Casement는 너무나 기꺼이 그들을 대신해서 생각해줄 준비가 되어있는 다른 사람들에 의해 자율적 사고가 방해받아왔을 때, 내담자들은 흔히 치료자의 해석활동에 수동적으로 순응할 것이라고 설명한다.[344]

평소에도 선숙은 외부로부터 많은 정보와 조언을 구하기 위해 매일, 거의 하루 종일을 인터넷에서 시간을 보내곤 하였다. 선숙이 아무런 해결책이 없다고 여겨지는 막막함 가운데서 유일한 돌파구로 인터넷에 빠져들 수밖에 없었던 것도 일종의 살아남기 위한 삶의 전략이었다고 볼 수 있다. 수많은 내담자들이 진정으로 원하지만 가능하지 않은, 살아있는 사람들과 적절한 대상관계를 맺지 못할 때, 인터넷 세계에 칩거하여 가상의 관계를 통해 보상을 얻고자 하는 것은 상담현장에서 흔한 일이다. 이것은 여느 방어기제와 마찬가지로 유연하게 잘 사용될 때는 안정적 피난처가 되겠지만, 대부분의 경우 그곳에 갇혀 벗어나기 힘든 굴레가 되어버리고 만다. 이러한 현실에 대해 Cooper-White는 웹사이트를 서핑하는 것은 연결의 경험이기도 하지만, 그만큼 깊은 고립과 소외의 경험이 될 수도 있으며, 가상공간에서 떠도는 익명의 이야기에서 정체성은 유동적일 뿐 아니라 신체로부터 그리고 자기 자신이나 다른 사람에 대한 어떤 지속적 헌신이나 책임으로부터 분리된다

고 말한다.[345]

　남편과 딸 등 실제 사람들과의 심리적 만남에서 소외되어 오직 인터넷을 통해서만 관계를 나누는 선숙의 신체화 증상은 그녀를 대신해서 말하고 있는 것이다.[346] 그녀의 '신체적 증상들은 그녀에게 감각적 느낌을 제공하는 것을 통해서 자폐-접촉적 기능을 가졌을 것이고, 그렇기 때문에 그것을 포기하는 것이 그토록 어려웠을 것'이다.[347] Bion은 이러한 증상을 심리적 질과 접촉하려는 시도로서, 심리적 질을 잃어버린 감각자료를 신체적 감각으로 대체하는 것이라고 설명한다.[348] 이는 신체적 고통을 통해서 자신이 살아있음을 확인하려는 존재의 절규다. 또한 선숙의 신체화 장애와 발작적 불안은 감정기복이 심하고, 일관성이 없으며, 지나치게 요구적인 어머니 눈치를 살피면서, 늘 노심초사 불안에 떨며 살아온 그녀의 양육환경에서 비롯된 당연한 귀결이다.

　선숙의 발작적 불안과 신체화는 선숙이 주 의존대상이던 엄마와 멀리 떨어져 선교지에 살게 되면서, 엄마를 대체하는 의존대상인 남편이 점차 바빠지게 되자, 내적 불안이 급작스럽게 활성화된 것으로 설명할 수 있다. 어머니와의 분리로 인한 위기는 남편과의 관계에서 표현되고, 이것은 다시 선숙의 신체적 고통으로 대체되었다. 그녀는 얼굴이 하얗게 질리고, 멀미나는 것 같이 속이 메슥거리거나, 복통이 너무 심해 교회에 갈 수 없을 지경이 되곤 하였다. 이러한 현상에 대하여 Gabbard는, 어머니나 양육자로부터 사랑받지 못하고, 버려질 존재로 느끼며 자랐던 소아가 나중에 성인이 되어 상실을 경험하게 되면, 이전의 느낌을 활성화시키기 때문인 것으로 설명한다.[349] 자녀가 어머니에게 고착되는 것에 대하여 Klein은 어머니에 대한 의존 때문만이 아니라 자녀의 불안과 죄책감에서도 그 근원을 찾아볼 수 있으며, 이러한 정서는 어머니를 향한 자녀의 초기 공격성과 연결되어있다고 주장한다.[350]

Hanna Segal은 자기의 나쁜 감정이나 부분들이 밖으로 투사됨으로써 외적 박해를 만들어내고, 이 박해자를 재내사함으로써 이러한 건강염려증적 불안이 야기된다고 설명한다.[351] Gabbard에 의하면, 신체에 대한 집착과 망상적 근심은 내사와 투사라는 기전을 통하여 소아기의 '비난하는 대상들'을 내재화한 것이다. 박해자들이 재내사되었을 때, 이들은 즉각적 관심을 요하는 여러 형태의 고통이나 통증이라는 내적 박해자가 되므로 내담자는 환경에서든 신체 안에서든 고통에 의하여 포위되어있다고 지속적으로 느낀다.[352] Hinshelwood 역시 신체적 및 육체적 고통은 무의식 수준에서 환자 자신의 주변사람들을 향한 강한 의심의 감정인 편집증적 공포와 관련이 있다고 한다. 즉, 환자가 위협적으로 느끼는 외부 세계의 대상이 그의 내적 대상들, 즉 병든 기관들과 관련되어있다고 가정한다.[353]

Klein에 의하면, 신체기관에 대한 과도한 걱정은 환상 속에서 그것을 손상시킨 것에 대해 죄책감을 느끼면서, 그것들을 바로잡아 영속적으로 살아있게 해야 하는 내재화된 대상과 동일시했기 때문이다.[354] 이러한 Klein의 통찰은 질병과 신체장애가 사람들의 삶에 미치는 영향을 이해하는데 도움이 된다. 개인이 질병에 부여하는 상징성의 중요성, 그리고 질병과 신체장애가 기존의 방어기제를 위협할 수 있고, 중대한 환상을 확증하거나 부인하는 것 같은 방식은 통찰의 풍부한 원천을 제공

한다.³⁵⁵

　언젠가 선숙의 딸이 아팠을 때, 선숙은 현지인 의사에 대한 불신으로 선교지에서는 제대로 돌봄 받지 못할 거라는 불안에 압도되어, 한국으로 급히 돌아와 치료받게 한 적이 있었다. 그 후부터 선숙은 자신이 아프게 될 경우 선교지에서 제대로 돌봄을 못 받게 되어 극단적 상황에 처하지 않을까 하는 두려움에 사로잡혔다. 선숙의 이러한 건강에 대한 두려움은 그녀의 어머니에게서 비롯된 것이다. 결혼 초, 선숙이 몸이 너무 좋지 않아 조리 차 친정에 머문 적이 있었다. 그때 선숙은 몸조리는커녕 도리어 때마침 관절통으로 앓아누운 어머니 뒤치다꺼리까지 떠안은 적이 있었다. 당시 어머니는 병원검진 상 아무 이상이 없었다. 돌아보니 어머니야말로 신체화 상태였던 것 같다고 선숙은 말한다.

　이것은 또한 어머니가 분노에 대처할 능력을 갖고 있지 않았으므로 선숙에게도 허용하지 않았던 분노가 외부로 축출되어 그것에 의해 박해받는 환상을 갖게 된 것으로도 설명될 수 있다. Frank Summers는 이러한 현상에 대해서 어머니가 공격성에 대해 과도하게 불안해하면, 아기는 자신의 공격성에 대해 불안해할 것이고, 따라서 자신의 인격 안에 있는 공격적 요소를 거부할 것이라고 설명한다. 이러한 본능의 '탈융합(defusion)'은 공격성을 전체인격으로부터 분리시키는 결과를 초래한다.³⁵⁶ Casement에 의하면, 어머니가 감당할 수 없을 것 같은 감정은 어머니에게 표현하지 않도록 주의함으로써 어머니가 무너지지 않고 계속 살아있게 하기 위해, 내담자는 혼자서 감당할 수 없는 감정을 투사적 동일시를 통해 어머니와 소통할 수 없다. 결국 이러한 감정은 영원히 감당할 수 없는 치명적인 것으로 남게 된다.[357] 이러한 공격성의 분열과 투사, 투사적 동일시에 대한 Hinshelwood의 정리는 선숙의 현 상태를 이해하는 데 많은 도움이 된다.

> 공격성을 멀리 옮기는 것은 환자의 행동이 덜 공격적으로 되는 것을 의미하지만, 반면 그것은 정신장애가 심화되는 것을 의미한다. 환자 쪽에서는 공격충동이 없어지는 것이 매우 유익한 것처럼 보일지라도, 분열은 그 자체로서 정신에 해롭다. 환자는 자신이 회복할 수 없을 수도 있는, 실로 압도적인 어떤 것 때문에, 더 정확히 말하면, 대상이 공격에서 살아남지 못할지도 모른다는 것 때문에, 자신의 공격성을 두려워한다. 이런 식으로 그 공격성을 멀리 보내는 것은 대상을 보호하기 위한 것일 수도 있고, 환자 자신을 보호하기 위한 것일 수도 있다. 그러나 그것은 정신의 극단적 분열을 가져옴으로써 정신의 온전성을 파괴할 수 있다.[358]

이와 같은 현상에 대하여 Klein은 다음과 같이 설명한다. "내담자(선숙)는 분석가(어머니)를 향한 적대적이고 위험하다고 느껴지는 자기, 즉 자아의 부분을 분열시켰다. 그(선숙)는 대상(어머니)을 향하던 자기의 파괴적 충동을 자아로 향하게 돌렸다. 결과적으로 내담자(선숙)의 자아는 일시적으로 존재하지 않게 되었다. 무의식적 환상 안에서 이것은 인격의 부분적 멸절에 이르게 된 것을 의미한다. 파괴적 충동을 자신의 인격부분으로 향하게 하는 이 기제와 그에 수반되는 감정의 분산은 그(선숙)의 불안을 잠재적 상태로 간직하게 만든다."[359] Klein은 자기의 분열과 관련된 이러한 정신과정을 투사적 동일시라고 불렀다.[360] 이러한 현상을 파편화와 해체로 설명하는 Hanna Segal은 자아가 불안의 경험을 피하기 위해 자신을 산산조각 내며, 보통은 이 파편화된 자아의 부분들이 즉각 외부로 투사되는 투사적 동일시와 결합하여 나타나는데, 이 기제는 자아를 심하게 손상시킨다고 설명한다. 그녀는 또한 이러한 해체(disintegration)는 불안을 경고하는 자아의 모든 시도들 중에서 가장 필사적인 기제라고 전한다.[361]

선숙이 무당이나 헛것 등 기이한 대상들에 의해 둘러싸여있다고 느끼는 현상에 대하여 Hamilton은, 자기의 어떤 측면이 외부환경으로 전가되어, 외부적인 것에 대한 지각으로 경험되는 자기-파편화(self-fragmentation)로 설명한다.[362] 자기의 부분들이 투사되어 실제로 외부 대상 안에 자리 잡게 되는 이런 환상이 투사적 동일시다. 이 기괴한 정신과정은 환상이 구체적 현실로 간주되도록 만드는 놀라운 과정이다. 이때 내담자의 정신은 넓게 퍼지는 것을 통해서 고갈되고 무력해지며, 그의 의미체계는 파편화되고 분산된다.[363]

Hanna Segal에 의하면, 지각의 고통을 제거하려는 자아의 시도에 의해 '기이한 대상들'의 박해적 속성과 지각기관의 훼손에 의한 고통스러운 지각이 증가될 따름이며, 현실의 고통스러움이 병리적 투사적 동일시를 낳고, 그래서 현실은 더욱 고통스럽고 박해적이 되는 악순환을 하게 된다.[364] 이런 연고로 선숙은 그녀의 '외부 세계는 박해적인 것으

로, 내면세계는 텅 비고 의미 없는 것'으로 인식하고 있었던 것이다.[365]

Bion은 이러한 현상을 내담자가 환상 속에서 축출한 자아의 조각들이라고 보았다. 그것들이 외적 대상을 담든(containing), 외적 대상에 의해 담기든(contained), 독립적이고 통제되지 않는 존재로 되어, 이들은 마치 그들이 겪어왔던 고된 시련이 자아에서 축출되는 조각들의 수를 늘리고, 그들을 축출한 심리에 적대감을 자극해왔던 것과 같은 기능을 계속 수행한다.[366] Bion의 '기이한 대상들'에 대하여 Hanna Segal은, 파편화 과정의 결과로 이상적 대상과 나쁜 대상 혹은 대상들 사이가 '깔끔하게 분열(tidy split)'되는 것이 아니라, 대상이 작디 잔 조각들로 분열되어, 작은 조각들은 각각 자아의 격렬하거나 미세한 적대적 부분을 포함하고 있는 것으로 지각된다고 설명한다.[367]

선숙 자신도 의식적으로 의도한 것은 아니나, 가능하면 완전히 무기력해져서 아무것도 스스로 할 수 없는 최악의 상태에 이르러서라도 남편으로 하여금 자신만을 돌보게 하고 싶은 무의식적 욕구가 이면에 있었다. 선숙은 이 모든 것을 다 이루었다. 선숙은 의존적 투사적 동일시의 '나는 스스로 살 수 없다'는 메타 커뮤니케이션을 통해 남편의 '돌봄'을 유도해내는데 성공했다. 의식적으로는 병에 대해 극도로 두려워하면서도 무의식적으로는 병으로 인해 남편을 조종할 수 있다는 데서 선숙은 내심 승리를 맛볼 수 있었다. 하지만 이것은 이익을 본 사람은 아무도 없고, 남는 것이 아무 것도 없으며, 모두가 파괴된 공허한 승리에 지나지 않을 뿐이다.

발작적 불안 와중에서도 응급실에서 선숙이 어머니에게 한 말은

"나 미쳐도 버리지 않을 거지?"라는 확인이었다. Casement는 선숙이 경험하는 이러한 '공황에 가까운 불안'에 대하여, 이것은 어느 순간에 거절당하거나 버림받을 것이라는 확신에서 유래한다고 설명한다.[368] 또한 선숙의 삶에서 '유기, 수용가능성, 심지어는 존재감'을 중심으로 반복되는 핵심적 관계역동과 깊은 연관이 있다.[369] 즉, 선숙이 가장 취약한 상태에서 드러낸 그녀의 핵심역동은 이 세상에서 끝까지 자기를 버리지 않고 돌봐줄 사람은 어머니 단 한 사람밖에 없다는, 해결되지 않은 강렬한 의존욕구다.

옭아매는 어머니

선숙이 느끼는 외로움, 소외감, 거절감, 불안 등은 단지 남편과 딸에 의해서 야기된 것이라고 할 수 없다. 그것은 남편의 부재(不在)라는 현재상황이 주는 자극에 의해 그녀의 내적 대상세계가 표면화된 것이다. 선숙의 어머니는 결혼 초부터 외도하는 남편으로 인하여 늘 극도로 예민한 상태에 있었다. 선숙은 일방적으로 언제나 어머니의 눈치를 살피며 어머니의 욕구를 먼저 만족시켜주어야 했기에 자신의 욕구를 돌볼 처지가 아니었다. 선숙은 어머니의 분노와 불안, 히스테리를 다 받아야 했다. 어떤 의미에서는 어머니가 선숙을 보살핀 것이 아니라 선숙이 매사에 어머니를 보살폈다고 할 수 있다. 선숙은 자신의 모습 그대로 존재할 수 없었으며, 어머니를 위해 무언가를 하고, 어머니의 욕구를 만족시킬 때만 비로소 존재할 수 있었다. 어머니는 선숙의 필요가 아닌 자신의 필요를 채우려고 했으며, 선숙에게 착취적으로 행동함으로써 선숙을 학대(abuse)했다. 선숙의 어머니처럼 이렇게 '다른 사람들을 정서적으로 이용하는 것은 자기애적 병리의 특징'이다.[370] Cooper-White에 의하면, 이러한 상황은 주로 초기 양육자가 자신의 스트레스와 외부의 압력에 너무 몰두하여서, 아이의 발달적 성취를 적절히 지지해주지 못하기 때문에 일어난다. 보다 병리적으로는, 아이가 그들의 연약한 자아의 욕구를 성공적으로 지지해주는 것을 무의식적으로 이용해서 그들은 아이를 그들 자신의 자기애적 연장으로 취급할 수 있다.[371] 어머니의 이러한 자기애적 성향은 모든 상황에서 선숙의 경계를 침범하는 요인이 되고 있었다.

어머니는 자신의 실패감을 만회하기 위해 선숙의 성공을 요구했다. 어머니의 자기애적 만족을 위해 열심히 공부한 선숙은 학업 면에서 매우 뛰어나, 명문대학을 우수한 성적으로 졸업하였다. 선숙의 어머니는 선숙이 해야 할 것과 하지 말아야 할 것들을 일일이 조종하였다. 슬퍼하거나, 화내서도 안 되고, 늘 긍정적이고, 밝아야 한다는 등 그녀가 어떻게 느껴야 하는지조차 제시하였다. 결혼 후에도 선숙은 삶이 힘들어질 때마다 어머니에게 전화하여 상황을 보고하고, 어머니의 조언을 구하며, 어머니가 하라는 대로 하곤 하였다. 이러한 선숙에게 있는 것이라고는 '아기의 욕구 리듬과는 상관없이 엄마가 편리할 때만 아기에게 젖가슴을 제공하는 엄마에게 아이가 할 수 있는 유일한 반응인 생명력 없는 순응'뿐이다.[372] 어머니의 가학에 길들여진 선숙의 '피학적 자질은 절대적 헌신에서만 즐거움'을 얻을 수 있을 뿐이다.³⁷³ 무자비하게 공격하고, 불같이 화내며, 조종하고, 침범하는 어머니 앞에만 서면, 선숙은 처분만 바라는 무력하고, 수동적이며, 의존적이고 절박한 처지에 놓이게 된다.

어머니와의 이러한 상호작용으로부터 다음의 세 가지 요소가 선숙의 내적 세계의 일부가 되었다. 첫째, 히스테릭하고, 지배적이며, 조종적이고, 자기애적인 어머니와의 관계에서 유래하는 선숙의 내적 대상표상, 둘째, 어머니와의 상호작용을 통해 무력하고, 수동적이고, 의존적이어야만 사랑받고 수용되는 경험에서 근거하는 내적 자기표상, 셋째, 이러한 자기와 대상 사이의 역동적 상호작용으로 인한 순응과 의존적 태도, 그리고 그 이면에 표출되지 못한 분노와 공격성 등 고통스러운 감정들, 즉 내재화된 자기표상과 대상표상을 연결하는 정서와 태도 등이 그것이다.

선숙은 자신과 어머니와의 관계를 자신과 남편과의 관계에서 재연하였다. 감정기복이 심하고 일관성이 없고 지나치게 요구적인 선숙과의 관계를 어떻게 풀어갈지 남편은 막막했다. 선숙의 내적 대상표상인 어머니 역할을 하는 그녀 앞에서, 선숙의 내적 자기표상의 역할을 재연하는 남편의 역할반응성이다. 여기에서 볼 수 있는 것은 선숙의 내적 대상세계가 어떤 상황을 특정 방식으로 경험하게 하고, 왜곡하며, 남편과 현재경험에서 상호작용하지 못하고, 과거경험을 되풀이하면서 과거 속에 살고 있는 것이다.³⁷⁴

이러한 현상에 대하여 Nancy Friday는, 우리는 어머니와의 사이에서 가장 가까운 관계를 배우게 되고, 저절로 우리와 가까워지는 모든 사람들과 이러한 경험을 반복하게 된다고 한다. 우리는 어머니와 같이 있을 때처럼 어린아이의 역할을 하고, 상대방에게 어머니 역할을 하게 만들거나 또는 그 반대의 경우도 있다. 이것이 사람들 사이에서 논쟁이나 마찰이 결코 해결되지 않는 이유다. 그것은 현재 그들 사이에 일어나는 일이 아닌 옛날에 받았던 고통이나 치유되지 않은 상처에 대응하고 있기 때문이다.[375] 이러한 역할반응성에 대하여 Lubbe는, Sandler의 '역할반응성'과 전이의 대인 간 특성을 묘사하기 위해 현대 Klein학파에서 사용하는 '투사적 동일시'의 개념 사이에는 이론적으로는 결코 사소하지 않은 차이가 명백하게 드러나지만, 임상적으로 볼 때는 거의 차이가 보이지 않는다고 제언한다.[376]

선숙이 의식하지는 못했을지라도, 선교지의 사람들에 의해서 자신이 이상화되는 것을 즐기며, 일에 몰두하는 자기애적 성향을 지닌 선교사를 배우자로 선택한 것은 우연이 아니다. 선숙은 자신을 흥분하게는 하지만 결국 좌절을 주는(enticing and rejecting) 자기애적 남자를 배우자로 선택한 것이 어머니와의 관계를 재연한 것이라는 것을 알 수 없었다. Stadter는 내담자가 겪는 문제의 중요한 부분이 특정한 성격의 배우자를 선택하는 것과 관련되어 있다고 말한다. 세상에는 분명 자신의 욕구에 더 잘 부합하는 남자가 있다고 느끼며, 그런 남자를 선택하는 것이 인생에서 어떤 의미인지를 파악하는 것이 치료의 역동적 초점이 될 수 있다는 것이다.[377] Kristeva 역시 여자의 남편에게서 언제나 그녀의 어머니를 발견하게 될 것이라고 말한다.[378] 다시 말해 선숙은 '자신

의 투사를 받아들일 수 있는 적임자'를 무의식적으로 선택한 것이다.[379]

선숙의 해결되지 않은 의존성은 결혼생활에서 그대로 드러났다. 선숙은 남편을, 어머니로부터 충족되지 못하고 박탈된 자신의 의존욕구를 충족시켜줘야 할, 이상화된 어머니 대체물로 기대하였다. 선숙은 어머니가 신체화, 히스테리, 건강염려 등으로 자신을 조종하여 맘대로 휘둘렀던 그대로 남편에게 하고 있었다. 어머니와의 투사적 동일시 관계에서 선숙에게 배태된 관계양상이 그대로 선숙과 남편과의 관계에서 재연되었다. 선숙과 어머니, 선숙과 남편과의 관계는 의존을 매개로 엮고 엮이는 관계다.

선숙은 어머니와의 '학대적인 내적 대상관계에서 기인한 자기처벌(죄책감)과 자기혐오'를 남편에게 쏘아대었다.[380] 이것은 잘못을 범한 상대방이 너무도 막강해서 대항하여 되받아 칠 수 없는 상황 속에서 그 적의는 그대로 마음속에 축적되거나, 아니면 자기 자신을 향해, 또는 책망하거나 비난을 퍼붓기에 좀 더 안전한 다른 어떤 목표물을 향해 돌려질 수 있기 때문이다.[381] 한편, 선숙이 어머니에게 이러한 강렬한 감정을 직접적으로 표출할 수 없었던 또 다른 이유는, 어머니가 이것을 감당할 수 없다는 것을 선숙이 무의식적으로 감지했기 때문이기도 하다. 이러한 상황은 '초기에 원시자아가 감당하기에는 너무나 강렬한 것이어서 동결해놓았던 외상적 감정을 현재에서 재경험하는 것'이라는 Winnicott의 설명과 부합한다.[382]

역동적으로 볼 때 이러한 격노는 감히 어머니에게는 표출될 수 없었던, 어머니를 향한 억압된 격노이기도 하다. 어머니에 대한 그녀의 순종이면에는 어머니에게 먹혀버려서(engulfed) 자기가 없이 살며, 스스로도 알지 못하는 분노와 반항심, 적개심이 차고도 넘치게 억압되어 있었다. 이와 같이 순응이라는 방어이면에 있는 고통이 인식되지 못할 때, 순응은 만족해하는 것으로 오해되기 쉽다.[383] 여기서 결정적인 문제는 분석가(어머니)를 향한 파괴충동이 없어진 것이 아니라 오히려 선숙을 취약한 상태에 처하게 만들었다는 점이다. 이처럼 분석가(어머니)에 대한 공격이 사라지고 자기를 향한 공격과 같은 다른 형태로 다시 출현하게 되는 것이 자아기능의 일부를 상실하는 원인이 된다.[384] 자기를 공격하는 극단적 방어기제는 통제할 수 없다고 느껴지는 공격성에 대한 최후의 방어수단이다.[385]

 Casement는 상처받은 아이는 과거에 자신을 공격한 사람을 동일시하고 자신이 받았던 상처를 다른 사람에게 전달하며, 종종 다른 사람에게 상처 주는 행동을 한다고 설명한다.[386] Cashdan은 아동기의 위협 속에서 투사대상자들이 된 아이들은 그들이 성인이 되었을 때 위협을 사용하게 되며, 그러한 개인들의 상호작용양식은 중요한 개인들이 그들과 함께 관계 속에 머물도록 강요하는 비언어적 메시지들을 포함하는 경향이 있다고 한다.[387] 이러한 공격자와의 동일시에 대하여 Julia Segal은 공격자와의 동일시 방어에는 다음의 환상이 포함될 수 있다고 설명한다. 즉, 공격자를 통제하기 위해 공격자를 자기내부에 실제로 받아들이고, 그다음 그것들에 의해 통제된다고 느끼며, 위협받고 상처받기 쉬운 자기의 다른 부분들을 다른 누군가 새로운 희생자에게로 제거

할 필요가 있다는 환상이 그것이다.[388]

놓아주는 딸

선숙은 상담하기 이전까지는 단 한 번도 어머니가 그녀의 삶을 집어삼키고(engulf) 있다고 생각해 본 적이 없었다. 선숙은 어머니도 비난의 대상이 될 수 있다는 것, 어머니에게도 화낼 수 있다는 것을 상상해본 적이 없었다. Friday에 의하면, 어머니에 대한 이러한 무의식적 신성화에 대하여, 어린이들은 그들의 부모가 완벽하다고 믿기 때문에 무슨 일이 잘못되면 그것은 자기들의 잘못이라고 생각한다. 우리는 어려서부터 부모에게 의존해야만 하기 때문에 우리 부모는 완벽하다고 생각해야만 했다. 어머니를 미워할 수 없기 때문에 우리는 분노를 우리 자신에게로 돌리고, 어머니는 항상 현명하고 친절해야만 한다고 말한다.[389]

양육환경에서 모태, 어머니 품, 어머니 사랑이 포근하고 따뜻하고 평안하기만 한가? 이것은 어머니원형에 대한 이상화된 상징적 표현일 뿐이다. 이상화란 분열에 의한 파생물로 원시적 심리기제에 속한다. 부모의 자질을 갖춘 사람들만이 부모가 되는 것은 아니다. 선숙과 어머니의 관계에서도 볼 수 있듯이 자녀의 성장을 가로막는 부모, 부모를 양육하는 자녀도 많다. 어머니 자신이 어렸을 때 가졌던 모성적 돌봄의 경험은 어머니 마음에 모성적 돌봄에 관한 일련의 이미지들을 남긴다. 또한 자기 어머니가 어떤 사람이라는 이미지는 자기 아기에게 어머니가 되는데 필요한 내적 잠재력을 제공한다.[390] 한 인간으로서 어머니는 정상과 병리의 연속선상 어딘가에 위치한다. 어머니의 확신과 즐거움은 유아에게 안전감을, 어머니의 불안은 유아에게 불안을 야기한다.

상담을 통해 선숙은 자신이 어린아이로서 당연히 받았어야 했지만 받지 못했던 돌봄에 대해서, 그리고 '예'만이 허용되고 '아니오'가 금지된 반쪽 세상에서 살아온 것에 대해서, 또 어머니 삶을 책임지도록 은근히 강요받은 것에 대해서 화내고 슬퍼할 수 있게 되었다. 여기서 '화'라는 정서에서 '슬픔'이라는 정서로 넘어가는 '성숙'을 위해서는 실제 어머니가 지닌 양날 즉, 양육과 침범에 대한 있는 그대로의 현실인식이 선행되어야한다. Likierman은 이러한 과정을 파열과 복구의 순환(the cycle of rupture and repair)이라는 관점에서, 내담자가 파열에 따른 손상이나 상실감을 직면하지 못하는 경우에는 복구가 신속히 이루어질 수 없으며, 내담자가 고통과 분노, 손상을 감지하기까지 수개월 혹은 수년이 걸릴 수도 있는데 이것이 내담자가 직면해야 하는 가장 중요한 정서적 과제일 것이라고 설명한다.[391] Ulanov 역시 분화되지 못하거나 충분히 출현되지 못하면 바깥으로 투사되어 다시 내면화되는 과정을 밟을 수 없다고 역설한다.[392]

선숙이 주체로서 거듭나려면 상징적으로 모친을 살해해야만 한다. Kristeva는 모친살해를 어머니(원초적 대상)에 대한 욕망의 철회라고 정의한다.[393] 또한 인간이 갖는 태생적 숙명으로서 Klein 정신분석의 핵심주제 중 하나인 모친살해는 비극적이지만, 숭고미를 담고 있는 창조성은 인간주체의 찬란한 탄생을 예고한다.[394] 이것은 현실의 어머니는 평생의 욕망대상인 이상화된 어머니와는 다르다는 것을 인식하고, 이상화된 어머니를 애도하며, 그 간극에서 오는 절망과 좌절에도 불구하고 있는 그대로의 어머니를 수용하는 것을 의미한다. 이것은 모성(母性, motherhood)의 본질(essence), 즉 모름지기 그래야만 한다고 이상화한 어머니상을 살해하고, 이상화-평가절하의 관계를 떠나 부족하고 한계를 지닌 구체적 한 주체로서 실패 투성이인 어머니를 인식하게 되는 것을 의미한다.

모성의 탈신성화(desacralization)는 모성비판이라는 모성신성화의 금기를 깨는데 그치는 것이 아니라, 이로부터 책임과 자율을 지닌 주체가 탄생된다. '완벽한 어머니상'에 대한 애도는 인간으로 하여금 대상회복을 위해 노력하도록 만든다. 아름답고 완벽한 '상상적' 어머니와, 아이에게 불안과 공포를 야기하며 동시에 상처받은 그래서 상처를 입히는 '실제적' 어머니라는 양극을 상징화하는 작업을 통해 매개하려는 시도가 주체의 승화와 창조적 행위의 토대가 된다.[395] 다시 말해서 대상(자녀)의 주체성을 배제한 채 자신의 분신으로서의 자녀를 자기애적 사랑으로 옭아매어 질식(engulf)시킬 수밖에 없을 정도로 취약한 어머니의 한계를 있는 그대로 수용함으로써, 어머니의 실체를 인식하고 모성의 그림자인 질식시키는 올가미로부터 벗어날 수 있게 되는 것이다. 이것은 미분화되어 융합되어 있는 관계에서 벗어나 주체와 대상 간의 경계가 확립되어가는 것을 의미한다. Casement는 이러한 어머니의 취약성에 대하여 다음과 같이 설명한다.

> (어머니가 아기를 안아주듯이) 어머니에 대한 안아주기가 없을 때, 이후의 모성적 돌봄은 심각하게 붕괴될 수 있다. 만일 어머니가 어머니로서의 자기가치감이 손상된다면 자신의 아기를 원망하기 시작할 것이다. 이는 어머니로서 실패했다는 느낌을 반영한다. (때때로 사회는 종종 어머니에게 필요한 지지를 제공하지 못한 사람들이 아닌 어머니에게 초점을 맞추면서 어머니를 더 불안정하게 만든다.) 어린 시절의 어머니에 대한 나쁜 경험 때문에, 혹은 (현재) 어머니로부터 신뢰나 지지를 받지 못하기 때문에 내면에서 자신감을 서서히 잃어버리게 될 수도 있다. 이러한 요소들로 인해 어머니는 아기를 무시하고 심지어는 아기를 공격하려는 충동을 허용할 수 있는데, 이것은 어머니로서 자신에 대한 공격을 나타내는 것이다.[396]

선숙은 어머니로서 자신 스스로가 어머니이기 이전에 연약함과 상처를 지닌, 병을 앓고 있는, '한계가 있는 한 개인'이라는 사실을 인정하게 되었다. 어머니와 자신과의 관계에서 그랬듯이, 자신의 신체화와 히스테리로 인하여 자신의 딸이 겪었을 고통을 생각해보니 어머니가 자신에게 저지른 잘못도 납득할 수 있는 여지가 생기기 시작하였다. 선숙은 어머니에 대한 자신의 무의식적 동일시로 어머니가 자신에게 했던 것을 남편과 딸에게 그대로 반복하고 있다는 것을 깨닫게 되었다. 자신의 어머니를 향한 화가 억압되며 통제할 수 없을 정도로 누적된 분노는 딸과 남편에게 분출되어, 가족이 해체되는 지경에까지 이르는 대가를 치르게 된 것이다. 그동안 이를 인식하지 못하면서 힘겨운 삶을 살아 왔는데 딸에게도 똑같은 삶을 살도록 반복하고 있는 자신의 모습을 이제는 인식할 수 있게 되었다. '어머니로부터 온전히 받아들여지는 경험을 해보지 못한 그녀는, 이제 자신의 딸에게 자신의 모든 부정적 감정, 경험, 태도, 관계양상 등을 끊임없이 투사'하고 있는 것이다.[397] 비로소 선숙은 그녀의 필요가 채워지지 않았음을, 그리고 어머니가 그녀의 필요를 채워주지 않은 것이 아니라 그녀의 필요를 채워줄 수 있는 능력(capacity)에 한계가 있었을 뿐이라는 것을 깨닫게 되었다.

Julia Segal은 부모의 잘못에 대한 명확한 통찰은 내담자 자신의 잘못에 대한 통찰과 나란히 간다고 표현한다.[398] Lewis B. Smedes는 억울하고 부당하게 인격적으로 상처 입은 자가 지독한 고통으로부터 해방되는 것은 상처를 입힌 상대방을 새롭게 바라볼 수 있을 때 가능하다고 한다.[399] 때로 사람들은 타인에게 해를 끼치고 싶어서가 아니라 단지 자신을 통제하지 못해서 상처를 주기도 한다. 또 어떤 사람들은 개인적인 문제가 잠재우기 힘들 정도로 휘몰아쳐 주변의 무고한 사람들에게 영향을 주기도 한다. 대체로 부모가 개인적인 문제로 고통 받을 때 그 자녀들이 불운한 희생자가 되는 경우가 이에 해당된다. 즉, 악의를 지닌 사람들만이 타인에게 상처를 주는 것이라면 세상은 지금보다 훨씬 더 안전한 곳이 될 것이다.[400]

그녀는 자신의 한계를 인식하게 되면서 어머니의 현실적 한계를 받아들일 수 있게 되었다. 선숙은 그녀의 어머니를 단지 그녀의 소망과 욕구를 충족시켜줬어야 하는 사람으로서가 아니라 복잡하고 그녀만의 역사를 갖고 있는 한 사람으로 볼 수 있게 되었다. 선숙은 그녀의 어머니를 그녀의 필요를 모두 채워주고 있는 전능한 마법사라고 믿으며 '거짓된 안전' 속에 안주하는 것을 멈추고, 어머니도 그녀와 다를 바 없이 한계를 지닌 한 인간이라는 것을 인식할 수 있게 되었다.[401] 이것은 선숙이 자신의 어머니도 자신만의 삶을 영위하고 다른 사람들과 관계를 맺는 한 개인인 전체적인 사람으로 인식하는 것을 의미한다.

이러한 상담과정은 자신의 한계를 부인하는 파편화된 어머니와 파편화된 선숙의 유아기적 동반의존관계로부터 한계를 수용하는 온전한 전체인간으로서 상호작용하며, 관계를 맺는 성숙한 상호의존관계로 옮겨가는 과정이다. 다시 말하면, 한계를 부인하는 부분대상관계로부터 한계를 수용하는 전체대상관계로, 즉 편집-분열자리로부터 우울자리로 옮겨가는 과정이다. 이와 같이 어머니와의 부분대상관계로부터 전체대상관계로의 변화에 대하여 Hanna Segal은 다음과 같이 설명한다.

> 유아가 자신의 어머니를 전체대상으로 인식한다는 것은 부분대상관계나 분열된 대상관계와는 대조된다. 유아는 어머니의 가슴, 손, 얼굴, 눈 등을 별개의 대상으로 관계하는 것이 아니다. 때로는 좋고, 때로는 나쁘고, 함께 있기도 하고, 부재하기도 하는, 그래서 사랑하기도 하고, 증오하기도 하는 전체대상으로서의 어머니와 관계하게 된다. 유아는 자신의 좋거나 나

쁜 경험이 좋거나 나쁜 어머니나 젖가슴으로부터 나오는 것이 아니라, 좋음과 나쁨 모두의 근원이 되는 같은 어머니로부터 기인한다는 것을 깨닫기 시작한다. 자신의 어머니를 전체적인 사람으로 인식하는 것은 매우 폭넓은 의미를 내포하며, 새로운 경험의 세계를 열어준다.[402]

선숙은 풀려난 자신의 감정을 사용할 수 있게 되었다. 만일 이때 어머니가 그러한 선숙의 공격을 잘 버텨주고 살아남아준다면 그녀는 어머니를 사용할 수 있게 되고, 선숙뿐만 아니라 어머니도 함께 성숙하는 계기가 될 수 있다. 그러나 선숙보다 더욱 취약한 어머니에게는 이러한 역량이 없다. 따라서 선숙은 '변덕스럽고 정서적으로 사용할 수 없는' 어머니와 직접 실마리를 풀 기회를 가질 수는 없었다.[403] Cashdan은 내담자들은 그들의 내적 대상을 결코 완전히 단념하지 않는다고 한다. 어머니나 아버지 등 내적 대상의 일부분은 내담자들이 죽는 날까지 일부분으로 남아있을 것이다. 그러나 치료자를 내면화하는 것이 가져올 안전은 내담자가 이전에 분열되어있던 초기대상의 부분들을 경험할 수 있도록 해줌으로써, 모두 선하거나 모두 악한 것으로 경험된 초기 내적 대상들은 이제 선하면서 악한 내적 대상들로 경험될 수 있다. Cashdan은 내담자가 놓아주어야 하는 것은 매우 양극화된 내적 표상들에 의해 길러진 제한적 시각이라고 강조한다.[404] 따라서 상담자와 남편이 그녀의 공격에서 살아남아줌으로써 선숙이 사용할 수 있는 대상이 되어줄 수 있어야만 선숙은 비로소 한 개체로서 탄생할 수 있다.

이러한 어려움이 모두 저 밖에 있는 어머니 때문이라고 하기에는 이미 그 어머니의 모습이 자신의 심리를 구성하고 있는 중요한 일부가 되어 있음을 깨달으면서 선숙은 분노가 많이 감소되는 것을 느꼈다. 또한 비로소 어머니와의 분화가 가능해지며 어머니와 심리적 거리를 유지할 수 있게 되어, 이제는 어머니 옆에 있어도 더 이상 어머니 눈치를 살피며 비위를 맞추려고 노심초사하지 않아도 되었다. 선숙은 투사적 동일시로 얽힌 관계 속에서 의존-통제 상호작용양상이 반복 재연되는 것을 인식하게 되면서 이러한 관계를 놓아줄 수 있었다. Cashdan은 성공적으로 치료를 종결할 수 있기 위해 내담자들은 병리적 대상관계를 놓아줄 수 있어야한다고 말한다. 보다 더 정확하게 내담자들은 병리적 유대를 형성해왔던 과거의 인물에게서 벗어나야 한다. 나쁜 자기형성에 수단이 되었던 인물들이, 선한(바람직한) 감정을 느끼게 하는 인물과 같기 때문에 이제까지는 이것이 불가능했다. '놓아주는' 것은 자기의 나쁜 부분만이 아니라 좋은 부분도 포기하는 것이다.[405] 이렇듯 '신경증적 애착으로부터 자신을 자유롭게 하는 이 과정이야말로 심리치료의 성취'다.[406]

　한 사람의 문제는 그 한 사람만의 문제로 끝나지 않는다. 한 사람의 심리조직은 그를 둘러싼 수많은 사람들에 의해 구성되고, 그 한 사람은 또한 그를 둘러싼 배우자, 자녀, 형제자매 등 수많은 사람들의 심리를 구성하는 일부이기 때문이다. 투사적 동일시는 초기대상관계가 재연되기 쉬운 부모-자녀, 부부 등 정신 신체적으로 가까운 상호작용에서 일어난다. 만일 여기서 선숙의 모든 문제는 어머니에게서 비롯되었다고 한다면 그것은 문제가 외부에 있다고 정태적(static)으로 보는 것으로 투사의 문제가 된다. 이것을 투사적 동일시의 관점에서 볼 때 어머니의 어떤 측면이 선숙에게서 체현(incarnated), 재연(enacted)되고 있으므로 이것은 어머니의 문제일 뿐만 아니라 이미 선숙의 문제이기도 하다. 그리고 그것은 또한 각자의 문제라기보다는 두 사람 사이의 역동적(dynamic) 관계라는 관점에서 보아야 할 문제다. 마찬가지로 남편과의 관계에서도 이것이 선숙에 의한 문제라고 하는 것 또한 문제를 정태적으로 보는 것이다. 남편의 심리를 구성하고 있는 복잡한 역동과 선숙의 심리를 구성하고 있는 복잡한 역동이 만나 서로가 또 다른 역동을 이루어가고 있기 때문이다.

이상에서 초기 삶에서 의존이 충족되지 못한 경우, 이후의 삶을 지배하는 의존적 투사적 동일시의 기제에 대하여 살펴보았다. Winnicott은 자기를 형성하는데 있어서 가장 중요한 발달과제로 의존에 대한 인식을 꼽았다.[407] 인간은 미숙하고, 의존적인 존재로 태어나기 때문에 육체적 및 정신적 생존을 위해서는 반드시 타인의 도움을 필요로 한다. 그러므로 인간 실존의 가장 근본문제는 처음에는 신체적 및 정신적 생존을 위해서, 그 다음에는 심리적 건강을 위해서 서로에게 의존한다는 것이다. 이러한 기본사실이 인간의 성격을 형성한다. 따라서 자신의 의존욕구를 다루는 방식이야말로 심리적 건강과 질병을 결정하는 가장 핵심문제다.[408] 의존성은 의존이 충분히 충족되어야만 자율성으로 변화할 수 있다는 데서 의존성의 역설을 볼 수 있다. 만일 어머니의 자기애적 필요가 아니라 선숙의 눈높이에 맞춰 선숙의 필요와 의존이 충분히 충족되었더라면 그녀는 의존적 관계에 대한 집착을 강박적으로 반복하지 않고 충분히 자율적으로 살아갈 수 있었을 것이다. 물론 여기서 '충분히'라는 의미는 병적으로 '완벽하게'가 아니라 적절한 좌절을 포함하는 건강함을 의미한다.

편집적 투사적 동일시

본 장에서는 경계선적 성격을 지니고 깊은 우울로 인하여 어려움을 겪고 있는 은숙의 사례를 통해, 편집-분열자리에 고착되어 있는 내담자의 심리상태, 대인관계양상, 그리고 이것들이 임상상황에서 어떻게 재연되는지, 그 전이와 역전이 현상을 투사적 동일시의 관점에서 이해해 보고자 한다. 특히 투사의 측면이 너무도 강력한 편집적 성향을 지닌 내담자에게 해석이 의미하는 바를 살펴보고자한다.

상담자와 은숙이 처음 만난 것은 지금으로부터 10년 전의 일이다. 당시 은숙은 정신병적 증상을 동반한 우울증으로 병원에 몇 번 입원도 했고, 상담과 정신과적 치료를 병행하고 있었다. 그 후 5년간의 상담과정을 통해 은숙의 편집적이고 경계선적 성향에 의해 되풀이되는 부적응적 상호작용패턴에 대해 훈습(訓習, working through)이 이루어졌다. 그러던 중, 물론 간혹 간헐적 중지는 있었지만, 일주일에 한 번씩 5

년간 지속되던 상담이 갑자기 일방적으로 결렬되었다. 그즈음 막 새로운 관계를 맺기 시작한 은숙이 다시 과거의 관계양상을 반복함으로써 상처경험이 하나 더 보태지는 것이 않을까 하는 상담자의 우려로, 은숙과 함께 그 새로운 관계가 어떻게 전개될지 예측해보고 탐색하던 중이었다. 은숙은 그러한 과정 자체를 상담자가 자신을 부적응적이고, 비윤리적이고, 경멸적인 사람으로 낙인찍는 커다란 비난으로 받아들였던 것 같다. 그 회기 후 통화도 문자메시지도 완전히 두절되었음에도 불구하고, 상담자는 상담이 필요할 때면 언제든지 연락하라며 몇 번의 문자메시지를 남겼었다. 이런 방식으로 지속적 관심을 전하고 상담 지속가능성을 열어둔 것이 근거가 되었는지, 그 후 5년 만에 다시 상담이 연결되었다. 그리고 상담이 재개된 지 5회기 만에 5년 전과 거의 비슷한 일이 일어났다.

"사람들에게 너무 치여서 당분간 상담을 좀 쉬어야겠다"는 은숙의 문자메시지를 받고, 상담자는 전(前) 회기에 상담자와 은숙 사이에 어떤 상호작용이 오갔는지 되짚어보았다. 지난 회기에도 여느 때와 다름없이 은숙은 직장상사나 동료들이 자신의 인사도 안 받고 못 본 체하는 등 '쌩 까고' 있다며, 사람들이 자기를 어떻게 생각하는지에 대하여 편집적으로 과민하게 반응하며 고생하고 있는 이야기를 쏟아냈다. 회기마다 반복되는 이 주제에 대하여 상담자는 조심스레 은숙이 스스로에게 느끼는 부적절감 때문에 그렇게 감지되는 것은 아닌지 그 내면의 기제를 함께 탐색하고자 했던 것이 마음에 걸렸다.

상담이 다시 결렬된 두 번째 경우에도 상담자는 상담을 그만두고 싶을 때일수록 상담이 더 필요한 때일 수 있으니 언제든지 다시 연락하라며 답신을 보냈다. 편집적 성향을 지닌 은숙의 심리구조로 볼 때 돌아올 것을 설득하면 강요나 침범으로 받아들일 것이기 때문에, 이러한 은숙의 편집적 민감성과 쉬고 싶다는 그녀의 의견을 존중하면서도, 한편 은숙이 마냥 철수하도록 그냥 둘 수만은 없으므로 상담자는 문자메시지를 보냄으로써 그녀와의 연결을 시도했다.

상담이 결렬되었다가 재개된 위 두 경우에 차이가 있다면, 이전의 경우에는 갑자기 전화나 문자메시지 등 모든 연결을 끊고 5년 동안 철수했던 반면에, 이번에는 "사람들에게 너무 치어서 당분간 상담을 좀 쉬어야겠다"라는 문자메시지도 보내고 그 기간도 3주로 훨씬 줄었다는 것이다. 3주 만에 재개된 상담회기에서 은숙은 아무런 공백기도 없었던 양 주변사람들의 행동을 편집적으로 반추하는 이전의 중심주제를 자동반복하기 시작했다. 혹시 상담자의 반응도 다른 사람들의 반응과 유사하게 느껴지는지 물으니, 그녀는 대기실에서 자기 상담순서를 기다리며 유심히 살펴봤는데, 자신보다 앞에 상담한 사람이 갈 때에는 그 사람이 대기실 문을 나갈 때까지 지켜봐주는데, 자신에게는 상담실 앞에서 그냥 인사하더라는 것이다. 상담실에서조차 '이렇게 치인다'는 생각이 드니 상담실에 오고 싶지 않았다고 한다.

편집적 순환

은숙은 관계의 불안정성, 자기감과 기분의 빠른 변동, 충동성, 강한 의존성, 격노경향, 자해 또는 자살을 하겠다는 생각이나 행동 등 경계선 성격장애 내담자에게서 발견되는 매우 변덕스럽고, 변화무쌍하며, 혼란스럽고, 원시적인 특징들을 모두 지니고 있으며, 분열을 주 기제로 사용하여 자기와 다른 사람들을 경험하고 있다.[409] 편집-분열자리와 자폐-접촉자리에 고착되어 있는 은숙의 이러한 특징들은 관계를 힘들게 만들고, 상담자와 내담자 모두를 곤경으로 몰아넣을 수 있다.

일주일에 한 번씩 5년간 지속되던 은숙과의 상담이 갑자기 결렬되어 통화도 문자메시지도 완전히 두절된 것은 편집-분열자리의 '전부(全部) 아니면 전무(全無)'라는 사고가 작동했기 때문에 벌어진 일이다. 편집-분열자리에서는 분열이 가장 주된 심리기제다. 대상과 자기는 전부 아니면 전무로 즉, 좋음 아니면 나쁨, 만족 아니면 불만족, 수용 아니면 거절이라는 극단적 형태로 경험된다. 이런 양태에는 강력한 공포나 흥분상태가 포함된다. 편집-분열적 경험은 현재 이 순간에 대한 것뿐이다. 여기에는 시간의 연속성이 없으며, 과거의 사건들과 연결되지 않은 순간적인 직접성의 감각만이 있을 뿐이다. 하나의 순간이 전체현실인 것처럼 경험되고, 과거에 일어났던 일과 느낌이 지금의 것과는 전혀 별개인 것처럼 느껴진다.[410] 따라서 은숙에게는 5년간 고락을 함께하였던 상담자와, 지금 좀 더 잘 도와주려는 마음에 앞서나가는 역전이적 실수를 범한 상담자가 동시에 존재할 수 없다. 다만 지금 이 순간 자신을 전적으로 나쁜 사람 취급하는, 전적으로 나쁜 상담자만 있을 뿐이다. 분열을 중심기제로 사용하는 편집-분열자리에서는 자신과 타인에 대한 연속성과 역사성의 감각을 느낄 수 없기 때문에 은숙은 5년간 지속된 상담관계도 단번에 결렬할 수 있다. McWilliams는 편집적인 사람들이 부당한 대우를 받는다고 느낄 때는 30년 동안 지속해온 관계라도 단칼에 자를 수 있다고 말한다.411

통합되지 않은 많은 무의식적 부분들로 이루어진 경계선 성격구조는 개인으로 하여금 종종 압도당한다는 느낌과 통제불능이라는 느낌을 갖게 한다. 그것은 분열된 부분들이 서로 충돌하여 그 개인을 당혹스럽게 하는, 갑작스러운 변화를 발생시키기 때문이다.412 Stadter는 이렇게 내담자가 치료자와 좋은 관계를 유지하다가도, 다음 순간에 갑자기 화를 내면서 내담자 자신이나 치료자 또는 양쪽 모두를 공격하는 모습을 보이는 것이 단기와 장기치료 모두에서 가장 흔하게 나타나는 모습이라고 말한다. 그리고 그는 이러한 현상을 Fairbairn의 심리내적 체계의 관점에서 '리비도적(갈망하는) 관계와 반리비도적(거절하는) 관계 사이의 복잡하고 역동적인 상호작용'으로 설명한다.413

은숙이 해석과 공격적 침범을 구분하지 못하는 것은 Klein이 어린 환자들에게서 흔히 발견했던, 공포의 악순환을 가져오는 편집적 순환으로 설명될 수 있다. 편집적 순환이란 자신의 어떤 것을 다른 사람에게 강제로 밀어 넣음으로써 자신의 것을 비우는 동시에 그 사람을 지배하고 이용하는데, 그것이 다시금 그 대상으로부터 자신 역시 똑같은 대우를 받을 것이라는 공포를 가져다주는 것이다.414 은숙은 자신의 나쁜 일부를 상담자에게 투사하고, 자신이 투사한 나쁜 일부를 다시 나쁜 상담사가 자신에게 돌려줄 것으로 생각하기 때문에, 해석을 공격으로 받아들이게 된다. 이러한 편집적 성향에 대하여 Klein은 다음과 같이 설명한다.

> 투사적 동일시는 많은 불안상황의 기본이다. 강압적으로 대상으로 들어가는 환상은 주체를 위협하는 위험과 연관되는 불안을 대상 안으로부터 야기한다. 이를테면 대상의 내부로부터 대상을 통제하려는 충동은 대상내부에서 통제받고 박해받는 두려움을 불러일으킨다. 강압적으로 들어간 대상을 내사하고 또 재내사함으로써, 주체가 느끼는 내적 박해감은 강력하게 강화된다. 이것은 재내사되는 대상이 자기의 위험한 부분을 담고 있다고 느끼기 때문에 더욱 그러하다. 이러한 특징을 지닌 불안의 축적은 편집증의 기본요소가 되며, 자아는 다양한 내적 및 외적 박해상황 사이에서 이런 특징을 지닌 축적된 불안에 휩싸이게 된다.[415]

McWilliams는 자기내부의 부정적 속성들을 투사에 의해 다루는 습관이 편집성 성격조직의 본질이며, 그렇게 함으로써 자신과 관계가 없다고 부인한 속성들은 외부의 위협으로 느껴진다고 설명한다. 그녀는 또한 이와 같이 자기내부에 있는 것을 마치 외부에 있는 것처럼 경험하는 것은 이러한 방어가 내부사건과 외부사건을 분명히 구분하지 못하는 시기, 즉 자기와 대상을 혼동하는 시기에 시작되었기 때문이라고 한다.[416] 편집-분열자리에 고착되어 있는 은숙이 상담자를 자기가 관계하는 다른 사람 혹은 내면의 대상표상과 다름없이 '나쁜 대상'으로 취급하고 공격하는 것은, 그녀에게 경계선에 대한 감각을 잃지 않으면서 내적인 것을 외적인 것처럼 생각하는 '마치 ~인 것처럼(as if)' 혹은 '중간적(transitional)인 감각을 유지할 수 있는 능력'이 발달하지 못했기 때문이다.[417]

Ogden은, 보다 손상된 환자와의 작업에서는 언어적 해석이 별다른 역할을 해내지 못한다고 제언한다.[418] 왜냐하면 환자가 의사소통, 방어, 대상관계 맺기의 지배적 양식으로 투사적 동일시에 의존한다는 것은 현재 환자가 심리내적으로나 대인 관계적으로 언어적 상징을 사용할 수 없다는 사실을 반영하며, 이는 환자가 언어화된 형태로 제공되는 해석을 이해할 수도, 사용할 수도 없다는 것을 의미하기 때문이다.[419] 일반적으로 내담자와 치료자 사이에 어떤 일이 일어나고 있는지를 말로 해석하는 것이 가장 경제적이고, 직접적이며, 정확한 의사소통 방법이다. 하지만 성격장애 내담자와 같이 자기구조가 극히 취약한 경우에는 치료자의 언어적 해석 자체가 자기감을 통합하는데 위험하고 동화될 수 없는 위협으로 받아들여질 수 있다.[420] 은숙은 상담자의 해석적 개입을 비난으로 받아들이고 상담으로부터 철수함으로써 상담자에 대한 공격을 행동화한 것이다.[421]

Lawrence Epstein도 내담자가 감당하기 어려운 결함들을 투사하여 그것들을 공격하고 있다는 해석과 같이 상황에 대한 정확한 이해를 전달하는 것조차도, 나쁜 것을 투사해야 할 내담자의 필요를 적절하지 않은 것으로 미숙하게 거절하는 효과를 가져 올 수 있다고 경고한다.[422] Likierman 역시 내담자가 상담을 침범적이라고 경험할 경우, 그것을 내담자의 왜곡으로 해석하지 말 것을 제안한다. 그렇다고 상담자가 침범적이라고 가정할 만한 절대적으로 객관적인 어떤 기준이 있는 것도 아니다. 다만 이 순간이 특정 내담자에게는 상담자가 침범적일 수 있으므로 내담자의 현실을 존중하려고 노력해야 한다는 것이다. 그리고 더 나아가 내담자가 상담자의 어떤 면에 영향을 받았는지를 자각할 필요가 있다고 강조한다.[423]

Epstein은 은숙과 같이 내담자가 상담자의 흠을 잡거나 동기나 의도에 대해 비난할 때 내담자의 이러한 지각과 생각을 반박해서는 안 된다고 경고한다. 대신 예컨대, "당신이 볼 때 나는 이러이러한 사람이라는 말이지요. 내가 정말 당신을 무시한다는 것이군요"라며, 그것을 반영하거나 객관적으로 탐색해야 한다고 제안한다. 이를테면, 내담자에게 상담자의 잘못을 좀 더 자세하게 이야기해달라고 하고, 그런 잘못이 어떻게 시정되어야 좋을지 그의 생각을 물어보는 것 등이 바람직하다고 한다.[424] 은숙에게 필요한 것은 투사의 역기능적인 면에 대한 섣부른 해석보다는 그녀의 내면을 너무나 압도적으로 지배하고 있는 '나쁨'으로 인하여 그것을 투사할 수밖에 없는 투사의 기능적인 면에 대한 존중이 선행되어야한다.

소리 없는 해석

'소리 없는 해석(silent interpretation)'은 은숙과 같이 언어에 의한 해석(verbal interpretation)에 손쉽게 손상을 입는 취약한 내담자들에게 적합하다. Ogden에 의하면 거의 전적으로 언어이전, 부분대상관계의 전이양상을 드러내는 내담자들은 종종 언어적 해석을 자신들에 대한 경험과는 너무 이질적인 것으로 경험하므로, 이런 형태의 개입은 상담자의 말과 생각에 의해서 그들 자신을 잃어버리는 것처럼 느끼는 대가를 치러야만 내면화될 수 있다. 이러한 상황에서 자신을 담아주고, 자신이 사용할 수 있는 형태로 돌려달라는 내담자의 무의식적 요청에 대한 소리 없는 형태의 이해(silently formulated understandings)를 전달하기 위하여, 치료자는 비해석적 개입에 의지하여 치료를 다루어야만 한다.[425] 이때 상담자는 내담자의 투사를 재통합하는 과정을 촉진하기 위하여 내담자와 소통할 수 있는 다른 방법을 모색해야한다. Ogden은 비해석적 접근도 정신분석적일 수 있다고 전한다.[426]

Ogden은 이런 경우 Hyman Spotnitz가 제안한 '소리 없는 해석'에 기초한 공감의 소통이 효과적일 수 있다고 말한다.[427] Spotnitz는 언어적 해석은 언어적 해석을 사용해도 손상되지 않을 준비가 되어있는 내담자에게만 사용되어야 한다고 강조한다. 내담자가 진실로 협력적일 때, 내담자 스스로가 자발적으로 소통에 직접적인 방해가 되는 것을 발견하고 언어화하는데 도움이 되는 소통을 바란다고 한다. 그때 상담자는 내담자로 하여금 분석과정을 이해하도록 촉진한다는 관점에서 해석하고 질문에 대답하는 것이 바람직하다.[428] 또한 Spotnitz는 상담자의 개입은 내담자로 하여금 바로 지금 진행되고 있는 저항행위의 패턴으로부터 벗어나도록 도울 수 있을 때에만 그 가치가 있다고 한다.

그리고 내담자가 느끼고, 생각하고, 기억하는 것이 무엇이든 자기애적 손상을 입지 않고 말할 수 있도록 도움을 주는 모든 형태의 개입이 성숙한 소통, 성숙한 해석의 목적이라고 말한다. 성숙한 해석이 지닌 치료적 의도는 내담자로 하여금 진취적으로 이야기할 수 있도록 돕는 것이다.[429]

소리 없는 해석은 치료자가 자신 안에 무엇이 쌓여가고 있는지를 이해하기 위한 시도며, 내적 대화의 일부(a part of internal dialogue)를 나타낸다. 치료자 안에 쌓이는 이러한 느낌에 대한 이해가 내담자에게는, 치료자가 말하는 내용을 통해서 뿐만 아니라 목소리의 리듬이나 톤을 통해서, 치료자가 초점을 두고자 하는 상호작용의 양상을 통해서, 얼굴표정이나 근육의 긴장을 통해서, 이상하게 찡그리고 있는 내담자에게 치료자가 하는 말을 통해서 뿐만 아니라 그런 내담자를 바라보는 방식을 통해서 가능하다. 만성 정신분열증 내담자와의 초기 작업에서 치료자의 마음속에는 언어적 해석이 발달되어도 그것을 내담자에게 전하지는 않는다.[430] 정신분열이나 심한 경계선 내담자들의 투사적 동일시를 다루는 치료기법은 상징화나 자기-대상의 분화에 대한 적절한 능력이 생기기까지는 '소리 없는 해석'으로 변형되어 다루어져야 한다.[431]

Ogden은 그의 책에서 언어에 의한 것이 아니라 행동으로 보여주는 해석(interpretation in action)의 사례를 제시한다. Ogden은 내담자와의 관계에서 자신이 상담시간과 상담비에 대하여 탐욕적이 된 듯한 죄책감을 갖는 경험을 한다. 그는 상담시간을 짧게 줄이려는 목적으로 상담을 5분 늦게 시작하지만, 동시에 자신이 돈의 가치를 못하고 있다는 죄책감 때문에 결국 상담을 늦게 끝내게 되는 등 상담의 구조가 흔들리는 것을 경험한다. 회기가 진행되면서 Ogden은 이것이 내담자가 중요한 대상들과 맺던 관계의 재연이라는 것을 깨닫게 된다. Ogden은 그것을 언어적으로 해석하여 돌려주는 대신, 그리고 자신의 그러한 탐욕과 갈망을 숨기거나, 부인하고, 밀어내어, 축출하는 대신, 자신의 그러한 측면을 수용적으로 개방한다. 이를 통해 내담자는 그러한 측면이 부인되고 밀어내고 제거되어야만 하는 것은 아니라는 경험을 한다. 본 사례에서 Ogden은 내담자가 감당하기 어려워서 부인하며 상담자 안으로 밀어내던 탐욕과 죄책감을 상담자 안에서 소화하여 감당할 만하게 변형시켜, 내담자에게 돌려주는 무언의 치료적 개입을 통하여 탐욕과 죄책감을 재내면화하는 기회를 제공하게 된 예를 보여준다.[432]

은숙의 경우는 상담자에 의한 소리 없는 해석의 예는 아니지만, 그녀의 '말'이 아니라 일방적으로 종결해버린 상담이라는 '무언의 과정'에 대해 탐색한 것이 상담의 결렬기간을 5년에서 3주로 줄어들게 한 치료적 요인이 된 것은 아닌지 추정해본다. 5년 만에 상담을 재개하면서, 연결이 일방적으로 끊어지는 상황에 상담자나 내담자가 가지게 되는 느낌이나 생각 등을 나누었다. 이러한 과정은 '타인에 대한 경험과 인식이 부족해 진정한 공감이나, 타인을 해치는 것에 대한 염려 또는 죄책감도 없기 때문에', 상담을 일방적으로 종결했을 때 상담자가 어떻게 느낄지에 대해서는 전혀 고려할 수가 없었던 편집-분열자리로부터 타인에 대하여 배려와 관심을 기울일 수 있는 우울자리로의 이동을 가능하게 했을 수 있다. 그리고 혹시 앞으로도 상담을 그만두고 싶을 때는 언제든지 그만둘 수 있는 것이 은숙의 몫이되, 적어도 상담자에게 알려주면 좋겠다고 제안하며 시작했던 것이, 갑작스런 일방적 종결이라는 행동화에서 언어화로 옮겨가는 데 유효했을 수 있다.

이와 같이 상담과정에 대한 탐색은 그 어떤 내용적 탐색보다 치료적일 수 있다. 그것은 종종 내용의 탐색에서보다 과정의 탐색에서 더 많은 무의식을 읽을 수 있기 때문이다. Stadter에 의하면 치료과정을 탐구하는 작업으로부터 유익을 얻게 되는데, 이때 더 새롭고 더 깊은 자료들이 인식되고 치료관계의 일부분이 되기 시작한다고 한다.[433] 따라서 Stadter는 치료에서 출현하는 문제들과 세력들을 담아내기 위해 치료구조를 사용하는 것과, 환자와 치료자가 그러한 요소들이 현재의 딜레마를 구성하는 문제들이라는 사실을 이해하는데 집중하여야한다고 강조한다. 이렇게 공유된 경험은 내담자가 이전에는 사용할 수 없었던 지식을 증대시키고, 다음 단계로 나아가는 데 필요한 새로운 방법을 제공한다.[434]

또 다른 한편, 편집-분열자리에서 우울자리로 넘나들 수 있는 은숙의 역량이 이전보다 유연해져서, 이전에는 5년이 걸리던 것이 이번에는 단 3주로 줄어드는 것이 가능했을 수도 있다. 이것은 이전 5년간의 상담과정이 헛되지 않았고, 은숙에게 내면화되어 급작스럽고, 일방적인 상담 종결 이후에도 계속 심리적 건강이 증진된 것으로 볼 수도 있다. 이것은 많은 내담자들이 치료가 종료된 후에도 치료적 대화를 내재화하고 있으며, 이를 계속해서 사용하고 있음을 의미하는 연장방출효과(extended release effect)로 설명될 수 있다.[435]

그리고 상담자가 먼저 문자메시지를 보낸 것에 대해서는 어떤 생각이 들었는지 묻자, 만나러 오지 않겠다고 수모를 주는 사람에게 자기라면 먼저 연락할 것 같지 않은데 챙겨줘서 고마웠다고 한다. 은숙은 일방적으로 상담을 중지함으로써 상담과 상담자를 향하여 자신의 파괴적 분노를 행동화한 것에 대하여 치료자가 다시는 연락도 않고 자신을 내치거나 보복할 것을 내심 두려워하고 있었다. 이런 예상을 뒤엎고, 상담자가 먼저 손을 내밀어 준 것을 경험하면서 은숙에게는 작지만 큰 변화가 일어났다. 은숙은 자신의 파괴적 분노에도 파괴되지 않고 살아남아 있는 상담과 상담자를 경험하면서 자신이 생각만큼 그렇게 파괴적이지 않을 수도 있다고 생각하게 되었다. 그럼으로써 보복에 의한 박해불안에서 놓여날 수 있었으며, 세상 역시 자기 생각만큼 그렇게 적대적이지만은 않다는 경험을 하게 되었다. 은숙의 편집 순환적 사고와 일치하지 않는 상담자의 반응이 그녀의 생각과 태도에 변화를 가져온 것이다. 이어서 은숙은 상담하면서 자기 생각대로 상대방을 판단했다는 것을 깨닫게 되었다고도 한다. 상담을 떠나있던 지난 5년간 어려웠던 일들을 돌이켜보면 그것들이 실은 그렇게 어려울 일은 아니었는데 자기가 그렇게 만든 것은 아닌지 하는 생각도 든다고 말했다. 이러한 상황에 대하여 Gabbard는 환자가 기대한 대로 치료진들이 투사된 대상표상처럼 반응할 기회를 인정하지 않을 때 치료의 돌파구가 생길 수 있으며, 그렇게 해서 치료자들은 환자에 의하여 내재화될 수 있는 새로운 대상과 대인관계뿐만 아니라 새로운 이해방식을 제공하게 된다고 설명한다.[436]

은숙에게는 일방적 종결이나 상담자가 보낸 문자 등 상담자와 그녀 사이에서 벌어진 일의 의미를 돌아보고, 성찰하며, 말로 표현하는 과정 자체가 내재화되어 자신의 경험에 대해 생각하는 치료적 능력을 갖게 되었다. Cooper-White는 자기에 대해 관찰하는 것과 일어난 일들의 의미에 대해 해석적으로 탐구하는 것은 어떠한 심리치료에서도 중요한 보호기능을 수행한다고 말하였다. 그것은 고려되지 않은 상태에서 잠재적으로 가장 해로운 무의식으로부터 갑자기 나타나는 실연이 전달해주는 자기역동의 무의식적 소통과 진단적 정보에 대한 인식이 증가하면서, 무의식적 행동화에서 상징화로, 원시적 자료의 의식적 언어화 및 궁극적으로는 이해의 영역으로 옮겨가기 때문이다.[437]

이와 같이 대상관계치료는 투사적 동일시가 생생하게 드러날 때 내담자의 투사적 동일시를 다루는 정도에 따라 다른 사람들과의 상호작용에 대한 논의에서 상담자와의 상호작용에 대한 논의로 치료의 초점을 변화시킬 필요가 있다. 이것을 행하는 한 가지 방식은 그들의 삶에서 다른 인물에 대한 감정이 상담자에 대해 경험한 감정과 유사한지를 물어보는 것이다.[438] Julia Segal에 의하면, 상담자와 내담자 사이에 무엇이 일어났는지를 말로 표현하는 것이 중요하다. 그것은 이름 없는 베타요소가 바로 이 관계에서 활동하기 때문이다. "상담자나 치료자는 때때로 내담자로부터 위협적인 감각요소를 받아들일 수 있고, 내담자가 그것을 사고나 언어로 전환하게 할 수 있다. '나는 이전에는 이것에 대해 결코 말한 적이 없다'는 것은 특별한 종류의 상징화가 처음으로 일어났다는 신호다. 이전에는 다른 누군가에게 유발될 수 있었던 감정을

이제는 명명할 수 있다."⁴³⁹

물론 대부분 편집적 순환에 사로잡혀 있는 은숙의 경우에는 대체적으로 소리 없는 해석이 보다 공감적이다. 하지만 언어적 해석의 개입이 가능했던 것은 은숙이 좋고 나쁨이 함께 공존하는 시간의 연속성에 대한 개념 없이 순간의 나쁨이 전체를 좌우하여 행동화로밖에 방출할 수 없었던 편집-분열자리로부터 시간의 연속성에 대한 인식과 불쾌한 감정에 대하여 말로 표현할 수 있는 우울자리로 잠시 이동할 수 있었기 때문이다. Stadter는 다음과 같이 설명했다. "우울적 양태에서 개인은 과거와의 연결을 유지한다. 현재의 경험이 과거와 별개로 인식되는 것이 아니라, 과거에 일어났던 일과 미래에 일어나기를 바라는 일의 맥락 안에서 인식된다. 시간이 흐르면서 자기와 타자의 다중적 부분들이 연속성을 형성하게 되며, 그 결과 자기 자신을 안정성과 응집력을 가진 존재로 인식한다."⁴⁴⁰

그러나 편집-분열자리와 우울자리 사이를 오락가락하는 동요는 항상 발생하는 정상발달의 일부다.⁴⁴¹ 이때 우울자리에서 성취해야 할 과제는 편집증적 공포(박해불안)로 되돌아가지 않고, 관심의 능력을 유지하는 것이다.⁴⁴² 그러나 은숙의 경우에는 그녀의 외부 세계, 특히 가족환경 자체가 실제로 박탈적인 데다가 그녀의 내면세계는 워낙 나쁜 대상이 지배적이기 때문에 좋은 대상의 경험은 내재화되기도 이전에 나쁜 대상에 압도되기 십상이었다. 이런 까닭에 은숙이 비록 우울자리를 경험한다 할지라도 그것이 내재화되지 못하고 곧바로 편집-분열자리로 다시 이동하게 되는 경우가 흔하다. Klein에 의하면, 편집증 환자도 실재하는 전체대상을 내사하지만, 좋은 대상이 내사된 경우에도 이 대상과 충분히 동일시하지 못하고, 좋은 대상으로 유지할 수 있는 능력이 거의 없다. 박해불안이 너무 우세하거나, 환상적 특성을 지닌 의심과 불안이, 실재하는 좋은 대상을 충분히 안정적으로 내사하는 것을 방해하기 때문이다. 온갖 종류의 불신과 의심이 사랑하는 대상을 바로 박해자로 변화시켜버린다. 즉, 편집증 환자가 전체대상이나 실재세계와 관계하는 것은 내재화된 부분대상과 맺은 초기관계의 영향을 받는다는 것이다.[443]

Bion은 이것을 좌절을 이겨낼 수 있는 힘이 아주 부족한 경우 베타요소의 즉각적인 축출에 의해 알파기능이 망가지는 것으로 설명한다.[444] 여기서 베타요소의 우세와 알파기능의 고장 간에 연관성을 확인할 수 있다.[445] 은숙의 경우, Bion이 말하는 이중실패 즉, 알파요소의 부재와 그것이 존재한다고 해도 알파요소를 사용하는 장치의 부족 때문에 투사적 동일시에 의지하게 되는 것이다.[446]

이상에서 보는 바와 같이 은숙에게 변화를 가져온 것은 그럴듯한 해석(상담자에 의해 위장된 공격적 보복)이 아니다. 상담자에게 내쳐진 것 같은 기분을 느껴서, 상담자를 다시 내쳐버리는 은숙의 행동에 상담자가 보복하지 않고 다시 손을 내밀었을 때, 비록 작고 일시적이긴 하지만 변화를 가져올 수 있었다. 이러한 '그럼에도 불구하고'의 경험이 반복적·지속적으로 내면화되어 은숙의 내면세계에서 '좋음'의 비율이 '나쁨'의 비율보다 우세하게 될 때 비로소 은숙의 편집순환의 고리가 끊어질 수 있을 것이다. 그러나 은숙과 같이 내적 나쁜 대상의 비율이 압도적으로 우세한 경우 그 균형을 이루기 위해서는 좋은 대상의 경험이 너무도 많이 누적되어야 하기 때문에 치료적 변화가 나타나기까지는 오랜 시간이 필요하다. Gabbard는 정신치료의 목적 중 하나는 선한 것이 악한 것보다 우세하고 사랑이 미움보다 우세한 관계를 내담자들이 내재화할 수 있도록 도와주는 것이라고 한다.[447] 이것은 치료적 상황이 아닐지라도 오리를 가자하면 십리를 가주고, 겉옷을 달라하면 속옷까지 내어주는, 선으로써 악을 갚으려는 삶의 태도로 바로 크리스천들이 일상에서 지향해야하는 것이다.[448]

충분히 나쁜 상담자

은숙은 상담자의 섣부른 해석에 대하여 예측할 수 없는 갑작스런 상담 종결이라는 행동화로 반응함으로써 상담자를 좌절시켰다. 상담자는 그것이 상담자로 하여금 은숙과 일치적 동일시를 하도록 재연한 투사적 동일시에 의한 강력한 의사소통이었다는 것을 나중에야 깨닫게 되었다. 은숙의 아버지는 오랫동안 병으로 고생하다 돌아가셨다. 유복녀로 태어난 은숙과 여러 자녀들을 홀로 기르느라 온갖 고생을 다하던 은숙의 어머니는 어느 날 자녀들만을 남겨두고 말도 없이 어디론가 사라졌다. 오랫동안 큰집과 작은 집으로 뿔뿔이 흩어져 서러운 생활을 할 수밖에 없었던 은숙과 그 남매들에게 어머니로부터 작은 소포가 전달된 것은 그로부터 한참이 지난 후였다. 미군부대에서 일하던 어머니는 어떤 연줄로 인지 돈을 벌기 위해 미국에 가 있었다. 은숙은 어머니가 자기를 버리고 갑자기 사라져버린 외상적 사건을 급작스럽고 일방적인 상담 종결이라는 투사적 동일시의 과정을 통해 상담자와의 관계에서 무의식적으로 재연하고 있었다.

또한 실제 어머니로부터 유기되었던 은숙의 경험은 대인관계에서 자신이 수용 받을 만하지 않고, 사랑받을 만하지 않으며, 바람직하지 않은, 한마디로 표현한다면 '나쁜 사람'으로 인지되는 것은 아닌지에 대한 과민함으로 나타났다. 즉, 주위사람들을 자신을 유기한 어머니와 같은 사람으로 경계하는 것이다. 이것은 초기대상관계와 관련된 거절에 대한 두려움과 불안, 어린 시절에 부모로부터 배제되었다고 느꼈던 감정이 지금 행복을 누릴 수 없다는 감정으로 되돌아와서 현실관계를 왜곡하여, 치료로부터 제외된다는 생각이 전면에 등장하게 된 것이다.[449]

결국 조기(早期)해석이라는 상담자의 실패가 은숙의 외상적 경험을 재연할 수 있는 마당을 제공하였다. 여기서 볼 수 있듯이, 상담자의 실수 여부 자체보다는 이미 저지른 실수를 인식할 수 있는지, 그 실수를 관계 속에서 어떻게 치료적으로 활용할 수 있는지가 중요하다. 또한 상담자가 자신의 실수를 인정하는 것 자체가 내담자로 하여금 실수를 자신의 일부로 수용할 수 있게 하는 치료적 요인이 될 수 있다. 실수나 실패가 치료적일 수 있는 경우에 대하여 Kohut은 "최적의 실패가 발생할 때마다 분석 안팎에서 공감의 실패에 직면하는 환자의 회복력도 증진된다. 즉, 그런 실수가 일어날 때마다 최적의 새로운 자기구조가 획득되고 기존의 자기구조는 확고해진다. 이런 발달은 다시금 환자의 기본적 자존감의 수준을 높여준다"라고 말한다.[450] 내담자의 부정적 전이와 저항을 감소시키거나 없애야 할 것으로 취급하는 것이 아니라, 그것을 상호작용에 대한 무의식적 단서로 받아들이는 것이 중요하다.

상담자는 "사람들에게 너무 치어서 좀 쉬어야겠다"라는 은숙의 말에 포함된 메타 커뮤니케이션 즉, 상담자가 은숙을 치이게 하고 있다는 무의식적 비판을 알아들을 수 있어야 한다. 상담이 잘 못되고 있다는 내담자의 무의식적 단서에 대하여 Casement는 "내담자는 치료자의 어떤 측면을 내사적으로 동일시함으로써 자신을 비난한다. 그러나 그가 비판하는 것을 치료자를 비판하는 것으로 이해할 때 좀 더 의미 있는 것이 될 수 있다"라고 설명한다.[451] 이것이 바로 내담자의 전이지각에 분석가가 (보통 의도하지 않았지만) 기여한 바를 지적하는 무의식적 단서다.[452]

그러나 은숙 자신이 '어린 시절'에 어머니로부터 버려졌다고 느꼈던 감정(무의식적 근원)이, '지금' 주변사람들(전이 외적 현실관계)이 자신을 '쌩 까고' 있다는 감정으로 되돌아왔다는 것과, '상담상황'에서 치료자(전이관계)에게서 조차 그런 감정이 활성화되고 있다는 것을 인식하기 전까지는 치료적 진전과 퇴행을 계속 반복할 수밖에 없다. 과거관계에서 만들어진 틀에 의하여 현재관계나 치료자와의 관계에 대한 지각이 왜곡되어있다는 통찰을 얻기 전까지는 반복되는 부적응적 패턴에서 벗어나기가 불가능하다.[453] 이것은 초기 유아-엄마 사이의 상호작용으로 거슬러 올라가서, 내적 세계가 대인관계의 세계에 어떤 영향을 끼치는지를 살펴보기 위해 투사적 동일시를 다루는 것과 다르지 않다.[454]

이것을 Bion의 베타요소 개념을 활용해서 설명하자면, 은숙의 어머니 상실이 야기한 감정이 알파요소로 작업되지 못하면, 그 감정은 그녀에게 인식된 체험의 부분이 될 수 없다. 그 감정은 그 감정이 원래 속했던 어머니에게서 분리되어 그것을 직접 느끼지 못한 채 다른 사람에게서 유발될 수 있다.[455]

그렇다면 자신에게 해가 되는 이런 편집적 사고와 행동과정을 결코 포기하지 않는 은숙에게, 해봤자 결국에는 예외 없이 나쁘게만 받아들여지는 해석들을 상담자가 점점 더 하고 싶은 충동을 느끼는 역동은 무엇일까? 은숙은 자신이 느끼는 심한 분노와 좌절, 무력감을 생생하게 전달하기 위해 대인 간 투사적 동일시 과정을 통해 상담자 안에 이런 감정을 불러일으키고 상담자를 무력하게 만들고 있었다. 그러나 상담자는 이러한 무의식적 소통의 의미를 인지하지 못하였기 때문에, 그동안 이런 감정을 의미 있고 위안을 주는 이해의 형태로 담아내고 바꿀 수 있는 기회로 활용하지 못하였다. 단지 상담자로서 느끼는 무력감에서 빠져나오려고 해석을 들이대며 헛된 시도를 하였던 것이다.

이 경우 환자의 고통에 의해 상담자 안에 불러일으켜진 불안을 완화시키려는 상담자의 역전이적 욕구에서 조기해석의 기원을 찾을 수 있다. 이러한 해석의 이면에는 결코 포기되지 않는 병리적 관계양상이 야기하는 은숙의 무력감이 상담자에게 투사되고, 상담자에게는 그 유도된 무력감으로부터 도피하려는 무의식적 역동이 작용한다. 은숙이 투사한 무력감을 동일시한 상담자는 해석이라는 무기로 은숙을 공격함으로써 은숙을 담아주지 못하고 무력화시켰다. 투사자가 의사소통하려는 시도에 대해 투사대상자가 마음을 닫고 있거나 상호작용에서의 압력을 인식하지 못하면, 치료적 반응은 일어나지 않을 것이다. 이때 투사자는 투사가 거절되었다고 경험하고 감당할 수 없었던 감정은 계속해서 감당할 수 없는 것으로 남게 된다.[456]

    이로써 상담자는 은숙에게 징징거리고 투정부릴 수 있는 안정적 공간을 제공하지 못한 그녀의 어머니와 마찬가지로, 편집적으로 투사하는 은숙이 마음껏 퇴행할 수 있는 공간을 허용하지 못하는 박탈적인 상담자로 행동화한 셈이다. 또한 은숙이 스스로 자신의 투사를 되찾아갈 수 있는 시간을 기다려주지 않고 조기해석을 하여 투사를 거두어들일 것을 강요함으로써 상담자는 가학적으로 침범하는 어머니모습을 재연하였다. 은숙은 불안하고 경계심이 높은 감정상태에서 투사적 동일시 과정을 통하여 타인은 박해자, 그리고 자기는 희생자 역할을 반복하고 있다.[457] 그럼에도 불구하고 내담자는 마침내 그에게 말해진 것의 일부를 파악한다는 Bion의 설명이 상담자에게는 약간의 위로가 되기는 한다.[458]

    투사적 동일시를 통하여 은숙은 편집적 투사를 할 수밖에 없을 정도로 궁핍한 그녀의 내면세계에 대하여 소통하고 있다. Epstein은 내담자의 자아가 자신이 투사한 자신의 부족한 면을 되가져올 준비가 될 때까지 그 투사들을 충분히 이끌어내는 것이 상담자의 기법이라고 말한다. 그 과정에서 상담자는 상담자가 진부하고, 제멋대로며, 정신적으로 결함이 있다고 하는 상담자에 대한 내담자의 지각의 정확성에 도전하거나, 그러한 내담자의 부정적 감정과 판단이 틀렸다고 말하지 않아야한다. 그렇게 할 경우 내담자의 나쁜 것이 자아로 조기귀환하게 되기 때문이다.[459] 조기(早期)해석이라는 역전이적 실수를 방지하기 위해서는, 상담자가 성격장애 내담자들과 작업할 때 내담자의 입장에서 작업을 수행하는 것이 특히 중요하다는 Stadter의 제안을 상기할 필요가 있다. 그것은 상담자가 내담자보다 더 빠르고 명확하게 문제의 여러 측면들을 볼 수 있기 때문에 과정은 보다 점진적으로 이루어져야 한다는 것이다.[460] Ulanov는 해석이 주어지는 시간과 그것의 언어적 표현에 있어서, 상담자는 마치 민감한 어머니가 어린 아기에게 반응해주듯이 환자의 특수한 리듬과 취향에 맞추어 행해야 한다고 강조한다.[461]

상담자는 증오와 경멸의 감정을 스스로에게서 떨쳐버리고 다른 사람에게 덮어씌우기 위해서 '나쁜 대상'의 역할을 필요로 하는 내담자에게 '나쁜 그 누군가'가 되어주어야 한다.[462] Gabbard는 경계성 환자가 치료를 받기 시작할 때 이들이 상담자를 공격할 수 있지만, 이것을 일종의 희망추구의 몸짓으로 보아야한다고 주장했다. 가망 없는 상태에서 새로운 시작에 대한 열망이며, 자신으로서는 결코 처리할 수 없는, 자신의 견딜 수 없는 부분을 상담자가 맡아서 길들여주기를 바라는 열렬한 바람이라는 것이다. Gabbard의 설명에 의하면 이것은 자기-구조(self-structure)를 견고하게 하기 위하여 용납할 수 없는 이질적 자기(alien self)를 외부로 보내어 상담자에게 떠넘기는 것이다.[463] 재연되는 관계 안에 내담자의 투사적 환상을 생생하게 창조하는 것이 대상관계치료의 핵심이라면 상담자는 기꺼이 내담자의 조종의 목표가 되어야 한다.[464] Klein은 이러한 편집적 규탄, 불평, 비난의 저변에 묻혀있는,

다른 사람뿐만 아니라 부모에 대한 관심과 어머니에 대한 심오한 사랑과 또한 동시에 슬픔과 심각한 우울을 인식하고 그것을 수용적으로 공감할 수 있어야한다고 제언한다.[465] 말하자면 은숙에게는 공격의 대상이 될 수 있을 정도로 충분히 나쁜(bad enough), 그러나 공격에서 살아남을 수 있을 만큼 충분히 좋은(good enough) 상담자가 필요하다.

본 장을 마무리하면서 상담목표가 달성되어 내담자와 상담자가 상호협의 하에 상담을 종결하는 경우는 극히 드물며, 종결에 대한 이러한 바람은 이상적 신화에 불과하다는 것을 언급하고 싶다. 상담자나 내담자의 요인 외에도 이사나 전근, 경제문제 등 수없이 다양한 환경적 요인들에 의해서도 상담이 종결되곤 한다. 선숙의 경우에는 선교지로부터 급작스럽고 한시적인 방문기간 동안 이루어진 단기간의 상담이었으며, 은숙의 경우에는 사실상 종결이라는 개념을 적용할 수 없는 상담이었다. 은숙은 어느 날 통보도 없이 일방적으로 상담을 종결하였다가, 5년 만에 다시 상담을 시작하였고, 그 후 일정기간 상담하다가 다시 상담이 결렬되었다. 은숙과 같이 편집적 성향이 강한 경우에는, 상담이나 상담 외의 관계에서 지속적으로 반복되어 나타나는 관계패턴을 명료화·관찰·직면·해석해나가는 훈습과정을 견뎌내는 것이 쉽지 않다.

심리치료에서의 치유과정은 이전에는 파편화되고 분열되어 있었던 자기와 경험의 부분들을 의식으로 되돌려서 통합하고 전체가 될 수 있도록 하는 과정이다. 선숙과 은숙의 경우 역시 그 치료적 변화는 말로 정리될 수 있는 일련의 사건이 아니다. 이는 치료적 변화에 대한 욕망조차 버리고 영원한 현재에서 즉시적 만남을 통해서만 가능한 것으로,

상담자와 함께 알 수 없음을 견뎌나가는 점진적으로 확장되고 전개되는 관계의 과정이다.

CHAPTER **5**

투사적 동일시 과정에 함께하는
목회상담

크리스천으로서 우리는 어떻게 치매, 정신분열증, 강박증, 조울증 등 그 외 수많은 심신질환 때문에 '삶에서 극심한 어려움'을 겪고 있는 이들의 일그러진 모습에서 하나님의 형상대로 창조된 하나님의 모습(Imago Dei)을 발견할 수 있는가? 어떻게 이들이 앓고 있는 질병과 이들을 구별하며, 한 인격체로서 이들의 존엄성을 존중할 수 있는가?

동시성과 상호의존성을 지닌 투사적 동일시의 세 측면, 즉 투사, 유도, 재내면화과정을 그 참조틀(frame of reference)로 삼아 이러한 질문에 대하여 숙고해본다.

목회상담현장에서 만나는 내담자의 삶은 황폐하고, 불행하고, 비극적일 뿐만 아니라, 때로는 참혹하기까지 하다. 질병은 우리와 더불어 살아가는 삶의 중요한 일부다. 그럼에도 불구하고 심신질환을 앓고 있는 이들의 경우, 이들의 '어려움'이 신체적, 심리적, 사회적 혹은 영적 측면 중 어디에서 유래되었든지 간에, 성격파탄자나 외고집쟁이로 낙인찍혀 인간관계에서 쉽게 거부감을 불러일으키거나 기피대상이 되곤 한다.[466] 특히 반사회성 인격장애나 경계선 인격장애, 편집성 인격장애 등과 같은 경우에는 그 정도가 더욱 심각하다. 그것은 인격장애 자체가 자아 동질적(ego syntonic)으로 인격에 자리 잡고 있어 질병과 질병을 앓고 있는 사람을 구별하기가 쉽지 않기 때문이다. 실제로 질병에 대해 무죄한 이들이 겪는 무의미한 고통 외에도 더욱 큰 고난은 가계의 저주니, 기도의 부족이니, 알지 못하는 죄의 결과니 운운하며 종교적으로 정죄하는 현실에서 이들이 느끼는 하나님 부재에 대한 막막한 절망감이다.

이때 크리스천으로서 우리는 어떻게 이들이 앓고 있는 질병을 구별하며, 한 인격체로서 이들의 존엄성을 존중할 수 있는가? 어떻게 우리는 치매, 정신분열증, 강박증, 조울증 등 그 외 수많은 심신질환 때문에 '삶에서 극심한 어려움'을 겪고 있는 이들의 일그러진 모습에서 하나님의 형상대로 창조된 하나님의 모습(Imago Dei)을 발견할 수 있는가? 본 장에서는 동시성과 상호의존성을 지닌 투사적 동일시의 세 측면, 즉 투사, 유도, 재내면화과정을 그 참조틀(frame of reference)로 삼아 이러한 질문에 대하여 숙고해보고자 한다.

첫째, 감당할 수 없는 내적 대상을 포함하여 자기의 일부를 제거하고자 하는 개인내적 무의식적 환상의 투사과정에서, 원인을 알 수 없는, 원치 않는 불행과 맞닥뜨린 내담자는 절망적 상황에 홀로 고립된다. 이때 내담자가 쏟아내는 어둠을 직시하고자 한다. 삶의 이야기 중에서 죽음보다 더 무서운 건 절망이고, 절망보다 더 무서운 건 홀로 절망하는 것이다. Field는 내담자에게 고통스러운 것은 격노나 상실 혹은 좌절만이 아니라, 그런 감정상태에 자신이 전적으로 혼자 있다는 사실이라고 했다. 만일 우리가 사람이 된다는 것이 - 외적 혹은 내적 '타자'와 - 관계를 맺는 것이라는 견해에 동의한다면, 연결감이 없는 삶은 의미가 없는 것으로 느껴지고, 따라서 문제의 핵심은 소외감이다.[467]

둘째, 대인 간 상호작용을 통해 투사수용자가 투사자와 동일하게 생각하고, 느끼고, 행동하도록 압력이 발휘되는 유도과정에서, 투사자에 의해 유도되는 수동성을 넘어서서 기꺼이 투사자의 입장에 서서 적극적으로 그와 함께 하나가 되려는 투사수용자의 자발성에 대해 살펴보고자한다. 하나님은 고통으로 가득 찬 세상과 기꺼이 연대하며 세상을 위해 고통당하신다. 이것이 하나님의 모습대로 창조된 사람들이 지향하는 삶의 태도다.

셋째, 투사된 부분들이 수용자에 의해 심리적으로 처리된 후, 투사자에 의해 재내면화되는 과정은 다른 사람 안에 투사하였던 자기의 파편화된 조각들을 되찾아와 응집된 자기로 온전해지는 과정이다. 신약성서의 바울이야기 일부와 방탕한 아들이야기 중 일부를 기저로 하여 '온전'에 대한 의미를 살펴보고자 한다. 온전이란 나쁨, 즉 악을 제거한

흠 없는 완벽을 의미하는 것이 아니다. 회피에서 수정으로 즉, 분열에서 통전으로의 전환을 의미한다. 이것은 스스로 감당하지 못하여 분열, 투사, 투사적 동일시 등의 기제를 사용하여 남의 것으로 치부해버린 자기의 일부를 되찾아와 기꺼이 자기 것으로 수용하는 것을 의미한다.

이상과 같이 본 장에서는 투사적 동일시의 투사, 유도, 재내면화과정을 홀로 절망하는 내담자와 함께 연대하여, 온전을 지향하는 과정으로 목회상담학적 관점에서 고찰하고자한다.

투사과정에서
'홀로'

태(胎) 안에 아기가 없고, 과년(過年)한데 배우자가 없고, 가장에게 직장이 없고, 사랑하는 사람과 이별하고, 배우자가 외도하고, 원치 않는 심신장애를 앓고 있는 내담자들은 출구 없는 사망의 음침한 골짜기, 길 잃은 한 마리 양이 헤매는 그곳, 소가 없는 외양간, 막막한 사막, 열매 없는 포도밭, 출애굽의 광야 등과 같이 절망적 상황에 홀로 고립되어 감당할 수 없는 어둠을 쏟아낸다.[468] 선하신 하나님에 대한 내담자들의 굶주림과 진정한 갈망은 '존재'의 절절한 상태에서 한숨과 어둠을 뿜어낸다. 이들의 한숨과 어둠은 절박한 상황으로부터 심리적 거리감을 유지하려는 무의식적 시도로 이해될 수 있다. 상담이란 이렇게 희망이 보이지 않는 상태에서 절망의 유혹을 견뎌내는 과정이다.

감당할 수 없는 어둠을 쏟아내기

　　Elizabeth A. Johnson에 의하면, 고통의 역사는 자연계와 그리고 인간들 한가운데서 매 순간 굽이치며 깊이 얽혀있어, 고통은 역사의 모든 생명체를 연결하는 붉은 실이다.[469] 질병과 절망, 두려움의 고통으로 한숨과 눈물이 마르지 않고, 신음소리로 가득한 고통의 역사 한가운데 살아갈 때, 혐오스럽고 불결한 것, 수치감과 공포가 가득차고도 넘치는 것은 지극히 자연스러운 일이다. 그럼에도 불구하고 기쁨은 넘쳐 흘러도 되지만 공포와 수치, 고통 등은 넘치지 않게 꼭꼭 눌러, 보이지 않게 숨겨야만 하는 것은 너무나 부자연스러운 억지에 불과하다. 어느 것은 되고 어느 것은 안 되고를 떠나서, 있는 그대로를 온전히 수용하게 될 때, 혐오스럽고, 불결하고, 수치스럽고, 공포스러운 것이라는 정체성 자체가 변화된다. 분열을 수반하는 투사과정은 담기고 변형·수정되어 재내면화되는 과정의 토대가 된다는 의미에서, 분열과 투사는 재내면화의 씨앗이다.

　　예수가 찾아주고 만나주는 자, 그리고 상담자를 만나러 오는 자는 바로 예수가 자신의 모습으로 묘사하는 주린 자, 목마른 자, 나그네 된 자, 헐벗은 자, 병든 자, 감옥에 갇힌 자 등으로 형제 중에 가장 보잘것 없는 자다(마 25: 35-45). 목동, 창녀, 문둥병자, 세리는 모든 실질적인 의미에서 잃어버린 자다.[470] 예수가 증언하고 있는 하나님은 은혜를 모르는 사람과 악한 사람에게도 인자하시며(눅 6: 35), 잃어버린 양의(눅 15: 1-7), 잃어버린 은전의(눅 15: 8-10), 잃어버린 아들의 하나님(눅

15:11-32)이다.[471] 마가복음은 "나는 의인을 부르러 온 것이 아니라 죄인을 부르러 왔다"라고 전하고 있다(막 2: 17). Megan Mckenna가 쓴 제자 됨에 대한 다음의 예화 또한 이와 맥을 같이한다. "내가 자네를 내 제자로 선택한 이유를 잘 이해하고 있다고 생각하지 않네. 내가 자네를 선택한 것은 누구보다 자네에게 그것이 필요하기 때문이었다네. 자네가 한 무엇 때문도 아니고, 자네 안에서 위대한 가능성을 본 것도 아니고, 단지 자네의 필요가 너무 크고, 자네가 아주 많이 부족하기 때문이라네."[472]

예수가 찾아주는 곳 그리고 내담자가 찾아오는 곳은 친절한 위로와 안심시키기, 남에게 과시하기 위한 성공적 간증 등을 나누는 자기애적 공간이 아니다.[473] 이곳은 피상적이고 얕은 감정을 사용하여 더 깊은 곳에 있는 혼란스러운 감정을 방어하는 곳이 아니다.[474] 이러한 시도는 감정을 더 깊게 탐색하는 기회와 가장 고통스럽고, 슬프고, 불안하게 하는 일을 공유하는 기회를 손상시킬 뿐이다.[475] '긍정적으로 생각하기'를 원하는 이들은 때로 상담자가 부정적 사고에 관심을 두고 시간과 공간을 줌으로써, 부정적 사고를 '조장'할 수 있다고 우려한다. 그러나 사실 '긍정적으로 생각하려는' 어떤 시도들은 '부정적인' 사고를 덮기 위한 무서운 시도에 불과한 때도 있다.[476] 이곳은 겉으로는 아름답게 보이지만, 그 안에는 죽은 사람의 뼈와 온갖 더러운 것이 가득한 회칠한 무덤이 되어서는 안 된다.[477]

이곳에서 예수는 그 당시 사람의 숫자를 셀 때 포함되지도 않던 여성, 게다가 이스라엘인들이 천시하는 사마리아 여성, 더 나아가 남편이

다섯인 가장 작은 자와 만나셨다.[478] 예수는 이 우물가의 사마리아 여인에게 그럴듯한 훈계의 설교를 하지 않았다. 이곳은 예수가 "너에게는, 남편이 다섯이나 있었고, 지금 같이 사는 남자도 네 남편이 아니다"라고 직면하시는 그런 공간이다.[479] 이곳 우물가는 겉만 번지르르한 부분대상, 부분자기의 이야기를 나누는 그런 곳이 아니다. 이곳은 주님이 우물가의 사마리아 여인과 그러했듯이, 누구와도 대놓고 나눌 수 없는, 감당할 수 없는 어둠, 즉 외도, 결혼실패, 동성애, 난잡한 성생활, 정신증, 인격장애, 신경증 때문에 겪는 어려움을 끄집어내어 함께 이야기 나눌 수 있는 그런 공간이어야 한다.

Klein은 고통스러워하는 내담자의 불안과 접촉하는 것이, 안전한 내적 대상, 내적 행복, 그리고 생생한 존재의 느낌을 형성할 수 있게 하는 특별히 강력한 치료적 요소라는 점을 강조했다.[480] 따라서 Klein학파는 가장 깊은 불안을 직접 해석한다. Klein은 자신의 경험적 관찰에 근거해서 볼 때, 마음의 보다 깊은 층에 있는 자료가 나중에 올라와서 작업된다 할지라도, 분석가는 심층적 해석을 분석초기라 해도 주저해서는 안 된다고 주장한다. 그녀에 의하면, 깊이 들어가는 해석은 단지 무의식의 문을 열고 올라오는 불안을 감소시키고 해석 작업을 위한 길을 예비하는 기능을 한다.[481]

Kristeva는 Klein의 정신분석이 갖는 심오한 매력은 '어렵긴 하지만 창조성으로 변화될 수 있는 죽음충동의 지배를 받는 인간존재의 어두운 면'에서 출발하는 점에 있다고 말한다.[482] Klein은 '이름을 붙일 수 없는 깊이와의 근접성이 곧 자기인식'임을 보여주었다.[483] Julia Segal에 의하면, Klein과 Klein학파는 내담자의 내적 현실이 아무리 고통스럽다 해도 직면할 가치가 있다는 굳건한 신념을 갖고 있다.[484] Gabbard는 수치심에 휩싸여, 진정성 또한 어느 정도 상실한 환자의 참모습을 이해하기 위해서는 환자의 자기기만을 들추어내고, 환자의 가장 수치스러운 환상, 두려움 그리고 욕망을 일관되고 꾸준하게 파헤치는 작업이 필요하다고 말한다.[485] 구체적인 인간실존의 본질적인 문제다. 인간실존 한가운데에 있는 고통을 간과한다면 이는 인간의 가장 중요하고 심각한 문제를 빼놓는 것이 된다.[486] 고통을 완화하는 진통제만으로는 상처를 치료할 수 없다. 비록 몹시 고통스러울지라도 치료를 위해서는 상처를 건드릴 수밖에 없다. 이러한 고통은 치료를 위한 것이지 상처를 덧내는 것이 아니다.

공감이란 무의식적 과정의 중요성에 대한 신념을 통해, 분열과 부인 방어의 해로운 측면에 관한 무의식적 죄책감과 서로 다른 충동 간의 깊은 갈등을 인식함으로써, 내담자들이 좀 더 파괴적인 측면과 투쟁하는데 있어서 좀 더 온전하고 삶을 지지하는 측면을 따라 작업할 수 있도록 하는 것이다. 이로써 Klein은 내담자의 매우 깊은 불안을 계속해서 분석할 수 있었고, 공포와 불안이 감소하며, 내적 힘이 증가하는 것을 볼 수 있었다. 이는 동시에 불쾌하지만, 진실한 감정을 인식하고 수용하게 한다.[487]

Gabbard에 의하면, 환자들에 대한 정신치료나 정신분석의 성공열쇠는 이들을 자기혐오에 빠지게 하는, 비공개적 자기감과 무의식적 자기감의 받아들일 수 없는 측면들과 관련된, 창피함과 죄의식에 공감하는 것이다. 환자들의 두려움, 즉 자신들의 가학적 충동, 순종적 갈구, 그리고 광범위한 불확실성 등을 타인들이 발견할 것이라는 두려움을 인정해줄 때 정신세계의 보다 어두운 부분들을 조사해나갈 수 있는 수용적 환경이 만들어진다.[488]

절망적 상황에서 상담자의 역할은 내담자의 고통의 원인을 일방적으로 분석하여 그것이 내담자의 죄 혹은 부모의 죄 때문이라는 등 자신도 알지 못하는 것을 아는 양 해석해주는 것이 아니다.[489] 상담자가 할 수 있는 일이란 단지 내담자의 절망 등 원인을 알 수 없고 감당할 수 없는 고통을 담아주는 것이다. 상담자는 스스로가 자기-패배적이고 절망적인 상황에 자신을 놓고 하나님께서 하시는 일들이 어떻게 드러날지 알 수 없음을 함께 견뎌나간다. Casement는 정신분석적 경험에 이르는 왕도는 없으며, 참고 기다리는 것, 다시 말해 치료자가 이해의 빛이 동터온다는 느낌과 함께 아직도 알지 못하는 것에 주의하는 것 외에 다른 길은 없다고 말한다.[490] Catherine Mowry LaCugna에 의하면, 이러한 부정의 양태는 처음에는 빔 속으로 내려가는 하향운동처럼 보일 수 있지만, 실제로는 경륜을 통한 상승운동이다. '인식하지 않음'이 지닌 어둠은 불신앙이 아니라 인식의 한 유형이다. 부정의 길은 부재 혹은 무로 안내하지 않고 생각과 말을 뛰어넘으며, 심지어는 하나님을 향한 욕망마저 뛰어넘는 하나님의 현존 속으로 안내한다.[491]

그러나 종종 상담자들은 어둠에 대한 자신의 불안으로 인하여 해석이라는 미명하에 그 어둠을 즉각적으로 뱉어내곤 한다. 그럴듯한 해석은 마치 상담자의 개인적 명성이나 영광으로 가는 길로 이상화되어,

정작 내담자들이 어둠을 직면하는데 도움을 주지 못하는 경우가 많다. Bion은 다음과 같이 말한다.

> 환자가 자기의 인격이 담기에는 너무나 강력하다고 여겨지는 죽음의 공포들을 자기로부터 제거하려고 애쓸 때, 그는 그 공포들을 분열하여, 그것들을 내 안에 집어넣는다. 만약 그것들이 내 안에서 충분히 오랫동안 머물도록(repose) 허용된다면, 그것들은 나의 정신에 의해 수정되고 안전하게 재내사될 수 있는 것이 명백하다. 그런 경우에 환자가 느꼈던 것을 내 마음속에 갖게 되지만, …… 때로는 그것들을 너무 빨리 비워버리는 바람에 감정들이 수정되지 못하고 오히려 더 고통스러워지기도 한다.[492]

이렇게 알 수 없음을 견뎌나가는 과정을 미지의 것에 대한 Bion의 설명과 연결해볼 수 있다. Bion은 정신분석가는 역사도, 미래도 지니지 않은 채 매 회기에 임해야 한다고 제안한다. 그는 어떤 회기에서든 단 한 가지 중요한 것은 미지의 것(the unknown)이라고 말하며, 미지의 것을 직관하는데 미혹이 되는 것은 어떤 것도 용납해서는 안 된다고 강조한다. Bion은 어떤 회기에서도 진보는 일어나며, 어두움과 형태 없음에서도 무언가가 생겨난다고 말한다. 그러므로 그는 다음의 법칙을 따라야 한다고 제안한다. 첫째는 기억이다. 그는 지난 회기들을 기억하지 말라고 한다. 그렇지 않으면 그 회기의 진보를 관찰할 수 있는 유일한 때에 그것을 관찰할 수 없게 된다. 둘째는 욕망들이다. 결과에 대한 욕망들, '치료'나 이해조차도 급격히 늘어나도록 허용해서는 안 된다고 강조한다.[493] 따라서 Bion은 내담자가 말한 것을 기억할 수 있는 역량은 잊어버릴 수 있는 역량과 결합되어야 한다고 제안한다. 이는 모든 치료시간은 새로운 치료시간이고 따라서 정신-분석적으로 탐색되어야 하는 미지의 상황이라는 사실이, 이미 과도하게 많이 축적된 전-개념과 오-개념에 의해 흐려지지 않도록 하기 위해서다.[494]

Casement는 분석가에게 기억이나 욕망이나 이해 없이 매 회기를 시작하라는 Bion의 주장이 이전 회기에서 혹은 내담자의 과거력에서 온 기억, 내담자에 대한 특정한 관점을 지지하는 증거를 발견하거나, 어떤 특정한 방식으로 내담자를 호전시키려는 욕망, 그리고 오늘 치료시간에 발견되지 않은 어떤 방식으로 오늘의 내담자를 이해하려는 시도 등과 같은 방해물을 조심하라는 의미라고 해석한다. 그리고 그는 이러한 Bion의 조언이 침범으로부터 분석공간과 분석과정을 보존하는데 크게 도움이 된다고 말한다.[495]

Casement는 알지 못하는 부분에 대해 열어놓을 필요가 있다는 점을 Bion보다 명확하게 이야기한 사람은 아마 없을 것이라며, Bion에 대하여 다음과 같이 정리한다. Bion은 앎 속에 있는 어떤 안전함도 옹호하지 않았으며, 분석가가 정말로 모르는 것에 직면했을 때 불안으로 반응할 수 있어야 한다는 점을 분명히 했다. Bion은 또한 치료자들이 알지 못함의 긴장을 참아낼 수 있다면, 치료자로서의 능력에는 무지하거나 무능하다는 느낌을 견뎌내는 힘과 적절하고 의미 있는 것이 나타날 때까지 기꺼이 기다릴 수 있는 자세가 포함되어 있다는 사실을 깨달을 수 있다고 했다. 이렇듯 '두 가지 시각(binocular vision)'을 가지고, 아는 것과 알지 못하는 것을 결합시켜 바라보라는 Bion의 격려는 분석가가 한쪽 눈으로는 자신이 알지 못하는 내담자의 측면을 주시하면서, 다른 쪽 눈으로는 안다고 느끼는 것에서 시선을 떼지 않는 법을 배워야 한다는 것이다. 바로 이러한 앎과 알지 못함 사이에 창조적 긴장이 있다.[496]

Field는 이와 같은 Bion의 조언이 Freud가 치료적 태도로 권장하고, 정신분석적 작업을 효과적으로 주도해온 '고르고 자유롭게 떠다니는 주의(an evenly suspended, free-floating attention)'라는 생각을 보다 '통전적이고 분석적(holistic-analytic)'인 태도로 정교화하였다고 말한다.[497] Field는 Bion이 분석가에게 주는 이러한 조언이 마치 깨달음의 길에 대한 선사(禪師)들의 가르침과 유사하다고 말한다. 특히 위와 같이 Bion이 회기의 중점적인 의미를 강조하는 것과 오직 전이적 현재에만 초점을 두는 것은 분석을 '영원한 현재'에서 행하는 것을 의미한다고 말한다.[498] 이러한 현재적 즉시성에 대하여 Cobb과 Griffin은 다음과 같이 서술한다.

예수의 출현에 있어서 중심적이고 결정적인 사실은 하나님의 현재적 직접성(present immediacy)의 의미를 갱신한 것이다. …… 예수는 하나님을 피조물의 세계보다 비교할 수 없이 큰 실체를 지닌 현존적으로 활동하는 실재로 이해했으며, 그는 이 실재의 직접성으로부터 살고, 말

했다. …… 이 현재적 실재는 이 순간에 하나님이 효과적으로 행동하고 있다는 사실을 의미한다.[499]

> 하나님은 과거(I am that I was)도 미래(I am that I will be) 도 아니다. 그는 아브라함 때에도 현존하시고, 이삭 때에도 현 존하시며, 야곱 때에도 현존하시고, 영원히 현존하시는 현재 존재(Be)동사(I am that I am)이시다.[500] 자신의 일부를 투사 하여 다른 사람 안에 넣음으로써 그 사람 안에 체화된 투사물 을 중심으로 자신과 타인이 동일시되는 투사적 동일시는 과거 로부터 축적된 경험을 바로 지금, 이 순간 여기서 생생히 현재 화하는 심리기제다.

멸절불안을 박해공포로 경험하기

본 장에서는 분열과 투사의 모체가 되는 멸절불안이 박해공포로 경 험되는 투사적 동일시의 심리내적 환상으로서의 투사과정을 살펴보고 자한다. 생후초기 유아는 죽을지도 모른다는 자신의 멸절불안을 감당 하지 못해, 떼어내어 외부 대상 안에 넣고, 그 투사물을 담고 있는 외부 대상을 박해자로 느끼게 된다. 유아는 그에 의해 죽임을 당할지도 모른 다는 박해공포를 경험한다. 이것이 Klein이 설명한 투사적 동일시다. 그녀는 투사적 동일시를 유아가 죽음충동을 처리하는 방어기제로 설명한다. 이 개념을 출애굽의 험한 광야생활에서 죽음의 공포에 압도당한 백성들이 느끼는 멸절불안과 그의 파생물인 박해공포와 관련지어보고자 한다.[501]

불안이란 유기체 내부에서 죽음본능이 작동되면서 생기게 되며, 이것은 멸절(죽음) 공포로 느껴지고, 박해공포의 양상을 띤다. 파괴적 충동에 대한 공포는 즉각적으로 대상에게 부착되든지, 아니면 통제할 수 없이 강력한 힘을 가진 대상에 대한 공포로 경험된다. 원초적 불안의 다른 중요한 근원으로는 출생외상(분리불안)과 신체적 욕구에 대한 좌절 등을 들 수 있다. 그런데 이러한 경험들은 처음부터 대상에 의해 야기된 것으로 느껴진다. 비록 이러한 대상들이 외적인 것으로 느껴질지라도, 내사를 통해 이 대상들은 내적 박해자가 되고, 결과적으로 파괴적 충동에 대한 공포가 안으로부터 강화된다.[502]

출애굽의 광야여정에서 백성들은 배고프고 목말라 죽을 것 같은 위협을 느끼며 멸절불안에 휩싸이게 된다.[503] 백성들은 심리적·육체적 고통이 감당할 수 없는 지경에 이르자, 소멸될 것 같은 원초적 두려움에서 벗어나기 위하여 분열과 투사, 투사적 동일시의 방어기제가 작동되면서 감당할 수 없는 고통을 밖으로 뱉어내기 시작한다. 이들이 하나님과 모세를 탓하며 자신들을 죽일 작정이냐고 대드는 것은, 자신들 내부의 죽을 만큼 힘든, 통제 불가능한 고통을 제거하고자 밖으로 투사하여, 하나님과 모세에게 집어넣고, 그것을 외부에서 통제하려는 무의식적 시도다. 이렇게 자신의 일부분을 다른 사람 속에 가져다놓고 그 사람을 내부로부터 통제하려는 환상이 투사적 동일시의 중심면모다.[504] 이러한 방어로서의 투사적 동일시는 자기의 원하지 않는 측면이나 종종 위협적인 측면으로부터 심리적 거리감을 만드는 기능을 한다.[505]

백성들은 오랜 노예생활로 인해 주체성이 발달되지 못하고, 타율적인 삶에 익숙해 있었다. 광야를 건너는 것도 그들의 주체적 선택에 의해서가 아니라 모세의 인도를 따르는 타율적 행위다. 멸절불안으로 인하여 지극히 취약한 상태에 이르자, 내적 현실과 외적 현실, 자기와 대상이 미분화 융합되어 있는, 비주체적이고, 타율적이며, 유아적인 백성들은 자신들을 방어하기 위하여 그들의 좋은 일부는 '나' 안에, 그리고 나쁜 일부는 '나 아닌 것'에 밀어 넣는 전능환상 속에서 '나'와 '나 아닌 것'과의 경계를 넘나드는 편집-분열자리로 퇴행하게 된다.

백성들은 하나님을 자신들이 축출하여 투사한 나쁜 것들을 지닌 나쁜 하나님으로 동일시함으로써, 그 나쁜 하나님이 불뱀을 보내 자신들을 죽이려한다고 믿게 된다. 이것은 마치 생애초기 편집-분열자리에서 유아가 투사적 동일시 기제를 사용하여 공격성이 자기내면에서 온다고 인식하지 못한 채, 그것이 어머니에게서 온다고 여겨 어머니를 '박해자'로 지각하고, 박해불안을 느끼는 원시적 대상관계방식과 유사하다. 여기서 원시적 대상관계라 함은 투사자가 적어도 부분적으로는 자기와 대상표상 간의 경계가 심각하게 흐려진 발달수준에서 기능하고 있는 것을 의미한다.[506]

여기서 나타나는 백성들의 심리내적 투사적 동일시 과정을 정리하면 다음과 같다. 첫째, 백성들은 먹지도 마시지도 못하고 해로운 곤충에 물리는 등 광야의 열악한 환경에서 죽을지도 모른다는 멸절불안을 느낀다. 이들은 감당할 수 없는 이것을 떼어내어(분열) 자신의 것이 아닌 양 하나님(투사대상자)에게 투사한다. 둘째, 백성들은 하나님(투사대상자)을 자신들이 분열하여 투사한 나쁜 부분을 담고 있는 - 불뱀을 보내는 - 박해자로 여기고 박해불안에 시달리게 된다. 여기서 백성들(투사자들)은 자신들을 방어하려는 무의식적인 시도로 자신들의 내부에서 감당할 수 없는 부분들(멸절불안)을 따로 떼어내(분열) 외부(투사대상자, 하나님 혹은 모세)로 돌림으로써 외부에서 통제하려고 한다. 투사적 동일시의 이러한 과정은 주체가 투사하고 대상을 그 투사된 부분과 동일시하는 것 모두가 주체의 마음속에서 일어나는 현상으로, 투사적 동일시를 주로 주체의 전능환상 영역에 제한시켜 논의한다는 점에서 Klein의 심리내적 환상으로서의 정의에 충실하다고 볼 수 있다.[507]

무의식적 투사적 동일시 기제를 통하여 절망과 분노, 불안을 하나님에게 투사하고, 하나님을 불뱀을 보내는 박해자로 동일시한 백성들은 불뱀의 박해를 받으며, 더욱 고갈되고 황폐하게 되어 외부의 지배와 통제 아래 놓이게 된다. 분노와 파괴적 충동을 투사하여 외부 현실을 통제하려는 시도는 도리어 더 혹심한 통제를 받으며 그 대가를 치르게 된다. 좋은 부분을 보호하기 위해 나쁜 부분을 축출하면 상황이 더 만족스러워져야 한다. 그러나 나쁜 부분이 축출된 만큼 자기가 축소되어

빈곤해지고, 도리어 그 축출된 나쁜 부분을 갖고 있다고 여겨지는 대상에 의한 박해불안으로 시달리게 된다. 그럼으로써 무의식적으로 시도한 것과는 전혀 다른 결과가 초래된다. 이것은 방어하기 위해 입은 옷이 도리어 거추장스럽게 방해가 되곤 하는 방어기제의 생리다.

이때 불뱀에 물려 죽어가는 백성들의 사망의 울부짖음은 하나님 마음을 울리고, 가슴이 찢어지는 하나님은 구리 뱀이라는 중간대상을 허용하신다. 하나님은 백성들의 감당할 수 없는 고통을 감당할 수 있는 것으로 즉, 탓을 은혜로 돌려주게 된다. 투사된 나쁜 것들(contained)을 담아내어(containing) 좋은 것으로 돌려줄 수 있는 참 좋으신 하나님(container)이 계셔서 가능하다. 하나님은 백성들의 불안이 외현화된 불뱀을 구리 뱀으로 변형시켜 돌려주심으로써, 백성들이 불안을 감내할 수 있도록 품어(containing) 주신다. 백성들은 불뱀을 투사하고 구리 뱀으로 되돌려 받게 되는 경험을 하면서 자기와 대상이 미분화 융합되어 있는 유아적 환상으로부터 벗어나, 자기와 대상의 분리-개별화를 경험하게 된다. 백성들은 구리 뱀을 재내사함으로써 죽음에서 삶으로 즉, 편집-분열자리에서 우울자리로 이동한다. 우울자리에서 투사자는 투사대상자에게 자신의 나쁜 부분을 집어넣고 투사대상자를 그 나쁜 부분을 지닌 나쁜 자로 동일시하는 전능환상을 거두어들이며, 투사대상자를 있는 그대로 인식할 수 있게 된다.

만일 유아의 좌절이 견딜 수 없는 어떤 정도를 넘는다면 전능기제 즉, 투사적 동일시가 작동되지만, 유아가 좌절을 이겨낼 수 있는 현실원칙의 지배 아래 살게 되면 현실감각을 갖는 것이 가능하다고 Bion은 설명한다.[508] 환경적 실패는 '현실에 대한 인식'(realization)을 가능하게 하고, 도가 지나치지 않은 적절한 적응의 실패는 유아가 감당할 수 있을 정도의 현실을 제공함으로써 적응의 성공만큼이나 유아의 현실감 발달에 결정적으로 중요한 역할을 한다.[509]

백성들은 자신들이 투사한 나쁜 것들을 회수하여(reclaim) '내' 것과 '네' 것의 경계와 소유를 분명히 함으로써, 상대에 대한 통제를 내려놓고 자신들의 잘못을 회개하고 도와달라며 간청하게 된다. 이때의 대상은 더 이상 투사자들이 감당할 수 없어 투사한 것들을, 소화시키지도 않고 그대로 돌려주는 편집-분열자리의 박해하고 복수하는 자기와 미분화된 전능환상 속의 투사대상자가 아니다. 이제 이 대상은 투사된 감당 못 할 것들을 수용하여 소화시켜 감당할 만한 것들로 되돌려주는 우울자리에 있는 자신과 분리된 대상이다. 백성들(투사자들)은 모세와 하나님(투사대상자)에 의하여 감당할 만한 것들로 변형되어 돌아온 것들을 재내면화(transmuted reinternalization)함으로써 삶을 감당할 수 있게 된다. 이에 불뱀으로부터 새롭게 변형된 구리 뱀을 재내재화함으로써 백성들은 멸절불안과 박해불안에서 해방된다.

이렇듯 백성들이 광야에서 만난 하나님은 백성들의 투사에 미동도 하지 않는 전지전능한 영원불변의 고정된 하나님이 아니다. 하나님은 '다른 어떤 존재에 의해서도 전혀 영향을 받지 않고, 그래서 어떠한 고통이나 혹은 감정적 반응도 없는, 불변하며 무감각한 절대자로서의 신'이 아니다.[510] 하나님은 백성들이 고통을 처리하는 방식인 심리내적 환상에까지도 민감하게 반응하여 개입하심으로, 백성들의 심리내적 환상의 단계를 관계적 상호작용의 단계로까지 확대하시는 분이다. 언어이전의 무의식적 소통인 투사적 동일시를 통해 백성들의 고통스러운 현실을 그대로 함께 경험하고, 백성들과 긴밀히 교통하시는 살아계신 하나님이시다. 이것은 마치 어머니가 말이나 신호를 보내지 못하는 절대적 의존기의 유아의 욕구를 충족시켜주기 위해 유아가 필요로 하는 것을 유아와 동일시하는 공감을 사용해서 읽어내는 것과 유사하다. 신호를 보내지 못하는 유아의 생존은 어머니가 그의 행동을 신호로 해석할 수 있는 능력에 달려있다.[511]

백성들이 언어이전의 원시적 방어기제로 사용한 투사적 동일시를 백성들의 고통을 이해하는 의사소통의 수단으로 사용하신 하나님으로 인하여, 백성들과 하나님의 관계는 정적이고 고정된 관계가 아니라 투사적 동일시의 상호교류적인 상호주관적 관계가 되었다. 자신의 의사가 소통되는 경험을 한 백성들은 이제 유아적인 투사기제가 무의식적으로 작동되는 전횡으로부터 자유로울 수 있다. 백성들은 이러한 전 과정을 내사하여 심리구조를 구성하고 성숙, 발달한다.

하나님은 자기를 낮추어 백성들의 투사의 장이 되어주심으로 백성들의 세밀한 필요를 체험하고 그것을 채워주실 수가 있었다. Moltmann은 출애굽을 하나님께서 자기를 낮추시는 사건의 형태로 보고, 하나님의 낮추심은 인간의 연약함에 대한 하나님의 순응으로써 그것은 동시에 하나님의 영원한 영광의 보편적인 선취라고 말한다.[512] 이렇듯 투사적 동일시는 투사대상자가 투사자의 투사물을 어떻게 처리하여 되돌려줄 수 있는가에 따라 투사적 동일시에 연루된 주체 간의 경험과 관계들에 성숙과 변모의 선순환이 촉진될 수도 있고, 혹은 서로의 취약성에 의해 더욱 취약해지는 악순환을 초래할 수도 있다.

이야기는 백성들이 감당할 수 없는 불안을 외부 세계에 투사하고 외부에서 그것을 통제하려는 유아적 전능환상으로부터 출발하였다. 하지만 백성들의 울부짖음에 응답하시는 하나님의 개입으로 백성들의 심리내적 환상으로서의 투사적 동일시는 의사소통의 투사적 동일시로 사용될 수 있다. 이렇게 심리내적 환상으로서의 투사적 동일시로부터 전환된 의사소통으로서의 투사적 동일시 과정을 정리해보면 심리내적 투사적 동일시의 첫째, 둘째 과정 외에 셋째, 백성들의 심리내적 환상에까지 귀를 기울이시는 세심한 하나님은 백성들이 투사한 죽음공포(불뱀)를 조절하고 변형시켜 - 구리 뱀으로 - 백성들에게 되돌려 준다. 넷째, 백성들은 자신들이 투사한 박해하는 불뱀의 하나님으로부터 조절되고 변형된 구리 뱀을 재내사한다. 투사적 동일시의 기능들은 일찍이 극도로 복잡하고, 혼란스럽고, 위협적인 자극의 공세와 직면하게 된 유아가 자신의 내적·외적 경험들을 인식하고, 조직하고, 다루려는, 그리고 자신의 환경들과 의사소통하려고 시도하는 콘텍스트 안에서 생긴다.[513]

Leonardo Boff에 의하면, 하나님은 자신의 자녀들을 돌보는 아버지로서 여기에 존재하는 분이며, 그의 마음은 우리의 문제에 대해 민감하고, 그의 눈은 언제나 우리의 고난을 지켜보고 있으며, 그의 귀는 우리의 울부짖음을 향해 열려있다. 따라서 인간은 무한한 우주공간 속에 버려진 작은 미립자가 아니라 하나님의 극진한 사랑에 의해 보호받고 있는 존재다.[514] 여기서 Boff는 우리가 '아버지'를 말할 때 우리는 만유(萬有) 속에 스며들어가 그것을 지탱해주는 궁극적 신비, 사랑과 친교의 신비를 고백하는 것이라고 한다. 부성적 상징에 의해 표현된 이와 같은 현실이 모성적 상징에 의해서도 표현될 수 있다며, 그는 "어머니가 그 자식을 위로하듯이, 내가 너희를 위로할 것이니"라는 하나님의 모성적 측면에 대한 흔적들을 제시한다.[515]

이 이야기에서 광야에서 울부짖는 백성들의 탄식에 하나님의 마음이 움직이고 구리 뱀이 허용되는 백성들-하나님의 상호주관적 관계를 볼 수 있다. 감히 자신의 고통을 하나님께 투사함으로써 백성들은 하나님과 접촉하게 되고, 하나님은 백성들과 접촉하게 된다. 여기서의 하나님은 '추상적이고 관념적인 하나님이 아니라 구체적인 하나님, 참으로 살아계신 하나님, 즉 우리와 함께 고통당하며, 그 고통과 부조화를 극복해나가시는 하나님'이다.[516] Cooper-White는 신약성서에서 볼 수 있는 이러한 상호주관적 관계의 예를 다음과 같이 제시하고 있다. "예수님은 자신의 병든 딸을 위하여 감히 율법적 논쟁을 벌이고 결국 그의 칭찬을 받았던 가나안 여인의 이야기에서처럼, 만남을 통하여 자신이 변화되는 것을 허락하셨다. 베드로가 예수님을 향하여 서로 바라보면서 믿음에 붙잡혔을 때 그는 물 위를 걸을 수 있었다. 그러나 베드로가 바람을 보고 두려워하여 마음이 산란해졌을 때, 상호주관적 순간은 소멸되고, 베드로는 빠지기 시작했다. 베드로는 예수님이 손을 내밀어 그들의 관계를 회복함으로 인해 구원받았다."[517]

하나님은 그의 사랑하는 백성들이 이집트 노예생활로부터 자유생활로 넘어가는 무려 40년이라는 과도기를 잘 견뎌낼 수 있도록 구리 뱀이라는 과도기적 대상(transitional object)을 허락하셨다.[518] Boff에 의하면, 과도기는 옛것이 멸절되고 새것이 시작되는 사이의 기다림의 시기다. 위기의 시간, 유혹의 시간, 결단의 시간이다. 모든 것이 위태로운 시간 속에 있다.[519] 여기서 과도기적 대상이란 아이들이 잠들 때 필요로 하는 담요나 봉제인형들을 가리키는 것으로, 아이와 어머니 사이의 중간공간에 위치한 대상이다.[520] 아이는 그것을 자신의 전능적 통제를 행사하고, 편안함과 위안을 얻으며, 다양한 공격욕구를 발산하는데 사용한다. 과도기적 대상은 아이가 환상 안에서 모든 것을 통제하는 상태(편집-분열자리)로부터 보다 현실적인 지각과 기능을 사용하는 상태(우울자리)로 발달해가도록 돕는 역할을 한다. Hamilton은 심각한 혼란을 보이는 환자들이 과도기적 대상과의 투사적 동일시 관계를 통하여 질병에서 회복되는, 때로는 질병을 극복하는 과정을 제시하며, 과도기적 대상과 과도기적 현상이 심리치료 상황에서 차지하는 중요한 역할에 대하여 설명한다.[521]

만일 구리 뱀이라는 과도기적 대상이 없었다면 이스라엘 백성들은 이집트의 노예생활로 다시 돌아갔을지도 모르겠다. 과도기적 공간, 과도기적 대상, 과도기적 현상의 유무와 성패에 따라서 삶이 다음 단계로 넘어가기도 하고, 그 이전 단계로 퇴행하기도 한다. 아이는 중간대상을 매우 중요하게 여긴다. 때로는 어머니보다 더 중요하게 여긴다.[522] 그것은 마치 아이의 강렬한 불안이 과도기적 대상을 발견하는 즉시 감소되기 때문이다.[523] 그러나 이러한 과도기적 대상이 주는 위안에 고착되는 현상을 위니캇은 주물애착(fetishism)으로 설명한다. 즉, 과도기적 대상이 어머니가 아니라는 것을 아는 아이와는 달리, 주물애착자는 주물대상(fetistic object)이 자신이 갈망하는 대상이라고 믿는다. 주물대상은 욕망을 항상 마술적으로 만족시켜주기 때문에 쉽게 포기될 수 없다. 그것은 과도기적 대상 이전의 것이다. 그것에 대한 애착은 환상적인(illusional) 것과는 달리 망상적(delusional)이다.[524]

과도기적 대상은 애도되지 않는데, 이것은 이제 아이가 어머니를 자신의 마음속에 살아있는 새로운 대상으로 유지할 수 있기 때문이다.[525] 아이가 더 이상 그 대상을 필요로 하지 않을 정도로 성장하면 아이는 상실을 느끼지 않고서도 그것을 버릴 수 있다. 불교에서는 이것을 강을 건너기 위해 사용했던 뗏목을 강을 건넌 후에도 계속 지고 다닐 필요가 없다며 아주 알기 쉽게 설명한다. 그러나 강을 건넌 후에도 강을 건너게 해준 뗏목이라며 그것을 신줏단지 모시듯 지고 다니는 것과 같이, 백성들은 하나님을 상징하는 과도기적인 구리 뱀을 하나님처럼 예배대상으로 이상화하고 우상과 같은 존재로 만드는 우를 범하고 만다(왕하 18: 4).[526] 이것은 자기성찰이 가능한 분리-개별화된 주체가 구리 뱀이라는 과도기적 대상을 매개로 하나님과 관계하는 주체적인 신앙을 저버리고, 과도기적 대상으로서의 구리 뱀 자체를 신성시하여 예배대상으로 숭배함으로써 하나님과의 관계가 단절되어 비주체적 타율적 관계로 다시 전락하게 된 것이다. 불뱀에 너무나 놀란 백성들은 구리 뱀을 이상화시키는 지경에 이르게 된다. 이상화는 이상화-평가절하라는 분열에서 야기되는 원시적 기제며, Freud가 비난하는 종교현상은 바로 이 단계에 속한 것이다. Klein은 이상화가 생성되는 과정에 대하여 다음과 같이 설명한다.

이상화는 대상의 분열과 깊은 연관이 있다. 젖가슴의 좋은 측면은 박해하는 젖가슴에 대한 공포로부터 지켜주는 안전장치로 과장된다. 따라서 이상화는 박해공포의 당연한 귀결이면서, 무제한적 만족을 추구하는 본능적 욕망의 힘으로부터 생겨나서, 고갈되지 않고 항상 풍부한 이상적 젖가슴에 대한 그림을 창조한다. 우리는 이러한 균열의 예를 유아적이고 환각적인 만족에서 찾아볼 수 있다. 이상화의 주된 과정은 대상을 분열하여 좌절과 박해를 부인하는 환각적 만족에서 작동한다. 좌절이나 불안이 증폭된 상황에서 유아는 박해자로부터 벗어나는 수단으로 이상화된 내적 대상에게로 도피하려는 충동을 느낀다. 이러한 기제가 여러 다양한 심각한 장애를 유발한다. 박해공포가 너무 강력할 경우 이상화된 대상으로의 도피가 과도해지고, 이것은 자아발달을 심각하게 방해하며 대상관계를 저해한다. 결과적으로 자아는 껍질만 남은 내적 대상에 의존하여 전적으로 종속하는 것처럼 느끼게 된다. 동화되지 않은 이상화 대상과 함께 자아는 자체의 생명도, 가치도 지니지 않은 것 같은 느낌을 갖게 된다. 또한 동화되지 않은 이상화 대상에게 도피해야 하는 상황은 자아 안에서 분열과정을 더욱 야기한다. 그것은 자아의 부분들이 이상적 대상과 연합하려고 시도하

는 반면 다른 부분들은 내적 박해자를 다루려고 분투하기 때문이다.[527]

예수는 요한복음에서 자신을 장대 위에 달렸던 구리 뱀에 비유한다.[528] 예수는 우리에게 하나님나라를 이 땅 위에 이루게 하는 실천적 삶의 모범을 보여주셨다. 하나님과의 관계는 배제된 채 구리 뱀만을 바라보는 것이 우상숭배이듯이, 자신의 전 존재로 하늘나라를 선보이는 예수의 삶에는 동역하지 않은 채 '오직 예수, 불신 지옥'을 외쳐대며 외부현실을 통제하려는 것도 우상숭배일 뿐이다. 이는 "나더러 '주님, 주님' 하는 사람이라고 해서, 다 하늘나라에 들어가는 것이 아니다. 하늘에 계신 내 아버지의 뜻을 행하는 사람이라야 들어간다(마 7: 21)"라고 성경에도 분명히 명시되어 있다. 살아계신 하나님을 내재화하지 못하는 백성들의 무능은 구리 뱀에 병리적으로 의존할 수밖에 없다. 주체적인 삶을 저버리고 이상화된 대상에 융합되어 무임승차하려는 것은 결국 주체의 상실을 야기하기 때문이다.

이러한 상황을 가리켜 Alfred North Whitehead는 "그리스도는 자신의 생명을 주셨는데, 기독교인들은 이것을 교리로 인식한다. …… 그리스도의 삶에서는 군림하는 권능을 볼 수 없다. 그의 권능(power)은 강권의 부재(absence of force)에서 찾을 수 있다. 이것이 숭고한 이상의 결정타고 이것 때문에 세상의 역사와 분리된다"고 말한다.[529] 종교적 환원주의(religious reductionism) 즉, 신학주의(theologism)의 위험은 그리스도교 신앙과 교회의 활동들을 예배, 경전, 교리 등의 경직된 종교적 영역에 한정시킨다. 그리스도교를 종교적 분야라는 현실의 한 영역으로가 아니라, 모든 현실을 구현하기 위하여 그리고 그것을 하나님나라의 일부로 만들기 위하여 화육된 하나의 과정으로 엄격하게 이해해야 한다. 사람됨과 하는 일에 복음이 현존하고, 성령이 활동하는 것이지 교리나 제도가 아니다.[530] Ken Wilber 역시 올바른 정신의 기독교인이라면 예수 자신을 예수의 조각상이나 이미지와 혼동하지 않을 것이라고 역설한다. 그러나 대다수 기독교인은 거룩하고, 영광스럽고, 찬미하는 대상으로 자신들이 생각하는 예수의 정신적 이미지와 진짜 예수를 헷갈려한다. 이는 금송아지나 바알성상만큼이나 가짜이미지라고 지적한다.[531] 이것은 달을 가리키는 손가락을 달로 혼동하지 말라는 선불교의 가르침과 유사하다. 출애굽기에서는 "너를 위하여 새긴 우상을 만들지 말고 또 위로 하늘에 있는 것이나 아래로 땅에 있는 것이나 땅 아래 물속에 있는 것의 아무 형상이든지 만들지 말라"고 권면한다(출 20: 4). Moltmann은 상징이 상징으로써의 범위를 넘어 우상화되는 것에 대하여 다음과 같이 경고한다.

> 모든 상징은 그 자신을 넘어서 어떤 다른 것을 가리킨다. 모든 상징은 사고하도록 한다. 교회 안에 있는 십자가 상징은 제단 위의 두 촛대 사이에서 십자가에 달린 하나님을 가리키는 것이 아니다. 오히려 성문 밖 버림받은 자들의 해골 더미에서, 처형된 두 도둑 사이에서 십자가에 달린 하나님을 가리킨다. 이것을 사고하도록 할 뿐만 아니라 바꾸어 사고하도록 한다.

그러므로 이것은 교회와 종교적 동경으로부터 이끌어내어, 내어 쫓기고 버림받은 자들과 결합하도록 하는 상징이다. 반대로 이것은 내어 쫓긴 자들과 하나님 없는 자를 교회 안으로 불러들이고, 교회를 통하여 십자가에 달린 하나님과 결합하도록 부르는 상징이다. 십자가와 그의 전환된 의미의 모순성이 그 종교적 가치를 망각할 때, 십자가는 상징이 아니라 우상이 되어버리며, 바꾸어 사고하도록 하지 않고 오히려 자신을 타당화시킴으로써 더 이상 사고하지 않게 한다.[532]

이렇게 우상화에 빠지는 상징화 역량의 결핍에 대하여 Klein은 많은 유아가 외부 세계로부터 철수하게 되고 정신적으로 앓게 되는 것은 강력한 박해불안과 분열기제의 과도한 사용으로 인한 것이라고 설명한다. 그 결과 우울불안을 성공적으로 극복할 수 없게 되고, 환상의 삶뿐만 아니라 사랑 및 대상관계의 역량이 저지되며, 상징형성의 과정이 방해받게 되고, 관심과 승화의 억제가 초래된다.[533] 즉, 자기를 대상에서 분화하고 좋은 경험과 나쁜 경험을 통합하는 능력이 증가함으로써, 좀 덜 세련된 기제인 투사와 내사, 분열, 이상화, 평가절하로부터 투사적 동일시와 중간대상을 거쳐 대상항상성과 성숙한 동일시에 이르는 발달 과정을 거치지 못하는 것이다.[534]

상담현장에서 만나는 내담자의 경우, 이들의 심리역동에 따라 다양한 하나님과 살고 있는 것을 볼 수 있다. 불뱀에 압도되어 구리 뱀을 보지 못하는 내담자는 그 정체성 자체가 불안, 두려움, 공포인 것처럼 보일 정도다. 심리적 사고나 언어에 의한 의사소통이 불가능한 이들의 '이름 없는 두려움'은 건강염려증, 신체화 등 그들의 몸을 통해서 방출된다. 또한 구리 뱀에 고착되어 이를 우상시하는 내담자는 제도화된 종교와 교리에 종살이하느라 성령을 외면하고 복음과는 동떨어진 삶을 산다. '그럼에도 불구하고'를 경험해보지 못한, 즉, 담겨지는 (containing) 혹은 안기는(holding) 환대(hospitality)의 경험을 해보지 못한 이들은 견뎌내는 역량이 생길 여지가 없다. 다음에서 이들이 뿜어내는 어둠과 동행하는 투사적 동일시의 유도과정에 대하여 살펴보고자 한다.

유도과정에서 '함께'

투사적 동일시의 유도과정에서 투사수용자는 투사자가 부인한 특정측면과 일치하는 방식으로 생각하고, 느끼고, 행동하도록 압력을 받게 된다. 이때 크리스천은 그 역할을 적극적 능동적으로 끌어안아야 한다. 기꺼이 투사자의 입장이 되어 투사자와 함께 기뻐하고, 함께 슬퍼하며, 투사자와 하나가 되는 체화와 동일시과정에 자발적으로 참여해야 한다. Field는 무심한 수동성과 창의적인 수용성 사이에는 결정적 차이(a crucial difference between mindless passivity and creative receptivity)가 있다고 역설한다.[535] 투사수용자는 투사자가 투사한 나쁨의 공격을 받아 상처 입은 존재가 된다. 그럼으로써 투사수용자는 나쁨이 목 밑까지 차올라, 나쁨을 밖으로 토해낼 수밖에 없는 상처투성이 투사자와 기꺼이 연대(連帶)할 수 있게 된다. 크리스천은 어둠 속에 고립되어 절망을 이기려는 몸부림으로 그것들을 밖으로 쏟아낼 수밖에 없는 투사자들과 연결을 회복하고 연민(憐憫)으로 연대해야한다. 이것이야말로 투사적 동일시의 유도과정에서 크리스천이 해야 할 일이다. 연민(com-passion)이란 똑같이(com) 느끼는 것(passion) 즉, 입장이 하나가 되는 것을 의미한다.[536] 투사적 동일시의 유도과정에서 자기를 비우고 기꺼이 투사자의 입장에 서서 그를 담아주는 자발적 유도, 즉 진정한 연대에 대하여 살펴보고자한다.

어둠 가운데 기꺼이 함께하기

투사적 동일시는 한 사람(투사자)이 다른 사람(투사수용자)을 사용하여 투사자의 측면을 경험하고 담아내도록 하는 방식을 다루는 개념이다. 무의식적 투사환상과 연관된 대인 간 상호작용을 통하여, 투사적 환상 속에서 투사자가 분출한 감정과 자기표상과 대상표상이 투사수용자 안에서 체화되고(embodied), 투사수용자는 이것과 일치하는 방식으로 생각하며, 느끼고, 행동하도록 압력을 받게 된다. 다시 말하면, 투사수용자는 투사자가 부인한 특정측면과 동일시(identification)하라는 압력을 받는다. 투사적 동일시에서 환자는 과거의 대상관계에 의하여 결정되는 왜곡된 방식으로 치료자를 볼 뿐만 아니라, 치료자로 하여금 환자의 무의식적 환상과 일치되는 방식으로 자신을 경험하도록 압력을 행사한다.[537]

이와 같이 체화되어 구체적으로 실현되는 것을 Cobb과 Griffin은 일반적 생성의 원리와 연계하여 화육(化肉, incarnation)이라고 설명한다. 특히, 기독론에서 로고스로서의 그리스도를 '창조적 변형'의 원리로 이해한다.[538] 크리스천에게 있어서 투사적 동일시의 유도과정은 예수 그리스도의 삶을 본받아 자기를 비우고 내담자의 고통에 기꺼이 동참하는 연대과정을 의미한다. 이렇게 대인 간 압력과 강요를 넘어서는 자발적 유도는 '강요보다는 설득으로, 명령보다는 자발적 유도를 통해 신적 권능이 작용하고 있다는 호소력 있는 개념'을 발전시키는 과정신학의 관점과 유사하다.[539] 대인 간 압력에 의해 자신의 성격이 형성되도록 허용하고, 자신 안에서 이러한 변화를 감지할 수 있는 치료자는 환자의 내면세계에 대한 아주 풍부한 자료의 원천인, 살아 있고 생생하고 즉시적인, 유도된 사고나 느낌들을 가지고 환자의 내면세계에 접근할 수 있다.[540]

이것은 십자가를 통해 역사의 고난에 개입하는 삼위일체 하나님이 바로 십자가 고통 한가운데 있음과, 구원으로 이끌기 위한 한 방법으로 그 고통을 나누고 있음에서 극명하게 드러난다. 예수 그리스도의 죽음과 부활은 하나님 안에서 모든 비극이 생명으로 변화되는 바로 그 예범이 된다. 여기서 하나님의 권능은 변증법적 상상의 한 방식으로 가끔 철저한 자기 비허(脾虛, kenosis) 곧, 약함과 같이 언급된다.[541] Moltmann에 의하면, 철저한 기독교 신앙이란 남김없이 '십자가에 달린 하나님'과 관계함을 의미한다.[542] 신약성서는 고난에 동참하는 연대성(solidarity)이라는 개념으로 하나님의 모습을 그린다. 메시아는 의로운 수난자다. '우리의 고난을 짊어지고,' '고통을 겪고 멸시당하는' 종으로 화육한 메시아다(사 53: 3-4; 마 8: 17). 그가 스스로 '시험과 고난을 받은, 더 위대하고 강한 분과의 교제를 통해서(롬 8: 17; 벧전 4: 13)' 고통받는 사람들 가운데 친교를 일으키고, 체념의 쓰라림을 완화해주며 절망에 대하여 항거하게 한다.[543] 하나님이 사람과 연대하시는 사건이 십자가에서 그 절정을 이루는 것과 마찬가지로, 크리스천은 서로 상대가 투사하는 캄캄한 어둠과 기꺼이 연대하라는 소명을 받은 자들이다.

고립과 고난에 대하여 Wendy Farley는 연민(compassion)을 하나의 해결책으로 제시한다. Farley에 의하면, 고난은 그 희생자를 고립시키고, 그에 따른 소외는 고난의 경험을 더욱 가중시키므로, 연대(solidarity)와 진정한 이해는 고난에 수반되는 이러한 고립감을 완화시킬 수 있다. 연민은 절망적으로 동정하며 고통의 밖에 서 있는 것이 아니다. 연민은 희생자를 내려다보며 고통을 부인하라고 금욕주의를 요구하는 것이 아니다. 연민은 고난 받는 이가 있는 그곳, 즉 비탄과 수치와 희망 없음 가운데서 시작된다. 연민은 절망을 가장 실재적인 것으로 본다. 연민은 고난 받는 이의 경험으로 몸을 돌려, 그들의 눈으로 보며, 그 안에 잠겨서 그들과 함께 하는 것이다. '고난받는 이가 경험하는 것과 똑같이' 고난 받는 이의 고통에 함께하는 것(comm-union)이 사랑의 현존(the presence of love)이며, 이것은 상처받은 영혼에 바르는 향유가 된다.[544] Farley는 고통을 공감적으로 나누는 이러한 관계는 존중과 위로를 전함으로써 고난 받는 이로 하여금 고통을 견디고, 모욕에 저항하며, 죄책감을 극복하는 힘을 준다고 말한다.[545]

연민(compassion)은 긍휼로도 표현된다. 이것은 라틴어 '파티(pati)'와 '쿰(cum)'에서 파생된 말이다. 이 두 단어를 합치면 '함께 고통

받다'라는 의미가 된다. 긍휼은 우리에게 상처가 있는 곳으로 가라고, 고통이 있는 장소로 들어가라고, 깨어진 아픔과 두려움, 혼돈과 고뇌를 함께 나누라고 촉구한다. 긍휼은 우리에게 비참한 상태에 있는 사람들과 함께 울부짖고, 외로운 사람들과 함께 슬퍼하며, 눈물 흘리는 자들과 함께 울라고 권유한다. 긍휼은 우리에게 연약한 사람들과 함께 연약해지고, 상처 입기 쉬운 자들과 함께 상처 입기 쉬운 자가 되며, 힘없는 자들과 함께 힘없는 자가 될 것을 요구한다.[546] 긍휼의 헬라어 어원과 히브리어 어원을 통해 그 의미를 살펴보면 다음과 같다.

> 복음서에는 예수님이나 하나님 아버지에 대해 말할 때만 배타적으로 쓰인 아름다운 표현이 딱 열두 번 나온다. 그것은 바로 '긍휼로 마음이 움직여서'라는 표현이다. '스플랑크니조마이'(splangchnizomai)라는 헬라어 동사는 이 표현이 얼마나 심오하고 강력한지를 보여준다. '스플랑크나'(splangchna)는 몸의 내장, 오늘날 우리가 하는 말로 '뱃속'(gut)을 가리킨다. 이곳에는 가장 친밀하고도 강력한 감정이 자리 잡고 있다. 이곳은 강렬한 사랑과 미움이 커가는 중심 장소다. 복음서가 예수님의 긍휼에 대해 말하면서 그분의 뱃속(내장)이 움직였다고 표현할 때는 무언가 아주 깊고 신비로운 것을 표현하고 있는 것이다. …… 긍휼에 해당하는 히브리어는 '라카밈'(rachamim)인데, 이것은 야훼의 자궁을 일컫는 말이다. 예수님의 긍휼이 어찌나 깊고 중심적이며 강력한 감정인지, 하나님의 자궁이 움

직인다는 식 외에는 표현이 안 된다.[547]

Harold F. Searles는 치료적 공생단계 동안 치료자가 환자와의 '망상적 전이' 관계에 깊이 참여하는 것을 감정의 참여(feeling-participation)라고 묘사한다. 그는 이러한 진정한 느낌이 역전이 정신증이 아니라, 치료의 결정적 단계에서 환자가 치료자로부터 필요로 하는 본질이라고 한다. 치료자가 적어도 어떤 퇴행의 단계에서 자신을 환자가 느끼고 있는 것을 느낄 수 있도록 허용하는 한도 내에서만, 혹은 투사적 동일시의 용어로 말하자면 치료자 스스로를 환자의 투사를 받는데 개방적이도록 허용하는 한도 내에서만, 치료가 진전될 수 있다. 그러나 '느낌의 참여(feeling-participation)'는 환자와 똑같이 병을 앓게 되는 것을 의미하는 것은 아니다. 그 이유는 치료자가 투사를 받을 뿐만 아니라 그것을 처리하여 치료자 자신의 보다 큰 성품 안으로 통합하여 이 통합된 경험을 환자가 재내면화하도록 하기 때문이다.[548]

이때 비탄과 수치와 절망 등 고난을 직접적으로 소통할 수 있는지가 매우 중요하다. 감당할 수 없는 절망상태와 접촉할 준비가 되어 있는 누군가가 있을 때 사람은 변화할 수 있다.[549] 듣는 사람이 감당할 수 있다고 느껴질 때 말할 수 있고, 다른 사람이 감당할 수 있는 것을 보고 스스로도 감당할 수 있게 된다. 예컨대 우물가의 사마리아 여인은 삶의 어두운 측면을 담아주는 예수의 태도와 행동에서 정서적으로 어려운 경험을 처리하는 새로운 양태를 보고 긍휼과 위로를 얻을 수 있었다.

James Newton Poling은 긍정적 관계를 맺을 수 있는 단 한 사람

(one single positive relationship)만 있으면 사람은 건강하게 살아갈 수 있다고 말했다.[550] 사망의 음침한 골짜기에서도 해 받음을 두려워하지 않음은 내 옆에 그 진실한, 단 한 사람이 함께함이다. 이 한 사람은 다른 사람이 감당하기 힘들다고 그에게 넘겨버린 것을, 전 존재로 품어 감당할 만한 것으로 변형시켜 되돌려주는 그 한 사람이다. 즉, 기꺼이 투사를 담아주는 그릇이 되어 자신을 사용하도록 내어주는 그 한 사람이다. 가장 두려워하는 감정을 표현할 수 있도록 자신만을 위한 공간을 내어주는 단 한 사람(one single positive person)이 있다는 그 자체가 그러한 감정들을 변화시켜주는 인격적 담아주기가 된다. 이것은 다른 사람들이 이해할 수 없는 감정이나 생각, 다른 사람에게 받아들여지기 어려운 위축이나 괴상한 행동도 아무 조건 없이 받아들여지고 이해되는 '함께함(being-with)'이다. '함께함'이란 특별한 요구 없이 기꺼이 지속적 친구관계를 맺는 것을 의미한다.[551] 이때 가장 두려운 감정은 새로운 희망을 가지고 인격적 반응을 추구하는 의사소통이 될 수 있다.[552] Gabbard에 의하면 이러한 동반자적 인간관계는 그 자체가 혼란스럽고 위협적인 세계로부터의 은신처가 된다.[553]

자신의 의식적(이성적) 사고와 무의식적(일차 과정적/비이성적) 사고를 넘나들기 위해 자신 안에서 절절한 퇴행을 사용하는 분석가는 내담자를 쫓아 환상에 귀 기울일 수 있는 상태로 빠져 들어가 (어떤 맥락에서) 내담자와 같이 되는 것이 어떤 느낌인지를 탐색할 수 있다.[554] 이러한 상담자의 퇴행을 Ernst Kris는 '자아의 도움 가운데 일어나는 퇴행(regression in the service of ego)'이라고 묘사한다.[555] 후에 Danielle

Knafo는 '자아의 도움 가운데 일어나는 퇴행'이라는 Kris의 개념을 비판적으로 재고찰하여, 퇴행을 창조성이라는 중심장소로 재배치하고, 대상관계이론에까지 확장하여, 개념을 탈병리화하였다.[556] Balint는 특히 투사적 동일시를 처리하는 직접적인 태도에 초점을 두면서 치료적 퇴행에 대하여 설명한다. 그는 치료자가 환자의 느낌대로 행동하거나 해석하는 대신, 환자가 고투하고 있는 느낌들, 즉 치료자가 인식해주기를 바라는 환자의 느낌들을 환자와 함께 수용하여, 느끼고, 견디고, 감당해야만 한다고 강조한다. 그는 분석가는 바르게 해석하여 모든 것을 즉각적으로 이해할 수 있을 만큼 그렇게 예리하지 않다고 지적한다. 특히, 바람직하지 않은 모든 것들을 조직하고 변화시키는데 있어서 더욱 그러하다. 치료적 전능감을 증명하기 위하여 이러한 것들을 분석해버리는 수고를 하기보다는, 자신의 상대적 무능감을 인정하고, 환자의 고통을 더욱 잘 인내하고 감당해내는 것이 중요하다.[557] Balint의 이러한 주장은 상담자와 내담자가 사망의 음침한 골짜기에서 사흘 낮, 사흘 밤 동안을 혼연일체가 되어, 서로가 내면경험의 음악에 맞춰 함께 퇴행하는 춤을 추는 것이 유능한 척 해석하는 것보다 낫다는 것으로 이해할 수 있다.[558]

Ogden은 이러한 Balint의 견해에 대하여 환자가 투사적 동일시하는 느낌대로 행동하지 않으면서도 환자의 투사적 동일시를 수용해주는 분석가의 과제를 설득력 있게 설명하고 있다고 평가한다.[559] Frank, Summers, Harry Guntrip, Winnicott 등도 분석과정이란 내담자가 정신의 가장 깊은 부분까지 퇴행하는 것을 통해 새로운 시작을 가능케

하는 것이라고 말한다.560 Field는 아주 밀접하게 연결되어 있는, 고차원적인 것과 저차원적인 것, 영적인 것과 성적인 것, 비전을 보는 것과 환각에 사로잡히는 것, 성스러운 차원과 불경스러운 차원들을 돌파하기(breakthrough) 위해서는 먼저 퇴행하여 깨지는 고통(a regressive breakdown)을 겪어야만 한다고 말한다.561

투사적 동일시를 읽어내려면 바로 투사, 내사, 동일시 등의 심리 기제의 도움으로 함께 퇴행하여 투사적 동일시 안에 참여해야만 가능하다. 이것은 자기비움 즉, 케노시스(kenosis)에 비견될 수 있다. Moltmann은 십자가에서의 자기비움에 의해서 종교의 담장을 허물고 세속의 한가운데서 성찬식이 베풀어질 수 있게 되었다고 말한다. "예수는 십자가에 못 박힘으로써 세속화되어버린 그리스도에 대한 믿음 속에서, 성찬식은 그 사회의 '담장 울타리' 부근에 사는 '죄인들과 바리새인들,' 의롭지 못한 사람들, 권리가 없는 사람들 또 하나님 없는 사람들과 함께 예수가 만찬을 가졌던 것과 같이, 세속성 한가운데서 베풀어져야 한다. 이는 하나의 종교적 제물로서 경건한 자들과 교파적 동지들의 내적 영역으로 제한되어서는 안 된다."562 세상의 중심지는, 십자가에 달린 예수가 거처하시고 또 지상에서 부당하게 고통 받는 모든 사람, 가난하고 경멸 받는 모든 사람이 그분과 함께 있는 곳이며, 그곳은 우리가 부활하신 주님을 선포해야 하는 바로 그 자리라고 Gutierrez는 역설한다.563

Field는 이러한 상황을 얼음구멍에 빠진 사람을 구하려는 시도에 비유한다. 만일 어떤 사람이 너무 깊이 빠져서 손이 닿지 않는다면, 그가 있는 물속으로 들어가는 것 외에는 다른 대안이 없다. 내담자가 치료자 자신을 끌어당기기도 하지만, 치료자가 자발적으로 내담자의 상태로 들어가기도 한다. 즉, 내담자로부터 치료자 자신을 분리하는 방어를 포기하고, 내담자의 혼돈과 절실함으로 내려가서 익사와 비슷한 위험을 감수하는 것이다. 분석가가 평안을 유지하고 마른 땅의 안전한 장소에서 해석하는 것만으로는 충분하지 않은 경우가 있다. 치료자는 내담자와 똑같은 상황에 뛰어들어도 공황에 사로잡히지 않고 떠 있을 수 있다는 것을 내담자에게 보여줘야 한다. Field는 치료자가 내담자와 동일시하는 상태에 들어가 그것을 인식하고 견뎌내면서도 자신의 경계선을 유지한다면 연결감, 즉 사람과 사람 사이에 이미 존재하는 타고난 생생한 연결감(pre-existing, intrinsic, vital connectedness)을 회복할 수 있다고 보았다.[564] 그러나 얼음구덩이나 물에 빠진 가족을 구하러 들어갔던 가족의 일원이 함께 익사했다는 소식을 신문지상을 통해 가끔 접한다. 구하고자 하는 열정만 가지고는 사람을 구할 수 없다. 남을 구하고자 하는 사람(life saver)이 철저한 훈련을 받아야하는 것은 필수불가결한 전제다.

    Field는 내담자와 마찬가지로 치료자도 난감하게 느껴진다고 내담자에게 인정해야할 만큼 극도로 혼돈스럽고, 해석할 여지도 없으며, 한계에 다다랐다고 느껴지는 다양한 경험을 하곤 한다. 이때 치료자는 너무 지독하게 흔들린다 해도 내담자를 비난하거나 자신을 비난하지 않으면서, 이것을 내담자에게 전달하려고 시도하는 것이 중요하다. '단지 있는 그대로의 상황에 대한 서술(simply a statement of how things are)'은 만일 내담자가 이러한 상황을 견뎌낼 용기가 있다면 치료자도 내담자와 고난을 함께할 준비가 되어있으며, 함께 단순히 기다리기만 해도 상황은 바뀔 수 있다는 의미를 내포한다. 대부분의 내담자들이 자신들이 난감해하는 것이 어떤 것인지를 이해하는 누군가가 있다는 사실만으로도, 그리고 치료자에게도 출구가 보이지 않을 수 있다는 사실만으로도, 자신들이 출구를 볼 수 없다는 것이 그토록 나쁘게만 느껴지는 것이 아니라고 긍정적으로 반응하며 더 큰 공황에 빠지지 않게 되는 것을 보고 반복해서 놀라기도 하며 안도하게 된다.[565]

출구 없는 혼돈의 과정을 거치고 돌아보면(retrospectively) 그곳이 다름 아닌 평안에 이르는 입구였다는 것을, 나비가 막 벗고 나온 고치였다는 것을, 빛 가운데 갓 태어난 아기가 바로 전까지 있던 캄캄한 자궁이었다는 것을 발견하게 된다. 상담의 성소는 절망과 불평, 고통과 탄식을 일용할 양식으로 삼아 새로운 심리적 공간을 탄생시키는 심리적 자궁이다. 내담자가 정신을 재통합하고 서서히 성장을 향해 나아가려고 노력함에 따라, 치료자는 퇴행한 자아를 위해 안전한 상징적인 자궁으로 기능해야한다고 Stadter는 말한다.[566] 십자가는 이 세상의 삶에서 종말론적 삶인 부활로 나아가는 산도(産道)다. 십자가 고통에 압도당하여 사산(死産) 되지 않고, 그 산도(産道)의 고난에서 살아남아야 새로운 생명으로 탄생한다. 산도(産道)의 어두운 터널을 빠져나온 후에야 사망의 음침한 골짜기에서의 십자가 죽음이 동시에 부활생명을 출산하는 공간이었다는 것을 깨닫게 된다. Field는 위기를 극복해낸 두 사람에게서 생기는 강렬한 긍정적인 라포를 영적 교섭감(a sense of communion)이라고 묘사한다.[567]

우리가 투사적 동일시를 통해 누가 누구에게 무엇을 소통하고 있는지에 민감할 수 있다면, 그리고 그 민감한 경험을 공유할 수 있다면, 바벨탑의 언어가 아닌 각자만의 고유한 언어일지라도 오순절의 성령강림 체험과 같이 서로를 이해할 수 있는 공감의 절정을 경험할 수 있다. 이것은 자신이 의도적으로 표현하지 않은 것까지 들어주고, 이해해 주며, 되돌려주는 누군가가 있다는 것을 인식하면서 느끼게 되는 것이다. 이는 무엇에도 비견할 수 없는 수용감을 의미한다. 이런 체험을 통해서 비로소 자신이 누구인지, 어떤 사람인지 알게 된다. 다시 말하자면 자신은 대상 즉, 확장된 자신을 통해서만 자신을 알게 된다는 점에서 관계적 인간은 서로 자기정체성에 대한 눈이 새롭게 열리게 되고, 관계가 변화됨으로 '보다 멋지고 새롭고 풍부한 삶'을 영위할 수 있게 된다.[568]

대상관계 학자들은 대상의 함입, 내사, 동일시라는 심리기제를 통해 자기가 구성되는 것을 설명해왔다. 자기가 형성되는 것과 또 그 자기에 대해 알아가는 것도 관계를 통해서만 가능하다. Ogden은 투사적 동일시 안에서 발생하는 하나 됨과 둘 됨이 동시에 유지되는 상태(엄마와 유아의 연합과 분리)에서 개인의 심리상태의 총합보다 더 큰 창조성을 지닌 경험의 형태가 만들어진다고 설명한다. 그의 견해에 따르면, 유아와 엄마, 내담자와 치료자, 투사자와 투사대상자는 이 과정에 적극적으로 기여하고 또 그것의 영향을 받음으로써 각자가 변화를 겪는다.[569] 이로써 투사적 동일시 과정은 한 몸 또는 두 몸 현상을 넘어 다중적 부분들 사이의 관계현상이 된다.[570] 투사적 동일시가 배제된 인간이해가 뿔뿔이 흩어진 섬과 같은 인간이해라고 한다면, 투사적 동일시라는 관점에서 바라보는 인간은 서로를 구성하는 하나의 유기체로서 서로 연관되어 있는 인간이해다. 투사적 동일시로 연결된 관계는 미시적으로는 개인내적 문제로부터, 거시적으로는 사회, 문화, 정치, 종교 등의 문제와 무관하지 않다.

투사적 동일시의 도구가 되려는 자발성을 포함하여 투사적 동일시의 과정은 의식적으로 의도해서 되는 것이 아니라 무의식적이다. 그 과정에 대한 인식은 회고적으로만(only retrospectively) 가능하다. Ogden은 치료자가 내담자의 투사적 동일시의 수용자가 되었다는 것을 '발견'하게 되는 것 역시 어느 정도는 회고적 판단이라고 하였다. 그것은 치료자가 내담자의 대인관계구조에 무의식적으로 참여하는 것이 그것을 인지하는 것보다 선행되어야하기 때문이다.[571] 따라서 투사를 받아, 담아서, 소화한 뒤, 되돌려주는 투사적 동일시의 도구가 되려면 그 삶 자체가 이웃을 향해 민감하게 열려있어야 하며, 동시에 투사적 동일시에 대한 바른 회고적 인식이 가능해야한다.

크리스천이란 자기를 비우고 몸을 입으신(incarnation) 그분을 본받아, 서로가 서로에게 투사의 그릇이 되어 감당하지 못해 넘쳐난 투사물을 받아주고, 그것을 잘 소화해 감당할 만한 것으로 변형시켜 되돌려주는 자다. 예수는 사람들이 담아낼 수 없는 삶의 상처와 실수를 담아주시기에 충분할 만큼 크시다. 사람들은 예수의 담아주기에서 긍휼과 위로를 얻을 수 있다.[572] 아동과 성인을 대상으로 한 Klein학파의 심리치료 역시 무서운 정서상태를 실제 체험하고, 이해하며, 견뎌낼 수 있게 '컨테이너(container)'를 제공하는 치료자의 능력에 달려있다.[573] 이 것은 사랑에서 시작되는 것이며, 회복과 용서는 그 파생물이다. 이때 사랑과 회복, 용서는 더 이상 관념이 아니라 실천(praxis)이다.

남을 받아들일 수 있는 공간을 마련하기 위해서는 자신을 비워야한 다. 신에 대한 인식은 오로지 부정의 방법을 통해서만 가능하다는 부정 신학(否定神學, theologia negativa)에 의하면 하나님은 이것이다, 저것 이다, 뭐라 이름 할 수 없다.[574] 텅 빈 공(空)이다. 자신을 철저히 비워 텅 비어(空虛) 있는 하나님은 사람의 몸을 입을 수도 있고, 악한 자, 선 한 자, 병자, 죄인 그 누구라도 품고 감당(contain and tolerate)할 수 있 다. 서로 투사의 그릇이 되어주고, 감당해주며, 좋은 것으로 되돌려 줄 때 우리는 하나님을 본받아 그 형상대로 창조된 모습이 된다.

담기고 담아주기

담기고 담아주는 관계란 그렇게 긍정적이고, 고상하며, 아름답고, 행복한 것만은 아니다. 누군가가 감당할 수 없어 뒤집어씌운 것을 비자 발적으로 뒤집어쓴 채 휘청거릴 수밖에 없고, 바로 다시 뱉어버리고 싶 기도 하며, 때로는 실제로 그러기도 하는 뒤죽박죽된 혼란스러운 관계 다. 이렇게 혼란스런 관계에 대하여 Ulanov는 다음과 같이 서술한다. 즉, 투사를 받은 사람은 죄 없이 희생자가 되어 상처 입고 허우적거리 며, 고통의 원인이 자신에게 있는 것으로 여겨 자신을 비하하고 자신을 공격함으로써 문제를 더욱 복잡하게 만들기도 한다. 다른 사람의 투사에 대해 스스로 책임지며 투사자의 사악함을 부정함으로써 이를 극복하려고 애쓰거나, 혹은 반대로 투사자가 얼마나 냉정하고, 비윤리적이며, 지겨운지 드러내기를 바라면서 그에게 보복하고 박해하고자 하는 유혹에 굴복할 수도 있다. 이렇게 될 때 투사수용자는 뒤에서 악의로 소문이나 내고 다니는 사람으로 전락하게 되고, 박해감을 갖게 되는 경우에는 투사자를 향한 강한 격노가 자신에게로 향하게 되어 강렬한 죄책감을 느끼게 되기도 한다.[575] 이러한 혼란스러움을 피하기 위하여 투사적 동일시가 실제로 드러나기 전에 그것을 막아버리기 쉽다. 그러면 치료자는 환자의 투사적 동일시 환상의 대상물이 되어 투사물의 정확한 특성을 충분히 경험하는 기회를 얻지 못하게 된다. 주의해야 한다. 이에 대하여 Ogden은 다음과 같이 경고한다.

> 치료자는 치료자를 깎아내리는 환자의 견해에 명백히 드러나는 적개심을 즉각적으로 해석함으로써 부적절감에 의한 불편함을 감소시키려하지 않아야한다. 이것들이 명확하게 인식되고 탐색될 수 있을 정도로 치료자 자신의 마음에 드러나도록 연상적 연결을 허용할 수 있는 것은 치료상황에서 이러한 느낌을 담아주어야만 가능하다. 이러한 감정들이 투사적 동일시의 요소들이라는 것을 인식하게 되면 감정이 유발되면서 생기는 심리적 긴장이 감소하게 되고, 치료자가 심리적 거리를 유지할 수 있게 된다. 그러나 이러한 심리적 거리가 생기기 전에 치료

자가 개입하는 것은 치료자로 하여금 조종당하거나, 공격당하거나, 목이 조이거나, 구속당하거나, 마비되는 것과 같이 느끼게 만드는, 환자의 행위를 막으려는 치료자의 의식적 혹은 무의식적 노력일 가능성이 크다. 이러한 역전이 감정은 투사적 동일시 수용자인 치료자에게 유발되는 보편적인 무의식적 환상들의 극히 일부일 뿐이다.[576]

투사적 동일시에 의한 강렬한 연결감이 구속과 요구, 침범이 될지, 아니면 연대와 공감, 소통이 될지는 관계자들의 심리적 역량에 달려있다. 심리적 역량 자체가 관계의 질을 좌우하는 관계내용이 된다. 이를테면 '몽상(reverie)'을 허용할 수 있는 어머니(치료자, 투사수용자)의 역량 혹은 몽상을 허용할 수 없는 어머니(치료자, 투사수용자)의 역량, 즉 어머니(치료자, 투사수용자)의 심리적 질 자체가 유아(내담자, 투사자)에게 소통되고, 이것이 유아(내담자, 투사자)의 심리적 질에 미치는 영향은 지대하다.[577] 즉, 어머니(치료자, 투사수용자)의 담아주기 기능의 역량에 따라 유아(내담자, 투사자)의 투사적 동일시가 심리적 변화를 위한 통로로 사용될지 아니면 부정적 투사적 동일시로 인한 나쁜 대상의 과잉으로 귀결될지가 결정된다.

나쁨과 좋음, 선과 악에 대한 개념은 역량(capacity)에서부터 비롯된다. 배고픈 아기에게 젖을 주지 않는 어머니는 나쁘고 악한 대상이다. 배고픔과 젖의 부재는 나쁨이고 악이다. 어머니가 젖을 줄 수 있는 역량이 없는 것 자체가 악이다. 선과 악, 나쁨과 좋음의 원형에 대하여

Klein은, 좋은 가슴은 도움이 되고, 만족을 주는 모든 외적·내적 대상들의 원형이 되며, 나쁜 가슴은 모든 외적·내적 박해대상들의 원형이 된다고 한다. 배고픔의 완화, 빠는 쾌락, 박탈과 같은 불편과 긴장으로부터의 해방, 사랑받는 경험 등과 같이 유아가 만족하다는 느낌을 들게 하는 다양한 요인들은 모두 좋은 가슴에 의한 것들로 여겨진다. 역으로, 모든 좌절과 불편은 나쁜(박해적인) 젖가슴에 의한 것으로 여겨진다.[578]

이를테면, 초등학교 일학년 소풍 때 맛있는 것들을 잔뜩 싸들고 함께 소풍을 갔던 다른 아이들의 엄마와는 달리 김밥조차 싸주지 '않았던' 어머니, 자신을 할머니 집에 맡겨놓아 밤마다 할아버지의 술주정을 듣게 하고 정서적 울타리가 되어주지 '않았던' 어머니는 그것이 물질이 되었든, 심리적 위안이 되었든, '부재는 악'이다. 김밥을 싸줄 수 '없었던' 어머니, 혹은 정서적 울타리가 되어줄 수 '없었던' 어머니가, 훗날 알고 보니 '하지 않았던' 것이 아니라 '할 수 없었던' 것이었다는 것을, 그리고 부재는 '악'이 아니라 '역량'의 문제라는 것을 깨닫게 된다 하여도, 어린 시절의 박탈은 불에 덴 화상흉터처럼 고스란히 남아있다. 어머니도 어쩔 수 없었던 역량의 한계이었노라고 머리로 깨닫는다 하여도 용서가 안 되고 아픈 것에는 변함이 없다. 이것은 용서 역시 당위(當爲)나 의지(意志)의 문제가 아니라 역량의 문제이기 때문이다.

Mary Anne Coate는 우울자리를 용서나 애도과정의 원형으로 말한다. 그는 우울자리의 개념에서 가정하고 있는 심리적 임계점(threshold)이 용서할 수 있는 역량의 임계점이라고 한다.[579] 우울자리는 이제까지 분열되어있던 유아경험의 상반된 측면을 함께 모으는 생의 첫해 안의 보편적이고 정상적인 심리적 과정 발달을 전제한다. Winnicot에 의하면, 우울자리는 배려가 생기게 되고 전-자비(pre-ruth)에서 자비(ruth)로의 변화를 의미한다. 우울자리에서 인격이 통합을 이룬 결과, 미움이 사랑을 파괴하지 않을 것이라는 기본적 신뢰 안에서 사람들은 사랑하고 미워하는 경험들을 감히 만날 수 있게 된다. Coate는 상처, 미움, 양가, 보상, 사랑 등 우울자리와 연관되는 일련의 요소들을 애도나 용서과정의 요소들과 같다고 본다. 그에 의하면 Klein 자신도 불행한 경험이 초래하는 어떤 고통이나 애도가 유아적 우울자리를 활성화시킨다고 진술하였다. 우울자리는 시간이 지나면서 상처가 나아지는 경험을 반복하고 좋은 내적 대상이 내면화되면서 해소될 수 있다. 그러나 이러한 해소에는 개인차가 있으며 어떤 사람들은 결코 이 문턱(threshold)을 넘지 못한다. 더 나아가 우울자리는 단계가 아니라 자리이므로 한 번에 모든 것이 해소되는 것도 아니다.[580]

우울자리로의 이동은 양가(ambivalence)의 수용, 자기에 대한 신뢰의 증가, 어머니나 다른 의존대상과의 과도한 동일시로부터의 점차적인 분리를 의미한다. 유아가 분열과 투사의 필요를 극복하기 위해서는 어머니의 지속적인 사랑과 돌봄과 용서에 대한 확신을 받아야한다. 그럴 경우, 유아는 점차 안정된 내면의 자기를 발달시키고 투사와 내사를 통해 통제하려는 욕구를 덜 느끼게 된다. 그러나 이러한 발달단계에 이르지 못하면 과도한 의존, 분리불가, 타인에 대한 공포, 내적 세계로의 고립된 철퇴 등을 야기한다.[581] 이와 같이 심리적 역량을 설명하는 데 있어서 Klein의 편집-분열자리, 우울자리와 함께 Ogden의 자폐-접촉자리의 개념은 탁월한 통찰력을 제공한다.

　Stephen M. Johnson은 치료의 마지막에 없어서는 안 될 단계가 용서라고 제안한다. 여기서 그는 일어난 일에 대한, 일어나고 있는 일에 대한, 일어날지도 모르는 일에 대한 용서를 말한다. 이것은 있었던 그대로, 있는 그대로, 있을 수 있는 그대로를 수용하는 것을 의미한다 (acceptance of what was, what is, what may be).[582] 내담자에게 필요한 것은 초기대상이 한 행동을 용서하는 것이 아니라 그 행동이 남긴 파괴적인 심리적 유산을 이해 못 하는 그들의 무능력을 용서할 수 있게 되는 것이다.

　부모가 자신의 인격을 파탄시킨 것에 대하여, 그래서 지금 이토록 불행하게 살 수밖에 없는 것에 대하여, 자신 앞에 무릎 꿇고 빌어야만 분이 풀릴 것이라고 믿고 있던 한 내담자가 있었다. 상담과정에서 그녀가 용서해야할 것은 부모들 자신이 무슨 짓을 한지 모른다는 그 사실 자체라는 이해에 다다르자, 온몸이 허물어지며 울음을 쏟아내는 것을 본 적이 있다.[583] 이것은 자식을 잃은 어미짐승의 포효(咆哮)와 같은 통곡으로 자신의 분신이 떨어져나가는 비탄의 눈물이요, 동시에 애도의 눈물이다. 그것이 애도의 눈물인 것은 그녀가 그제야 비로소 자신을 옭아매고 있던, 혹은 자신이 옭아매고 있던 올가미(서로가 서로의 분신)에서 벗어나는 홀가분함을 느끼게 되었다는 고백에서 알 수 있다. 이 내담자는 죽어도 못 보내고 죽어가면서도 움켜쥐고 있던 올가미를 놓게 되면서, 스스로가 꽉 움켜쥐고 있던 고통의 덫에서 풀려나는 경험을 하게 되었다. 이 내담자를 옴짝달싹하지 못하게 질식시켜왔던 올가미는 상호 투사적 동일시로 강력하게 얽혀 옭아매고, 매이던 고통의 덫이었다. Julia Segal에 의하면 미움과 공격성향은 아이를 어머니에게 고착시키는 원인이 될 뿐만 아니라 동시에 불안과 죄책감의 원인이 되기도 한다.[584]

사랑하는 대상의 상실은 자아가 대상을 부분적으로 함입하는 것으로부터 전체적으로 함입하는 단계로 이행하는 발달단계에서 발생한다.[585] 즉, 대상을 부분대상이 아닌 전체대상으로 지각하는 우울자리에서야 비로소 대상상실이라는 의미가 상정될 수 있다. 자신의 욕망충족 여부에 따라 좋은 대상과 나쁜 대상으로 구분하여 내사하고 받아들이는 편집-분열자리에서는 대상이 언제나 부분적으로만 존재한다. 그리고 주체와 대상의 구분이 없기 때문에 사실상 대상의 상실이란 존재할 수 없다.[586] 따라서 애도라는 두 번째 단계를 겪어야 비로소 투사가 완전히 물러날 수 있다. 담아주기는 불안을 완화하고 이해받는 기분을 제공하지만 그 자체로서 진정한 분리를 성취할 수는 없다.[587] 고통을 느끼게 하는 모든 상처에는 상실이 있는데, 이는 애통을 통해서만 처리될 수 있다.

모든 상실을 놓아 보내는 애도과정을 성공적으로 거치려면 분노와 슬픔 두 가지를 모두 경험해야한다. 용서과정에서 건강한 분노는 반드시 필수적이다. 분노를 경험하지 않은 채로 용서하려고 애쓰는 것은 정말로 용서하지 못하는 것이다. 애도과정을 거치는 동안 분노와 슬픔 사이를 오가는 것은 전형적으로 일어나는 일이다. 애도과정에서 분노의 과정을 지나는 동안에는 상대방에게 초점을 맞추고 그들이 어떻게 상처를 입혔는지를 생각한다. 반면 슬픔의 과정을 지나는 동안에는 자신에게 더 초점을 맞추게 된다. 이 시기를 지나면서 상실한 것이 무엇인지, 그 과정에서 자신이 기여한 부분이 무엇이었는지를 생각해보게 된다.[588]

    부모들 자신이 무슨 짓을 한 건지 모르는 것을 용서해야한다는 것을 깨달은 내담자는 부모를 향하여 이글거리던 복수의 시선이 스스로를 불쌍히 여기는 시선으로 바뀌게 된다. 부모와 분리되지 못한 삶으로부터 놓여 드디어 주체로 탄생하는 경험을 하게 된다. 즉, 편집-분열자리의 분노로부터 우울자리의 슬픔으로 이행하게 됨과 동시에, 부모라는 원인의 결과체라는 정체성으로부터 스스로가 주체가 되는 자리로 옮겨갈 수 있게 되었다. 물론 그렇다고 해서 아픈 기억과 흉터, 그리고 부모의 역량 미달이 제거되는 것이 아니다. 그러한 양가적 상황을 껴안고 갈 수 있는 자체의 역량이 생긴 것을 의미한다. Stephen Johnson은 고통을 놓아줄 수 있는 용기야말로 진정한 용서에 이르는 길을 낼 수 있다고 말한다(the courage to release enough of the pain to pave the way for a real forgiveness).[589] Stephen Johnson은 미움 받고 버려진 어린이가 고통을 놓고자 하는 그때가 변모가 가까운 때라고 말한다. 크든 작든 이런 변모가 기적이며, 심리치료에서는 이런 기적이 일어난다.[590]

    용서하는 것을 의미하는 '놓아준다는 것'은 자신의 내적 대상을 오류에 빠지기 쉬운 자로 경험할 수 있게 되는 것, 그리고 그들의 결점을 용서할 수 있게 되는 것을 의미한다. 즉, 내담자는 초기 보호자들을 그들 자신의 결점 때문에 내담자 자신을 조종하지 않은 관계에 참여시키는 게 불가능했던 결점 투성이 인간존재로 볼 수 있어야 한다.[591] 치료과정이란 환자가 투사적 환상으로 치료자를 함입(incorporation) 시키는 것에서 시작해서 용서할 수 있는 능력을 발전시키는 것으로 끝나는 강력한 내면화 과정에서 정점을 이룬다.[592] 사람들이 자신의 삶에서 다른 사람에 대하여 좀 더 통합된 이미지를 갖게 되면, 그들은 공감하고 진정한 관심을 갖게 되는 것을 배우게 된다.[593]

Smedes는 용서를 영적 수술이라고 말한다.[594] 용서라는 중대 상황을 만들어내는 상처는, 인격적이고, 부당하고, 깊다는 세 가지 차원에서 전개된다. 이러한 아픔을 부정하여 인식하지 못하는 자는 용서의 주체가 될 수 없으며 아픔을 느끼는 사람만이 용서의 주체가 될 수 있다.[595] 부인(denial)의 길은 어느 누구에게도 탓을 돌리지 않고 상처를 부인하거나 자신에게 탓을 돌리는 데서 시작하는 반면, 용서의 길은 상대방을 탓하는 것에서 시작한다는 것이 놀라운 일이다. 따라서 매우 적절하고, 책임감 있는 방법으로 비난하고 탓하는 길을 찾는 것이 중요하다. 그것은 참된 용서에는 언제나 책임져야할 대상에게 적절한 책임을 돌리는 과정이 포함되어야하기 때문이다.[596]

이상에서 보는 바와 같이 담고 담기는 관계에서 담는 자와 담기는 자가 고정되어있지 않다. 심리적 역량에 따라서 담고 담기는 관계가 역동적으로 형성된다. Joan and Neville Symington은 이것을 다음과 같이 묘사한다.

우♀(담고 담기는) 관계는 정체된 관계가 아니라 역동적 관계다. …… 예를 들어, 우이 너무 경직되어 있어서 내용물들을 압박해 그것들을 정체되게 만들거나 그것의 속성들을 잃어버리게 할 수 있는 한편, ♂이 너무 폭발적이어서 우이 깨져버릴 수도 있다. 우♂(담고 담기는) 관계에서 보다 큰 적의가 있을 경우에는 상호파괴라는 결과가 초래될 수도 있다. 반면, 사랑의 관계에서는 상호유익을 가져올 수 있다. 이것의 모본은 엄마와 아기이며, 두 사람 모두 안고 안기는 경험을 통해서 성장한다.[597]

담고 담기는 관계의 역동적 유동성에 대하여 성경에 나오는 만 달란트 빚진 채무자가 동시에 백 달란트 빚진 자의 채권자가 되는 예를 들어 설명해보고자 한다.[598] 이야기의 전개를 쉽게 하기 위해 만 달란트의 빚을 변제해준 사람을 A로, 만 달란트의 빚을 변제받은 사람을 B로, 백 달란트의 빚을 진 사람을 C로 부르겠다. A는 만 달란트의 빚을 탕감해줌으로써 B를 담아준 것으로 해석할 수 있다. 만일 B가 백 달란트를 탕감해준다면 B는 C를 담아주는 것이다. 그러나 B는 자기의 빚은 탕감받고 남의 빚은 탕감해주지 않음으로써 담기는 자(♂, contained)로서의 정체성만을 고수한 채, 담는 자(우, container)로서의 정체성은 외면하고 있다.

이 이야기에서 B가 만 달란트에 해당하는 신체적, 심리적, 사회적, 혹은 영적 은혜를 입었다고 가정해보자. 비록 B가 자신이 받은 만큼의 은혜를 남에게 베풀 수 있는 역량을 지니고 있지는 못할지언정, B 역시 백 달란트 정도의 은혜는 베풀 수 있는 역량을 지니고 있는 것으로 해석할 수 있다. 즉, 담고 담기는 그릇의 역량은 절대적 기준을 갖고 있는 것이 아니라, 역동적 의미가 있다는 뜻이다.

　이것은 우리가 한 달란트를, 두 달란트를, 혹은 다섯 달란트를 가지고 있는가의 여부가 중요한 것이 아니다. 가진 달란트를 활용하느냐, 아니면 묻어버리느냐에 따라서 착하고 신실한 종이라 불리기도 하고, 악하고 게으른 종이라 불리기도 하는 것과 다르지 않다.[599] Ulanov는 주어진 달란트를 사용하지 않는 것은 자신의 선함을 부정하는 것이며, 곧 모든 선함을 부정하는 것이라고 말한다. 그리고 그는 이렇게 자기를 부정하는 사람의 운명에 대해, 사용하지 않은 달란트마저 다 잃고 바깥 어두운 곳에 던져짐으로써 그 또한 부정될 것이라며 성서의 경고를 인용한다.[600]

　Ulanov는 수많은 좌절을 겪고 모든 것을 박탈당하여 모든 것이 암울하기만 한 상황 속에서도 선함이 어디에서 발견되는지 그 양이 얼마나 되는지 상관하지 않고 오직 선함 그 자체에만 관심을 갖는 것, 선함의 작은 부분들을 소중하게 받아들이면서도 총체적으로 제공되는 선함의 선물 또한 기꺼이 받아들일 자세를 가지는 것, 크든 작든 선함을 굳게 잡고 그것을 버리지 않는 것, 이러한 태도야말로 신학적 용어로 신에게 복종하는 모습이라고 말한다.[601]

　상담실을 찾아오는 대부분의 내담자는 어쩌면 그나마 한 달란트도 갖지 못한 자들인지도 모르겠다. 하지만 그 작은 그릇에라도 담기기를 갈망하는 이웃이 있다는 것을 깨닫게 되면 스스로 악하고 게으른 종이라고 여기던 자기비하에서 벗어나 착하고 신실한 종으로 살아갈 수 있게 된다. 이런 관점에서 볼 때, 유도과정에서 자기를 낮추어 연대할 수 있는 역량은 어느 누구에게만 한정된 것이 아니라고 할 수 있다.

재내면화과정에서
'온전히'

    투사자는 자신의 어려움을 해소하려는 무의식적 시도로 자신의 일부를 분열하여 파편화된 조각들을 투사함으로써, 자신의 삶을 고갈시키고 황폐하게 파괴한다. 이러한 파편화된 조각들을 한데 모아 결합시켜줄 방도를 찾아야한다. 그 부분들이 하나로 연합되지 않는다면 부조화 속에서 존재할 수밖에 없기 때문이다.[602] 투사자가 잃어버렸던 조각을 되찾아 전체적인 조화를 이루는 것이 가능해지면, 한 부분이 다른 한 부분을 제외하고, 소유하고, 통제할 필요가 해소된다. Ulanov 부부는 우리가 잃어버린 부분들, 우리가 속해있는 흩어져있는 부분들을 발견하고, 되찾고, 나아가 다른 사람의 그것들을 발견하고, 되찾도록, 도와주는 것이 얼마나 선한 일인지를 강조한다. 선함이란 존재하는 것을 기꺼이 받아들이고 그것을 한데 모으며, 다른 사람들이 그들 자신의 부분들을 한데 모으기를 바라는 것이라고 말한다.[603] Cooper-White는 치유란 개인의 독특성을 구성하는 모든 부분들 가운데 보다 활기차고,

영적으로 건강한 내적 관계망을 형성하는 과정이라고 정의한다. 이것은 성삼위 일체의 관계적인 전체성(relational wholeness)과 다르지 않다.[604] 자기에게서 떨어져나가 마치 중음신(中陰身)처럼 떠돌던 자기의 일부를 되찾게 되는 것은, 잃었던 양 한 마리(눅 15: 1-7), 잃었던 동전 한 닢(눅 15: 8-10), 잃었던 아들(눅 15: 11-32)을 되찾는 것과 마찬가지로 기쁘고 복된 일이다.[605] 다음에서 수직분열, 혹은 수평분열로 떨어져나간 것들을 되찾아와 온전한 하나를 이루는 즉, 분열(splitting)로부터 시작되어 재내면화과정을 거치면서 통전에 이르게 되는 관점에서 바울의 고백(롬 7: 15-25)과 방탕한 아들의 이야기(눅 15: 11-32)를 살펴보고자한다.

분열을 인식하고 수용하기

본 장에서는 다른 누구보다 수직 분열적 삶에 취약할 수밖에 없는 크리스천이 분열된 이원론적 삶으로부터 통전된(wholistic) 삶으로 나아가는 방향성을 모색해보고자 한다. 크리스천이 다른 누구보다 수직 분열적 삶에 취약할 수밖에 없는 이유는 크리스천의 삶 자체가 한편으로는 땅을 향하고, 다른 한편으로는 하늘을 향하는 두 개의 원근법을 가지고 있기 때문이다.[606] 육적인 삶과 영적인 삶의 결합은 인간본성의 구조를 이루고 있지만, 균형을 잃은 그 둘 사이에서 찢어짐을 경험하는 인간은 존재론적으로 불균형한 존재다.[607] 존재론적 불균형에 대하여 바울은 "육체의 욕망은 성령을 거스르고, 성령이 바라시는 것은 육체를 거스릅니다. 이 둘이 서로 적대관계에 있으므로, 여러분은 자기가 원하는 일을 할 수 없게 됩니다"(갈 5: 17)라고 말한다. 이와 같이 크리스천이 가진 수직분열의 문제는 단순히 의지의 문제가 아니라 존재론적 문제다.

수직분열과 수평분열의 차이를 구별하자면, 일반적으로 수평분열인 억압은 신경증적 과정에 속한다. 반면, 수직분열은 자기애적 병리나 행동장애와 관련된다. 수직분열인 부인에서는 자기감이 너무 불편하여 정상적 자각과 접촉이 금지된다. 자기에서 떨어져나간 측면들은 평상시에 강박적 행동과 같은 완전히 낯설게 느껴지는 행동에서 보통 드러난다.[608] 수직분열에서 그 분열된 부분의 내용은 억압과 같이 접근불가능하지 않으며, 그 특성상 일차과정보다는 이차과정의 형태와 유사하다. 그것들은 전체인격을 반영하는 조직을 드러낸다. 그것들은 세상과 관계하는 면에서 뭔가 다르고 이상한 점이 보인다.[609] Kohut은 우리 시대에 만연된 성격구조는 억압에 의한 단순한 수평분열로 정형화될 수 없다고 말한다. (Kafka와 Proust, Joyce 등이 묘사한) 현대인의 정신은 허약하고 여러 조각으로 파편화(수직적으로 분리)되고 부조화된 상태를 특징으로 하고 있다는 점에서 무의식적 갈등모델을 통해서는 환자를 충분히 이해하고 설명하기 어렵다는 것이다.[610]

이러한 수직분열은 초기 삶에서 '보고도 못 본 체(turn a blind eye)' 하거나 원하지 않는 경험을 제거하려던 시도에 그 기원을 둔다. 수직분열 이론이 기여한 것은, 억압만이 정신내용을 자각에서 제거하는 유일한 수단이 아니라는 것이다. 이는 의식자체가 별개로 기능하는 자각과 자기-지식(self-knowledge)의 영역으로 나뉘는 과정을 최초로 명확하게 묘사한다. 도덕적 지도자나 존경받는 성직자의 성적 비행(sexual misconduct)의 예에서 보는 바와 같이, 다른 행동양상에서 보이는 일관성 없는 행동은 두 개로 분리된 의식의 영역이 지배하는 것으로 잘 설명된다. 현대정신분석이론은 점점 더 똑같은 자기나 마음 안에서 의식이 다양한 수준으로 공존하고 있는 정신상태의 다중성에 대하여 탐구한다. Cooper-White는 "나는 내가 원하는 선한 일은 하지 않고, 도리어 원하지 않는 악한 일을 합니다. 내가 해서는 안 되는 것을 하면, 그것을 하는 것은 내가 아니라, 내 속에 자리를 잡고 있는 죄입니다"라는 로마서 7장 19-20절의 말씀이 수직분열을 완벽하게 묘사하고 있다고 한다.[611]

뜻이 하늘에서 이루어진 것과 같은 종말론적 삶이 땅에서도 이루어지게 하기 위해서는, 한편으로는 철저한 자기비움의 모델이 되는 예수의 삶을 본받아 자기를 비우는 삶을 살려고 애써야 한다. 다른 한편으로는 해야겠다고 생각하는 일은 하지 않고 도리어 해서는 안 되겠다고 생각하는 일을 하고 있는(롬 7: 15), 혹은, 원하는 선한 일은 하지 않고 도리어 원하지 않는 악한 일을 하고 있는(롬 7: 19) 자신을 비참한 사람(롬 7: 25)으로 바라볼 수 있는 통전적(wholistic) 자기인식이 선행되어야한다. 우리를 유혹에 빠지지 않도록 청원하는 주의 기도는 인간이란 자신들의 희망을 배반하는 유혹에 늘 빠지고, 하나님에게 불충하게 되며, 실제로 유혹에 굴복하고 결국 자기 자신을 상실하고야마는 연약한

존재라는 뼈아픈 인식을 전제한다.[612]

　인간에게 이러한 두 가지 지향성이 있다는 것 자체가 문제가 되기보다는, 이 둘 사이의 역동성을 인식하고 어떻게 잘 조화시켜나가는가 하는 것이 육을 입고 영적 삶을 지향하는 크리스천의 과제다. 육과 영은 모순 혹은 대립되어서 그중 어느 하나를 선택해야하는 것이 아니다. 인간은 비록 세계에 속해있다고 해도 세계만의 현실도 아니고 비록 하나님의 형상을 가지고 있다고 하지만 하나님의 현실만도 아니며, 하나님과 세계 사이에 '매달려 있다.'[613] 따라서 성만찬의식을 통해 그리스도의 몸을 먹고, 그의 피를 마시며, 그를 기억하며 사는 크리스천들의 삶이라고해서 고통과 상실, 죽음에서 자유로운 것은 아니다.[614]

　바울처럼 좋은 것을 바라며 나쁜 것을 행하고 있는 자신의 수직분열 상태를 인식하고, 좋고 나쁜 둘 사이의 긴장상태에서 겪는 불안과 비참함 및 슬픔을 고백하는 것은, 이미 자신을 전적으로 좋거나 전적으로 나쁘게 여기는 편집자리의 분열로부터 벗어나 우울자리에 이르렀다는 것을 의미한다. 바울에게서 볼 수 있는 것은 전적으로 나쁜 부분을 내뱉고, 전적으로 좋은 부분만을 갖고 있는 근본주의자들의 반쪽자리 자기 확신과는 다르다. 오히려 자신의 분열된 모습의 긴장상태를 인식하고 비참히 여길 수 있는 역량을 지닌, 유약해보이지만 진정으로 건강한 자기 확신이다. 주님 역시 스스로를 의롭다고 여기는 분열의 상징인 바리새인이 아니라 동전 한 닢을 헌금하는 과부의 진정성을 축복하셨다.[615]

　바울이 느끼는 바와 같이 우울자리에 다가가면서 참을 수 없는 염려와 죄책감이 밀려올 때, 도와주는 존재 즉 내재화된 '좋은' 대상의 역할이 아주 중요하다.[616] 수직분열의 마음상태를 가장 잘 묘사하고 있는 바울은 "누가 이 죽음의 몸에서 나를 건져주겠습니까? 우리 주 예수 그리스도를 통하여 나를 건져주신 하나님께 감사드립니다"(롬 7: 24-25)라고 하며 그 해답을 예수에게서 찾는다.[617] 이러한 고백을 하는 바울은 수직분열이라는 절망적일 수밖에 없는 상황에서 절망의 유혹에 빠지지 않음으로써 기독교 신앙인의 귀감이 된다. 바울과 같이 연약한 자신의 분열된 모습 앞에서 비참함을 느낄 때, 이를 수용하고 인정하는 용기는 그가 진정으로 사랑하는 좋은 대상인 예수를 내재화함으로써 가능하다. 크리스천은 이러한 역동적 삶을 살아가는 모범을 바울을 통해 예수에게서 발견할 수 있다.

'좋은' 대상과의 동일시를 통해 주체가 항구적인 좋은 내적 대상을 소유한다면, 긴장상태에 있을 때에도 그 좋은 내적 대상에게서 강력한 지원을 받을 수 있기 때문에 자신에 대한 강한 확신을 가질 수 있다.[618] 그러나 상담현장에서 만나는 내담자 대부분은, 하나님의 진노를 강조하고 무거운 죄의식을 계속 부과하는 경직된 신앙 때문에 이러한 '좋은' 대상과의 동일시가 부재할 뿐만 아니라, 도리어 이들을 더욱 절망하게 만든다. 이들의 절망은 그 어느 불치병보다 더 치명적이고 반(反) 생명적이다.

Moltmann은 고난 받으며 십자가에 달린 하나님과 관련하여 획득한 신앙은 고통 속에서의 체념과 절망으로 인한 자기존재의 자살을 방해한다고 묘사한다.[619] Gutierrez의 고향인 페루의 리마라는 빈민지역의 주민은 "우리는 배고프고, 고통에 시달리며, 일자리가 없고, 병고에 시달리고 있습니다. 폐결핵에 걸린 채 출산하는 우리 아내들, 죽어가는 우리 자녀들, 미래도 없이 허약하게 자라나는 우리 아들딸들을 볼 때 우리 마음은 짓이겨집니다. 그러나 그 모두에도 불구하고 우리는 생명의 하나님을 믿습니다"라고 고백한다.[620] 이처럼 현재 마치 끝을 알 수 없는 캄캄한 터널 속, 즉 부활 이전 골고다의 십자가 언덕과 같은 잔혹한 상황에 처해있는 이들이 할 수 있는 말은 주님이 본을 보이신 단 두 마디뿐이다. 즉, 그것은 아버지 부재를 직면하고 최고로 버림받은 상황에서 "나의 하나님, 나의 하나님, 어찌하여 나를 버리셨습니까?"(마 27:46)라는 부르짖음과 뒤이어 "아버지, 내 영혼을 아버지 손에 맡깁니다"(눅 23:46)라는 아버지에 대한 절대의존의 신앙고백이 그것이다.[621] 십자가상에서의 예수의 이 두 탄원은 결코 분리될 수 없는 것으로 예수는 이 둘을 통전시키고 있다. 이러한 절대의존은 유아적이고 신경증적인 의존에 의해서가 아니라, 자율과 자유로운 결단으로 싹튼 것이다.[622]

절망과 고난의 벼랑 끝에서 한 발자국을 더 내디딜 때에야 비로소 그 모습을 드러내는 것이 희망의 신학이다. 절망과 고난을 부인하고 돈과 명예, 건강 등을 미끼로 신자들을 통제하는 지도자들은 수직분열을 이용하여 교세(敎勢)를 확장하는 자들이다. 이들은 십자가의 냉혹성에 대해서는 기억하지도, 현재화하지도 않으며, 구원에 대한 기대나 표상만을 가지고 십자가를 금빛으로 도금시키는 자들이다.[623] 이들은 종교적 자세가 보상에 대한 기대로만 설명될 수 있다고 보는 욥기의 사탄과

다를 바 없는 자들이다.[624]

그런가 하면 수직분열 상태를 고의로 악용하는 사이비 종교단체의 교주들도 있다. 이들은 참여자들로 하여금 '통상적 틀'을 깨고, 반복·지속적으로 몸을 흔들며 울부짖게 하는 등 초기발달양태인 자폐-접촉자리로 깊이 퇴행시키고, '익숙하지 않고 취약한 정서상태'에 지속적으로 노출시킴으로서 극도의 카타르시스를 경험하게 하여 참여자들을 무력화시킨다. Cooper-White는 카타르시스 효과를 위해 이러한 상태를 집중적으로 다루는 치료형태에서조차도 해리는 너무 오랫동안 지속되도록 허용되어서는 안 된다고 경고한다. 그렇지 않으면 참여자가 고삐가 풀렸다고 느끼고 심지어 무섭게 느낄 수 있기 때문이다. 따라서 도리어 '해리된 정서상태로부터 정상적인 어른상태로 옮겨가도록 촉진시켜, 능동적으로 어른으로서의 평정을 되찾도록 돕는 것'이야말로 진정한 지도자의 의무다. 그러나 사이비 종교단체의 교주들은 자신의 세력을 늘리고 자신이 숭앙받기 위한 수단으로 참여자들을 해리상태로 유도하여 무력화한다.[625]

사이비 종교단체 교주들과 참여자들 사이에는 힘의 투사적 동일시가 사용되고 있다.[626] 즉, 힘의 투사적 동일시를 사용하는 사이비 교주들은 '통제와 조종'이라는 관계적 입장을 취한다. 참여자들에게 '너희 스스로 할 수 있는 것은 아무 것도 없다'는 메타 커뮤니케이션을 전하면서, 참여자들로부터 '무능력감'을 유발한다. Johnson에 의하면 억압구조를 유지하는 핵심요소들 중 하나는 억압받는 이들에게 무력감을 주입시키는 것이다. 희생자들은 그들 자신의 능력을 알지 못하고 저항할 힘조차 없게 된다. 자유를 향한 첫걸음 중 하나는 대개 공동체의 지원과 역동적 의문을 통해서 자신의 존엄과 가치를 깨닫고 그들 자신이 능력을 발휘하기 시작할 때 일어난다. 정작 필요한 것은 자율적 관계와 자아확인 안에서 성장하는 것이다.[627] 그럼에도 불구하고 사이비 종교단체의 교주들은 극심한 퇴행으로 몹시 의존적으로 무력화한 참여자들을 저급한 지도력을 발휘하여 통제함으로써 더욱 의존적으로 만들고 절대순종하게 조종한다. 이들은 퇴행을 조장하여 의존을 고착시키는 자들이다. 일반적으로 인간적 사건들의 과정에서 일어난 비극 대부분은 이렇게 다른 존재들을 통제하려는 것에서 기인한다.[628]

다른 한편, 적어도 자신 안에 좋은 것과 나쁜 것이 공존하며 긴장관계에 있다는 것을 인식하고, 스스로를 비참히 여길 줄 아는 통전적인 바울과는 극적으로 대조되는 인물의 예를 주변에서 많이 볼 수 있다. 사람들의 원초적 분열성향을 극단적 형태로 묘사하는 이중자아의 주제를 다룬 작품들이 무수히 많다.[629] 일례로, 분열을 강력하게 묘사한 Robert Louis Stevenson의 소설 『지킬박사와 하이드 씨』에서는 착한 의사가 사악하고 타락한 악당으로 변하고 다시 의사로 돌아간다. 이 두 상태 간에는 경험의 연속성이 거의 없다.[630] 자신의 내적 분열에 대처하기 위한 해결책으로 지킬박사는 선과 악의 분열을 신체적으로도 분리된 두 존재로 나누고 있다. 쭈글쭈글하고 보기 흉한 하이드는 지킬박사가 자신으로부터 벗어던지고 싶었던 모든 특성을 떠맡은 지킬박사의 이중자아 '도플갱어'다.[631]

자신으로부터 벗어던지고 싶었던 모든 특성을 떠맡은 하이드를 죽이려다 결국 지킬박사 자신도 죽게 된다. 지킬박사의 이중자아 이야기가 포함하고 있는 메시지는 자신의 '나쁜' 부분들을 부인하는 것이 바로 자신을 부인하는 것이며, 악을 완전히 제거하려는 헛된 노력은 결국 자기파괴를 가져오게 된다는 것이다. 이것은 아이들의 동화에서 발견되는 권선징악의 메시지와는 상당히 다른 것으로, 어른이 된다는 것은 선과 악이 동일한 동전의 앞뒷면이라는 사실에 직면할 것을 요구한다.[632]

이러한 인식으로 인하여 이것 아니면 저것이라는 사고방식으로 서로 대립하여 적대시하던 파괴적인 세력이 무화되고, 분열이나 투사, 투사적 동일시 등 방어의 필요성이 해소된다. 방어에 쓰이던 에너지는 창조적 변형에 사용되고, 모여서 하나를 이루는 상호의존성은 함께 전체를 이루는 풍성함으로 드러난다. Ulanov는 선함은 악과 죽음을 사라지게 하는 것이 아니라, 그것을 견디어내는 것이라며 다음과 같이 말한다.

> 선함은 악함을 모조리 없애버리는 것이 아니라 그것을 통제하고 다른 어떤 것으로 변화시킨다. 이때 불가피한 결과로 기대되던 것이 창조세력의 작용으로 새롭게 변형되고, 상실된 것으로 간주되던 것이 다시 찾아지고, 망가진 것이 다시 고쳐지며, 저주받은 것이 용서받는다.[633]

만일 병리적 상호작용을 통해 자기 중에서 나쁜 부분을 분열시키는 것을 중단하려면 '악'이라고 생각되는 것이 거절이나 버려짐의 필연적인 근거가 될 수 없다는 사실과 먼저 타협해야한다. 선과 악이 어깨를 겨누고 '공존'할 수 있다는 사실은 자기의 통합된 부분으로 악을 수용할 수 있는 기회를 제공해준다.[634] 이렇듯 선과 악의 조화 및 통합, 양가의 공존은 편집-분열자리에서 우울자리로의 이동을 의미한다. 이는 성숙한 대인관계를 촉진하고 유지하기 위한 대상관계치료의 주요한 목표다.

이중자아의 경우 보통 악을 제거하려는 시도가 보편적이지만, 드물긴 해도 선을 제거하려는 사례도 있다. 어릴 적부터 강인하게 기른다는 명목으로 잔인하게 양육되었고, 청소년기에는 부당한 집단폭행을 당하고 난 후, 선함이라는 개념자체를 지워버린 청년이 있다. 이 청년에게는 자신을 가혹하게 양육한 아버지, 자신을 무자비하게 폭행한 일당들을 포함한 온 세상은 응징해야할 적이다. 이 청년은 적을 응징하기 위하여 온갖 범죄영화, 다큐, 자료 등을 수집하여 분석, 학습하며 자신을 살인병기로 만들어가는 일에 전력을 기울였다. 가능하면 적을 최대한 잔인하게, 서서히 죽여 없애버리는 살해환상 속에서 자신의 적개심과 분노를 처리하고 있다. Hinshelwood는 전능성과 파괴적 측면 사이의 관계를 둘러싸고 병리적으로 조직된 사람의 인격은 죽음의 춤을 추고 있는 경직된 내적 구조를 형성하고 있다고 한다.[635]

이 청년의 경우 투사적 동일시의 편집 순환을 반복하고 있다. 즉, 자신의 내면에 있는 적개심과 분노를 외부에 투사하여 주변을 모두 적으로 간주하고 행동함으로써, 실제 주변사람들을 적으로 만들고, 그 적에게 공격당하는 편집적 환상 때문에 강박적으로 고통을 당하고 있다.

Bion에 의하면, 이 청년은 현실이 주는 좌절, 특히 초기 대상관계에서 너무도 깊이 실망한 나머지 주변세상과의 모든 논리적 연결고리를 정신적으로 공격하고, 자신의 통합적 사고과정 조차도 파괴하기에 이르렀다고 설명될 수 있다.[636]

실로 이런 종류의 보복은 무의식적 애도의 형태를 구성하는, 극심하게 고통스런 절망일 수 있다. 그것은 상실이 눈에는 눈, 이에는 이라는 응보의 법칙에 의해 취소될 수 있다고 믿게 만들기 때문이다. 이런 점에서 Bollas는 응보의 법칙을 타자의 폭력적 침범에 의해 상실된 자기를 회복하려는 무의식적 행동일 수 있다고 해석한다. 아동기에 지속적으로 자신의 심리적 기능을 추출당하여 특정한 종류의 상실을 경험한 개인은 자신이 무언가에 의해 손상당하는 근본적으로 부당한 어떤 일이 일어났다고 느끼면서, 보복을 통한 해결책을 찾을 수 있다는 것이다.[637]

그러나 자신을 살인병기로 만들어가는 역공포증적인 반동형성 이면에는 아버지와 일당들에게 맞을 때 느꼈던 공포와 절망감, 무력감과 불안이 압도적으로 내면화되어있다. 잔뜩 겁을 먹고 있는 상처 입은 내면의 취약한 자기를 보호하기 위하여 만들어낸 살인병기라는 거짓자기는 도리어 어두움 속에서 떨고 있는 내면의 취약한 자기의 숨통을 짓누르고 있다. 이 청년을 병원에 내원하게 만든 편집적 강박증은 이 청년이 분열하여 애써 부인하고 있던 내면의 취약한 자기의 아우성이 새어나온 것이다. 이는 자신을 돌봐달라는 몸의 언어다. 실제로 이 청년은 자신을 캄캄한 지하에서 울고 있는, 누군가의 도움이 필요한 어린아이라고 묘사하기도 했다.

    Geoff Goodman에 의하면, 이러한 청년의 내면 깊이 묻혀있는 관심과 사랑, 우울, 죄책감, 보상시도 등 공격성과 격렬한 긴장관계로 공존하고 있는 것들을 동시에 강조하지 않은 채, 대상세계에 대한 공격성만을 해석하는 것은 그른 것은 아니지만 불완전하다(not incorrect but simply incomplete). 그는 공격성은 결코 진공상태에 존재하지 않는다(Aggression never exist in a vacuum)고 강조한다. Goodman은 만일 이러한 부정적 치료반응의 경향을 지닌 환자에게 위안을 주고자 한다면, 치료자는 나쁜 대상들과 좋은 대상들, 살인적 충동들과 사랑의 충동들의 통합에 대한 희망을 제공해야만 한다고 말한다. 또한, 그는 이런 환자들 안에서 파괴하고 파괴당하고자 하는 소망뿐만 아니라, 사랑하고 사랑받고자 하는 소망을 인식하여야 한다고 제안한다.[638]

    온 세상을 적으로 간주하고 자신을 살인병기로 만들어가는 데에만 전심전력을 기울였던, 떡 벌어진 청년이 절망적 상황에서 도움을 간구하며 울고 있는 무력한 어린이로 자신을 묘사하는 것을 듣는 순간 상담자 안에서 강렬한 모성이 꿈틀거리는 것을 감지할 수 있었다. Irma Brenman Pick은 "환자는 단지 분석가 안으로 투사하는 것이 아니라, 분석가의 특정한 측면 안으로 투사한다"고 말한다.[639] 즉, 이 청년은 자신이 부인하고 갈망하는 그의 내적 어머니상을 분열하여 상담자 안에 집어넣은 것이다. 동시에 단지 그것을 상담자 안으로 투사한 것이 아니라, 자녀의 필요를 잘 이해하고 충족시켜주는 훌륭한 어미가 되고 싶은 상담자의 내적 갈망 안으로 투사한 것이다. 이렇게 청년과 상담사의 내적 갈망이 제대로 맞아떨어지면서 투사적 동일시가 재연되었다. 이로 인하여 결국 십여 회기 만에 상담이 조기 종결되는 결과가 초래되었다. 그것은 상담자의 좋은 어머니역할이 청년의 동결된 가슴을 녹이게 되고 살인병기로서의 그의 정체성을 뒤흔들었기 때문이다. 즉, 부정적이긴 해도 나름대로 유지해오던 청년의 내적 평형이 깨지게 되면서 감당하기 어려운 불안이 야기되었기 때문이다.

선함을 거부하고 악함을 고수함으로써 자신의 정체성을 유지해오던 이 청년의 경우, 선함에 대한 경험은 청년이 딛고 서 있는 편집-분열자리라는 터전을 송두리째 흔드는 압도적인 경험이 될 수 있다. 이것은 캄캄한 탄광에 매몰되었던 광부가 구출되어 빛 가운데로 나오는 과정에서 안대(眼帶)를 제공하여 빛을 조절해주는 것이 필요한 것과 같다. 즉, 어둠에서 밝은 곳으로 나오려면 일시적으로 아무 것도 보이지 않게 되는 어둠을 경험하게 되기 때문이다. Edward Glover는 아주 고통스러운 감각과 아주 쾌적한 감각 사이에서의 급작스러운 변화는 그 자체가 고통이라고 말한다.[640]

청년이 집어넣은 혹은 상담자 안에서 유발되어 활성화된, 좋은 어머니역할을 그대로 재연하기보다는 그러한 재연이 주는 이면의 갈망 등 그 의미를 서로 소통하고 충분히 나쁜 상담자로 남아있을 수 있어야만, 빛이 어둠으로 경험되는 또 하나의 침범을 피할 수 있었을 것이다. 유발된 충동이나 욕망, 재연된 관계양상은 그것들이 무엇을 의미하는지 함께 탐색되어야만 치료적으로 활용될 수 있다. 그러나 대부분의 많은 내담자는 모성박탈로 인한 어려움을 겪고 있으며, 또한 대부분의 많은 상담자는 좋은 어머니역할을 하고자 하는 무의식적 소망을 가지고 있으므로, 전이-역전이의 상호주체적인 만남에 의해 치료적 교착상태를 가져올 수 있다. 이렇게 투사적 동일시의 재연은 비록 인식되기가 쉽지는 않지만, 상담상황에서 아주 흔히 일어나고 있는 현상이다. 그러므로 누군가를 돕고자하는 사람이라면 투사에 취약할 수 있는 자신의 부분들에 대해 제대로 인식해야만 한다.[641]

이 청년의 사례에서 볼 수 있듯이 이중자아의 악을 제거하려는 시도만큼이나 이중자아의 선을 제거하려는 시도 역시 자아자체를 파멸로 몰고 가기는 마찬가지다. 정신의 극단적인 분열을 가져옴으로써 정신의 온전성을 파괴할 수 있으므로, 분열은 그 자체로 정신에 해롭다.[642] 선한 함입물(introject)이나 악한 함입물들과 연관되는 리비도적 욕동과 공격적 욕동을 통합함으로써 공격성이 중화될 수 있다. 그러나 분열은 이러한 중화를 방해함으로써 성장에 필수적인 에너지원천을 박탈하여, 자아 약화의 근본원인이 된다.[643] 원인이야 어찌 됐든 이 청년과 같이 모든 사람을 적으로 여기고 사랑을 거부하는 것은 결코 작은 문제가 아니다. 이것은 자신을 자신으로부터 분리시키며, 자신과 하나님 사이에, 창조주와 피조물 사이에 분열을 만들어내기 때문이다. 사랑의 실패는 창조세계 안에 생긴 틈새(gap)에 해당한다고 Ulanov는 묘사한다.[644]

심리치료에서의 치유과정은 이전에는 파편화되고 분열되었던 자기와 경험의 부분들을 의식으로 되돌려서 통합되고 전체가 될 수 있도록 하는 과정이다. 또한 치유, 즉 건강한 성장은 성숙한 자기-수용과 자기-

인식이 이뤄질 때까지 내면화된 경험들, 대상들 및 자기-상태들을 포함하는 자신의 별개의 부분들을 점점 더 자각하고 통합하는 것을 토대로 한다. 따라서 심리치료에서 치료사는 내담자로 하여금 이전에는 억압되거나, 해리되거나 혹은 부인되었던 자기의 부분들에 접근하고, 이것들을 자기의 부분들로 인정하고, 돌보고, 심지어 수용하고, 사랑할 수 있도록 도와야한다. 겉으로 보기에 불일치하는 것도 전체인격의 더 크고 복잡한 통일성의 일부로 이해될 수 있다.[645]

물론 이러한 작업은 단 한 번에 끝나는 것이 아니다. 그것은 '자기'가 복합적이고 다중적인, 수많은 내적 표상들의 복합체로 구성되어있기 때문이다. 즉 내적 대상표상, 내적 자기표상, 그리고 이 둘을 연결하는 정서의 수많은 쌍들로 이루어진 내적 표상들의 복합체가 전체적(overall)으로 단번에 변화되는 것이 아니다. 그 부분들(sector)이 다양한 관계상황 안에서 다중적이고, 비연속적으로 오랜 시간에 걸쳐 변화하며 발달한다.

원치 않는 자기의 일부를 떼어내느라(분열), 그리고 그것을 남에게 쑤셔 넣느라(투사), 또 그 결과 조각나고 피폐해진 반쪽의 삶을 살아가느라 소진하던 힘이, 부정해오던 자기의 일부를 인식하고 되찾아옴으로써 있는 그대로의 자신의 모습을 온전히 수용(재내면화)하는 환희에 찬 힘으로 변화되는 것은 투사적 동일시에 대한 인식과 이해, 올바른 대처를 통해서 가능하다. 비로소 온전한 자기로 살아가며 마치 거듭난 듯 가벼움, 충만함, 자유로움, 경이로움, 해방, 치유, 포괄/전일성의 경험을 할 수 있게 된다. 방어에 쏟던 에너지가 창조적으로 사용되어 충만함과 자유를 느끼게 된다. Cashdan은 세상에서 존재하기 위해 사용해왔던 그들의 투사적 동일시를 그만둔 환자들은 마치 맷돌이 목에서 치워진 것 같은 심정을 느낀다고 말한다. 그들은 다른 시각으로 인간관계를 보기 시작하고 전에는 결코 생각할 수 없었던 선택방안들을 고려하게 된다고 표현한다.[646] 자기인식의 심화 확대를 경험하며 온전한 자기를 회복해가는 이 여정이야말로 진정한 기도의 삶이요, 비로소 내가 하나님 안에 하나님이 내 안에 거하시는 하나님과 동행하는 삶이다.

이렇듯 익숙하던 반쪽의 삶을 떠나보내고 온전한(wholistic) 삶을 맞이하는 애도의 과정에서 자기 속의 타자와 마주서는 낯선 경험, 즉 낯섦에 대한 원초적 공포는 다시금 우리를 편집-분열자리로 내몰기도 한다. 즉, 악과 죽음은 극복하여야할 대상이 아니라 늘 넘나들며 함께 가야할 삶의 일부다. 삶과 죽음, 몸과 영혼, 증오와 사랑 등 이원론적 분리와 억압을 넘어서는 통합이 바로 우리가 지향해야할 온전함이다. 온전함(wholeness)은 강박적 완전함(perfection)과는 다르다. 인간에게 있어서 완전함이란 신기루와 같다. 그것을 좇는 것 자체가 실패감과 좌절감을 초래한다. 완전함은 기계에 속한 것이지 인격에 귀속될 수 있는 속성이 아니다. 완벽을 향한 강박을 내려놓고 현재 자신의 모습을 인식하고 수용할 때, 모순되는 모습 사이의 간극을 외면하기 위해 끝없이 반복하는 분열이라는 무의식적 시도로부터 놓여난다.

분열이 적을수록 정체성에 대해 보다 많은 인식이 가능하다.[647] 선과 악은 마치 살과 피처럼 섞여있어서 어느 하나를 다른 하나로부터 떼어내는 것이 불가능하다. 원하지 않는 부분을 제거하고 온전히 원하는 부분만을 간직하려는 시도는 결국 자신을 파편화시키는 결과를 낳는다. '흰 눈처럼 정결케' 되기를 원하려면 얼마나 더 분열(억압, 해리, 부인)된 삶을 살아야하는 걸까?[648] 주님은 가라지를 뽑다가 밀까지 뽑게 되는 것을 염려하셨다.[649] 이 땅에서 몸을 입고 잘 산다는 것은 그날이 되기까지는 밀과 가라지가 같이 사는 것을 말한다. 수직, 수평으로 분열되어, 억압되고, 분리되고, 파편화되며, 자신에게 타자가 된 자기의 조각들을 주워 모아 연결함으로써 온전한 나를 회복해가는 과정이야말로 말씀이 육신이 되신 그분을 온전히 이해하는 과정이다.

기독교 신앙은 하나님께서 몸을 입고 이 땅에 오시어 이 세상을 긍정하는 성육신 신앙이다. 긍정이란 긍정적 한 쪽만이 아니라 부정적 다른 쪽까지 긍정하는 것을 의미한다. 예수가 몸을 입은 것은 죽음을 이기기 위해서가 아니라, 죽음을 수용하기 위한 것이다. 그렇지 않다면 죽을 몸을 입을 이유가 없다. 그는 삶과 죽음을 가르고(split), 죽음을 부인하며 내뱉어(편집-분열자리) 버리지 않고 수용하고 삼켰다(우울자리). "나의 하나님, 나의 하나님, 어찌하여 나를 버리셨습니까?(마 27:46)"라는 그의 피맺힌 절규는 십자가 위에서 몸을 즉, 죽음을 끌어안는 잔치의 함성이다.

투사적 동일시는 수평 분열된 억압과 수직 분열된 부인과 접촉하려는 무의식적 시도라고 할 수 있다. 투사적 동일시를 통하여 우리는 억압·억제되고, 부인·부정되어 보지 못하고 듣지 못하던 자신의 일부를 타인에게 투사함으로써 타인 안에서 보고 듣게 된다. 이때 이것들을 다른 사람들에게 속한 것이라고 거부해버리기보다는 오히려 자신의 경험의 일부분으로 통합하여 수용한다면, 그 기쁨은 마치 잃어버린 양 한 마리와 잃어버린 동전 한 닢을 찾은 기쁨이요, 집 나갔던 아들을 환대하는 아버지의 마음에 비할 수 있다. 이렇게 하여 더욱 깊이, 더욱 넓게 확대된 자신은 그 확대된 만큼 더욱 넓고, 더욱 깊게 이웃을 사랑할 수 있게 된다. 이것은 우리가 내 몸을 사랑할 수 있는 역량을 넘어 그 이상으로 내 이웃을 사랑할 수가 없음이다.

되찾아 온전해지기

신약성서의 잃어버린 아들의 비유를 투사적 동일시의 중심기제인 분열(떨어져 나가는)과 투사의 관점, 그리고 투사적 동일시가 변화를 위한 통로로 사용된 경우, 부수물인(되돌아오는) 통합의 관점에서 살펴보고자한다.[650] 신약성서 누가복음 15장 12절에서 작은 아들은 자기 몫의 재산을 나누어달라고 아버지에게 요구한다.[651] 아버지의 눈에는 그 아들이 아직 그만한 재산을 관리할 능력이 없어 보인다. 더구나 아들의 요구를 들어주게 되면, 재산을 탕진하는 것은 차치하고라도 험한 세상에서 아들자신이 망가질까 여간 두려운 게 아니다. 아버지는 자신이 평생 살아온 경험을 토대로 재산, 명예, 건강, 사랑 등을 지키기 위해 어떻게 처신하는 것이 바람직한지에 대해 온갖 지혜를 아들에게 조목조목 단단히 이르고, 그것들을 아들이 실수 없이 따르도록 철저하게 통제하고 싶은 마음이 간절하다. 그렇지만 아버지는 자기 자신의 불안을 다스리기 위해 아들에게 강박적 교훈을 늘어놓고자하는 유혹을 뿌리친다.[652] Ulanov는 우리가 하나님이 주시는 훨씬 좋은 것을 거절했기 때문에 열등한 만족을 주는 것들 속에서 괴로워하게 될지라도, 하나님의 응답은 우리가 선택한 대로 살아가도록 우리를 놔두시는 것이라고 말한다.[653]

자신의 불안을 아들에게 전가하지 아니하는 크신 아버지가 있기에 작은 아들은 별 두려움 없이 세상 속으로 뛰어들 수 있다. 아들이 방탕할 수 있는 것은 아들의 방탕을 허용하고 그 고통을 담을 수 있을 만큼, 그리고 그것을 견딜 수 있을 만큼 아버지의 그릇이 충분히 크기 때문이라고도 할 수 있다. Winnicott에 의하면, 아이의 자율적인 정신은 부모의 정신을 거스르는 데서 검증된다. 즉, 아이는 부모 혹은 부모 중 한 사람과 맞서 싸울 수 있는 기회를 가져야만 자신이 자율적인 정신을 가지고 있다는 것을 알게 된다.[654] 아들이 떠날 수 있는 것은 아버지가 놔줄 수 있기 때문이다. 이런 관점에서 볼 때, 방탕할 수 있는 것도 하나의 역량(the capacity for prodigal)이다. 또 아들이 되돌아올 수 있는 것은 맞아주는 아버지가 있기 때문이다. 허용해주고, 담아주고, 버텨줄 사람이 있을 때 되돌아올 수 있다.

하나님은 강박적으로 모든 일에 일일이 개입하여 악을 근절하지 않으신다. 가인이 아벨을 죽이려할 때, 요셉의 형제들이 요셉을 팔고자 할 때, 다윗이 밧세바를 범하려할 때, 하나님은 가인과 요셉의 형들 그리고 다윗의 그릇된 행위를 즉각적으로 저지하지 않으셨다. "분명한 점은 하나님이 세계의 모든 사건들을 완전한 통제 하에 두는 것이 아니기 때문에, 실제 악의 발생은 모든 피조물을 향한 하나님의 은혜와 상반된다고 할 수 없다."[655] 도리어 하나님은 유다를 속인 다말, 나라를 배반한 라합, 나오미와 짜고 보아스를 유혹한 룻, 남편살해에 공모하고 간음한 밧세바를 찾아오셨다. 우리가 불명예스럽고, 천박하다며 모멸하는 간음이나 반역, 속임수, 매춘 등을 일삼는 가장 연약한 모습의 인간을 찾아오신 것이다.[656]

과정신학에서 말하는 하나님은 전적인 통제를 하지 않기 때문에, 신적인 사랑은 세계 안의 내재적인 악이나 혹은 '불쾌함(disenjoyment)'의 많은 양과 모순되지 않는다.[657] 하나님은 세계과정의 세세한 것들을 지배하지 않기 때문에, 사건들의 주어진 상태의 실존은 하나님이 그것을 그렇게 의도하였음을 의미하지 않는다. 더구나 신의 목적과 높은 수준의 일치로부터 근원적으로 나온 상태에서 사건들이 지속되는 것은 하나님의 현재의지를 나타내지 않을 수도 있다. 그것은 하나님이 피조물의 즐김을 극대화하는 수단들로서의 새로운 가능성의 현실화를 격려하기 때문이다.[658] 이러한 하나님 개념은 인간이 고립되어있다고 느낄지라도 항상 하나님의 이해와 돌봄의 광대하심 안에 있음을 강조한다.[659]

방탕을 허용할 수 있을 만큼 크신 아버지와는 극명하게 대조되는 실례가 있다. 아들이 너무 말을 안 들어 걱정이라며 상담을 의뢰한 어머니가 있었다. 이 어머니는 아들의 개인전화 사용내역, 문자, 다이어리, 메일 등을 확인하고 아들이 어디서 누구를 만나 무엇을 하는지, 아들의 행동, 생각, 느낌 등 아들에 대한 모든 것을 알아야만 했다. 이 어머니는 아들이 군대에 있을 때가 가장 마음이 평안하였다고 한다. 그것은 아들이 어디서 뭐하고 있는지 확실히 알 수 있기 때문이라는 것이다. 이 어머니는 자신의 지나친 통제로부터 벗어나려는 아들의 몸부림을 상담으로 바로잡아야 할 못된 증상으로 생각했다.

이러한 어머니의 주장적이고 침범적인 행동에 대하여 아들은 수동 공격적 태도를 보지(保持)함으로써 통제적인 어머니의 더 강한 분노를 야기했다. 이것을 투사적 동일시의 관점에서 설명하자면, 어머니의 내면적 분노가 주장적이고 침범적인 행동으로 표현되고, 이것은 아들로부터 수동성이라는 암묵적인 분노를 유발한다. 이것은 다시 어머니의 분노를 자극하고, 어머니는 더욱 주장적이고 침범적이게 된다. 어머니와 아들 사이에 상호 투사적 동일시가 진행된다. 중국 격언에 '복수를 꾀하는 자는 무덤을 두 개 파야한다'는 말이 있다.[660] 즉 상대방을 향한 증오는 동시에 나를 파괴시킨다. 태만으로 어머니에게 복수를 꾀하는 아들은, 동시에 스스로에게서 효율성을 박탈함으로써 무력하고 수동적인 비활동으로 스스로를 파괴하였다. Hinshelwood에 의하면, 자기를 공격하는 방어기제는 통제할 수 없다고 느껴지는 공격성에 대한 최후의 방어다.[661]

아들은 수동 공격적 분노와 자신의 패배를 통하여 어머니로 하여금 실패감을 느끼도록 야기함으로써 어머니에 대한 승리를 경험하고 있었다. 어머니는 이러한 실패감을 만회하기 위하여 점점 더 침범적으로 간섭하고, 비판하고 통제하게 된다. 그럴수록 아들은 점점 더 수동 공격적, 비자율적, 비활동적으로 태만해짐으로써 서로를 더욱 취약하게 만드는 악순환이 반복되었다. 수동적 태도로 어머니에게 복수를 꾀하는 동시에 수동적 태도로 자신을 벌하는 것은 스스로가 피해자인 동시에 가해자가 되는 것이다. 내면화된 어머니로 하여금 자기 자신을 가해하도록 허용하는 것은 가해하는 어머니를 투사적으로 동일시한 결과로, 투사적 동일시의 악순환을 보여준다.

사실 이 어머니는 불안으로 질식할 것 같은 자신의 내면세계를 아들에게 투사하여 아들과 투사적 동일시를 하고 있다. 어머니는 아들과 융합되어서 미분화상태로 남아있기를 원한다. '분리에 대한 내적 갈등에 의해 공생관계에 대한 과도한 욕구를 가진 어머니'는 자신의 불안 때문에 아들의 분리, 분화, 독립, 자율을 허용할 수 없다.[662] Masterson과 Rinsley는 자신의 충족되지 못한 의존욕구를 충족시키기 위해 아이에게 매달리는 어머니에 관해 기술하였다. 이런 어머니는 어머니에게 매달리는 아이의 공생적 행동에 대해서는 인정과 지지와 정서적 자원을 제공한다. 반면, 아이가 자기주장성이나 분리 또는 개별화를 시도하면 분리로 인한 위협을 느끼고, 아이를 공격하거나, 비난하며, 적대적으로 대하고, 화를 내면서 공급과 인정을 철회한다.[663]

어머니가 - 아들의 모든 것을 통제하는 것으로 드러난 - 투사된 자신의 의존을 인식하고 그것을 놓아줄 수 있을 때 비로소 진정으로 분리가 가능해진다. 그러나 이것은 사별과 유사한 정도의 상실과 애도의 과정을 포함하는 매우 고통스러운 과정이 될 수 있다.[664] 아들에게 투사한 자신의 의존욕구와 분리불안을 인식하고 그것을 자신의 것으로 되찾아올 수 있다면, 아들과의 융합과 미분화 상태로부터 탈피하여 주체로 서게 되고, 비로소 아들을 하나의 주체로 인식하게 된다. 결국 투사적 동일시는 분열이라는 편집-분열자리에서 출발하여 되찾아옴이라는 우울자리에 이르는 여정이다.

반면, 누가복음 15장 11-32절에서 하나님의 사랑은 분리, 분화, 독립, 자율을 허용하는 '모험을 강행하는 사랑'이다.[665] 모험을 강행하는 사랑은 불안을 감내하는 사랑이다. 작은 아들이 집을 나간 그 순간부터 아버지의 정체성은 '기다림' 그 자체로 변한다.[666] 혹시 아들이 병에 걸린 건 아닌지, 식사는 제때 제대로 챙기고 있는지 등 걱정이 되어 잠을 이룰 수가 없다. 차라리 쫓아다니며, 간섭하는 것이 아버지에게는 훨씬 덜 불안하고 편할 것이다. 그렇지만 크신 아버지는 자신의 불안에 사로잡혀 아들의 주위를 맴돌며 일거수일투족을 꿰뚫어보고 통제하는 '헬리콥터 맘'이 아니다. 그저 온몸의 감각을 수신기처럼 곤두세우고 아들의 소식과 연결되기만을 기다릴 뿐이다. 아들이 집나간 그 날 이후로 그의 시선이 고정되어버린 지평선 끝에서 어느 날 검은 한 점이 보인다. 아버지는 그 점을 향해 무너질 듯 달려간다. 누더기 거지를 얼싸안고 덩실덩실 춤춘다. 집나간 아들이 돌아온 것이다.[667]

이제 아버지의 정체성은 '기다림'에서 '환대'로 변한다. 아버지는 오랜만에 돌아온 아들에게 그동안 어디서 어떻게 지냈는지 육하원칙(六何原則)을 들이대며 취조하듯이 꼬치꼬치 강박적으로 캐묻지 않는다. 지난날을 회개하고, 정결예식을 취하며, 용서를 구하라는 조건을 제시하지도 않는다. 아무런 조건 없이 맛난 음식과 좋은 옷을 준비하여 풍성한 잔치를 벌인다. 함께 먹고 마시며 마냥 즐거울 뿐이다. "환대는 존재 자체를 푸짐하게 안아주는 일이다. 공감이야말로 실로 숨 막히게 거행되는 충만으로의 회귀이자, 위대한 안식"이다.[668]

아버지의 정체성은 과거도 미래도 아니고 바로 '지금-여기'다. 살아계신 하나님은 과거행위를 따지는 것보다 현재관계를 중히 여기는 관계의 하나님이다. 현재는 과거를 품고 미래를 잉태하는 영원이다. 하나님의 마음과 눈은 과거로 향해있지 않다. 어느 사람도 과거를 떠나 백지상태에서 출발할 수는 없다고 하여도 과거만이 현재를 결정하는 것은 아니다. 생애에 어떤 사건(what)을 경험했는가보다는 그것이 지금 어떤 의미가 있는가 하는 것이 보다 더 중요하다. 즉, 지금 어떤 사람, 어떤 가치, 어떤 신념, 어떤 환경과 만나 어떤 잠재공간에서 어떤 지평융합을 하는가에 따라서, 과거를 변화시킬 수는 없다 하더라도, 과거에 대한 반응을 바꿀 수는 있다. 즉, 과거를 재구성할 수 있다.

작은 아들은 아버지 집에서 종살이라도 하겠다고 생각한다. 그는 죄책감에 사로잡혀 아들의 신분을 포기하고 스스로 종의 자리로 평가절하하여 위축된다. Klein은 자기비난을 우울자리에서의 내적 대상에 대한 비난으로 보기보다는, 우울자리에 만연한 이드에 대한, 자아의 증오에 의한 무가치감과 절망으로 설명한다.[669] 여기에서 '악'이란 실제로 과거에 지은 잘못된 행위 그 자체라기보다는, 바로 지금 여기서 우리와 관계하시려는 하나님의 환대를 받아들이지 못하는 것이라고 생각한다. 그것은 우리가 아직 현재를 살고 있지 않다는 의미다. 하나님이 아들로 환대하는 자신을 나쁘다고 비난하며 바람직하지 않게 여기고 과거의 어두움만을 반추하는 것은 하나님과의 연결을 거부하는 '죄'다. 우리는 대부분 자신의 죄책감 때문에 혹은 타인의 죄를 정죄하느라고 아버지의 잔치를 즐길 수가 없다. 짙은 어두움만을 고집하며 빛 되신 하나님을 소외시키는 것은 죄다. 간음한 것보다, 도적질한 것보다, 남편을 다섯이나 둔 것보다, 그 외 온갖 잘못을 저지른 것보다, 현재 나를 받아주시는 분의 환대를 받지 못하는 것이야말로 가장 큰 악이다. 인간은 빛을 삼키는 어둠에 갇혀 "하나님은 인간이 받기 위해서 마음을 여는 것보다 더 주려고 한다"는 것을 깨닫지 못한다.[670]

내담자 대부분을 포함하여 우리는 과거의 잘못을 되새김질하며 죄책감의 노예로 영원히 과거에 살고자한다. 이것은 자기를 용서하지 못하는 데서 온다. 자신을 사랑하지 못하는 사람은 자신의 이웃을 사랑할 수 있는 역량이 없으며, 이웃의 사랑을 받아들일 수 있는 역량도 없다. 사랑은 자기사랑에서 시작된다. '네 이웃을 네 몸같이 사랑하라'는 말은 네 이웃을 사랑할 수 있는 역량(capacity)이 네 몸을 사랑할 수 있는 역량을 초과할 수 없다는 말로 이해될 수 있다. Mary Anne Coate는 '용서를 받아들이는 행위는 자신을 용서하는 것을 포함하여야 하므로 용서를 받아들이는 것이 힘들다'고 말한다.[671]

여기서 악이나 죄, 용서에 대한 종교적 관점과 상처나 치유에 대한 상담적 관점 즉, 목회상담에서의 목회와 상담 사이의 긴장이 감지된다. 수치와 죄책에 휩싸여 관계로부터 철수하여 고립으로 빠져드는 것이 악하고 게으른 죄인의 모습인지, 아픈 상처에 매몰되어 절실히 치유를 필요로 하는 모습인지에 대한 긴장이 그것이다. 이를테면 병마(病魔)라는 표현은 가치중립적인 병(病)에 마(魔)를 덧입혔다. 많은 심신질

환자들에게 마귀 들린 자라는 낙인을 찍어 그 고통을 가중시키는 것이 일례다. 실제로 악하고 게으르다기보다는 수치와 죄책에 휩싸여 관계로부터 철수하여 고립으로 빠져들 수밖에 없는 역량의 부족에 대하여 Hinshelwood는 다음과 같이 말한다.

> 때때로 외부 세계(어머니 혹은 돌보는 사람)는 실제로 박탈하고 주체를 실망시키는 환경일 수 있다. 또는 주체가 자신을 도와주는 대상을 내사하지 못하는 문제가 발생할 수 있다. 이 둘 중 어느 경우라도 절망과 자원의 결핍이라는 결과를 산출할 수 있다. 그럴 경우 그 개인은 아마도 박해적 죄책감을 갖게 되고, 그 결과 손상 입은 대상의 항구적 노예가 될 것이다. 그런 내적 세계 안에는 도와주는 대상은 전혀 없고 해를 입히는 나쁜 대상들만이 살게 된다. 이것은 징벌적 죄책감을 만들어내는 가혹한 초자아에 의해서 자기가 지배당하는 내적 상황을 가리킨다.[672]

새로운 경험이 축적되어 과거의 문제가 무력화될 때 비로소 과거의 극복이 가능해지는 것이지, 과거와 씨름한다고 과거를 지울 수 있는 것은 아니다. 이것이 바로 편집-분열자리에서의 투사나 제거에 의한 해결이 아니라 우울자리에서의 수용과 수정에 의한 변화를 지향하는 이유다. 그러므로 문제를 온전히 극복하는 일은 바로 지금 여기 내 아버지 집에 거하는 것으로 족하다. "누구든지 그리스도 안에 있으면, 그는 새로운 피조물입니다. 옛 것은 지나갔습니다. 보십시오, 새 것이 되었습니다(고후 5: 17)."

큰 아들은 온갖 방탕한 생활에 빠져 자신이 가진 재산을 전부 탕진한 작은 아들이 집에 돌아와서 환대받는 것이 영 탐탁지 않다. 큰 아들은 작은 아들이 환대받는 대신 죄책감을 느끼고 징벌을 받아야 옳다고 생각한다. 아버지 명령을 한 번도 어긴 적이 없을 정도로 초자아가 지배적인 큰 아들이 투사적으로 동일시한 아버지는 친구들과 즐기라고 염소 새끼 한 마리 준 적이 없는 아버지다.[673] 일반적으로 투사적 동일시에는 이중 동일시가 일어난다. 자신이 투사한 것을 소유하고 있는 투사대상자와 동일시하는 투사자의 동일시와 투사된 것을 내사하여 동일시하는 투사대상자의 동일시(역 동일시)가 그것으로, 투사대상자는 투사자가 부여한 역할에 지배되기 마련이다. 그러나 여기서의 투사적 동일시는 이중 동일시 중 투사자의 동일시만이 있는 개인내적 환상의 한 몸 투사적 동일시다. 즉, 큰 아들은 아버지를 명령을 어겨서는 안 되는 사람으로, 그리고 친구들과 즐기라고 염소 새끼 한 마리도 준 적이 없는 사람으로 투사하고 동일시하고 있는 반면, 아버지는 큰 아들이 투사한 아버지상과 동일시하고 있지 않다.

큰 아들은 모름지기 그래야만 한다는 강력한 초자아의 지배하에 한 번도 아버지 명령을 어겨 본 적이 없다(눅 15: 29). 큰 아들은 아무런 자율성도 없이, 자기가 투사하여 동일시한 아버지가 가장 원한다고 스스로 생각한 대로 살기 위하여 노력해왔다. 큰 아들은 아버지의 사랑과 인정을 얻기 위해 있는 그대로의 자기 모습보다는 위장된 자기-적응이 필요하다고 느꼈을지도 모른다. 진정한 자기로 살지 못하고 외부의 기준에 맞추려고 애쓰며 사는 큰 아들에게는 삶이 기쁠 수 없고, 우울할 수밖에 없다. 이것은 자기를 기만한 것이고 결국은 자기가 기만당했다고 느끼게 되는 결과를 초래하였다. 어쩌면 오히려 자기 몫을 달라고 요구할 수 있고, 멀리 떠날 수 있고, 방탕할 수 있는 작은 아들보다 큰 아들이 아버지와 심리적으로 훨씬 멀리 있다고 볼 수도 있다. 즉, 순응이라는 방어적 관계방식으로 살 수밖에 없는 큰 아들보다 비순응적인 작은 아들이 더욱 건강하다고 말할 수 있다. 이렇게 엄격한 초자아의 태도를 유연하게 변화시키는 것이 심리치료의 한 목표가 될 수 있다. 자신의 부족함을 인식하고 종으로라도 살아보겠다며 하심(下心)을 갖고 있는 방탕한 작은 아들과는 달리, 큰 아들은 자신의 노력에 대하여 자신이 동생보다 도덕적으로 우월하다는 자기감을 갖고, 자아 동조적으로 자기 의에 사로잡혀 살아왔기 때문에 그러한 변화에 개방적일 수 없다.

　이때 아버지는 죽은 줄 알았던 동생이 살아왔는데 샘이나 내느냐며 형을 나무라지 않는다. 그랬다면 큰 아들이 투사한 대로 동일시하여 투사적 동일시에 걸려 통제되는(hooked and controlled), 모름지기 그래야만 하는 것을 요구하는 초자아적인 아버지가 된다. 그러나 아버지는 투덜거리는 큰 아들의 속 깊은 갈망 즉, 실은 자기를 위해서도 동생처럼 잔치를 열어주고 환대해주기를 바라는 소망과, 위장된 자기-적응 이면의 관심과 인정을 갈구하는 취약성, 그리고 그러한 갈망의 좌절에 의한 분노를 읽어낸다. 아버지는 관심을 기울여 큰 아들을 바라보고, 그의 말을 주의 깊게 들어주며, 불편한 마음을 헤아려 주고, 자신은 늘 그와 함께 있으며, 자신의 모든 것은 다 그의 것이라고 그의 마음을 어루만진다.[674] 아버지는 큰아들의 투사적 동일시를 의사소통의 수단으로 활용하여 근저의 동기를 이해하고 깊은 공감으로 되돌려준다.

큰 아들은 아버지가 자기가 생각했던 것처럼 그렇게 비판적이거나 인색하지 않다는 것을, 그리고 자신을 전적으로 받아주고 있다는 것을 경험한다. 아버지의 인정과 사랑을 확인한 큰 아들은 자신이 생각한 아버지는 자기가 만든 내적 아버지상이었음을 깨닫게 됨으로써 자신의 투사물을 거두어들이고, 투사적 동일시에 의한 왜곡이 제거된다. 마치 순차적으로 일어난 것처럼 묘사한 이 모든 과정은 사실 동시에 일어난 일이다.

누가복음 15장에 나오는 두 아들 이야기를 해리에 초점을 두는 현대 심리학적 관점에서 본다면, 마치 지킬 박사와 하이드에게 선과 악이 각각 해리되어 나타난 것 같이 한 사람 안에 있는 두 측면을 큰 아들과 작은 아들이 대표하여 표현하고 있다고 볼 수도 있다. 여기서 아버지는 지킬과 하이드, 즉 큰 아들과 작은 아들을 한 집에 모아 한 가족으로 잔치를 벌이는 통합의 기능을 한다.

또한 이 이야기를 자아심리학적 관점에서 다시 표현해보면, 쾌락원칙에 따라 제멋대로 사는 작은 아들(원본능, id), 규범적이고 비판적인 삶을 사는 큰 아들(초자아, super ego), 이 둘을 잘 아우르며 함께 품으시는 아버지(자아, ego)로 비유할 수 있다. 이 세 사람은 어쩌면 한 사람의 내적 세계에서 서로 갈등하고 있는 부분들의 표상일 수도 있다.

여기서 흥미로운 것은, 대부분의 사람들이 하나님을 건강한 이고의 위치에 두는 것이 아니라 가혹한 초자아의 위치에 두고 죄책감에 떠는 경우가 많다. 또한 하나님을 전적으로 좋은 선(all good)과 전적으로 나쁜 악(all bad)의 분열에 사로잡힌 히스테릭한 경계선 내담자처럼 생각하는 경우가 많다. 이들은 하나님을 "율법의 설정자와 심판자로, 그래서 임의적인 도덕규칙을 선포하고, 그것을 어기는 자들의 기록을 보존하며, 그 범법자들을 벌하는 우주적 도덕가로 생각한다. 이것은 인간에 대해 이차적인 것을 일차적인 것으로 만들며, 또한 인간에 대한 내재적 중요성의 범위를 단지 도덕행위를 할 수 있는 존재로만 제한하는 것이다."[675]

그러나 John B. Cobb, Jr에 의하면, 하나님이 거할 '저 위(up there)'나 '저 밖(out there)'이란 곳은 없다.[676] 이 이야기가 표명하는 하나님은 '추상적이고 관념적인 하나님이 아니라 구체적인 하나님, 참으로 살아계신 하나님, 즉 우리와 함께 고통당하면서 그 고통과 부조화를 극복해 나가시는 하나님'이시다.[677] Elizabeth Johnson은 하나님 이미지를 유동적이고, 다중적이며, 매우 관계적인 것으로 제시하여, 어떻게 삼위일체 이미지가 단일체적이고, 전체주의적인 하나님 이미지들에 도전하는지에 대해 설명한다.[678] 현대의 삼위일체적인 과정신학과 해방신학, 그리고 여성신학에는 이미 그러한 복잡성과 다양성, 그리고 다변성의 신학을 지지할 수 있는 요소들이 담겨있다.[679]

아버지는 윤리도덕의 강박적인 교리주의자가 아니다. 간음하였다고 돌로 치고, 세리라고 멀리하며, 남편이 다섯이라고 호적에서 파고

의절하는 그런 아버지가 아니다. 아버지는 아들이 그릇된 길에 빠지지 못하도록 무소부재하게 쫓아다니며, 전지전능하게 간섭하는 분이 아니다. 집 떠난 아들을 초조하게 기다리고, 돌아온 아들을 온몸으로 환대하며, 아들이 처한 현재 상황 속에서 함께 고락을 나누며 살아 움직이는 분이기에 고정불변하지 않으시다. 아버지는 어떠한 허물이 있는 아들이라도 그의 품으로 파고들 수 있도록 허용하는, 또는 파고들기를 바라는 크신 아버지다. 금의환향(錦衣還鄉)한 아들을 내놓으라는 듯이 자랑하며 잔치를 벌이는 아버지가 아니라, 남부끄러워 집구석에 숨기고 싶을 정도로 초라한 거지꼴의 아들을 위해 내심(內心) 피눈물(血)을 흘리며 기쁘게 환대하는 긍휼(矜恤)의 아버지다.

 이상에서 우리는 어둠 속에 갇혀 절망을 뿜어낼 수밖에 없는 내담자들의 한숨에 귀 기울이고, 그들과 함께하기 위해 기꺼이 어둠 가운데 거하며, 함께하므로 더 이상 절망적으로 느껴지지 않는 어둠을 끌어안을 수 있게 되는 투사적 동일시의 투사, 유도, 재내면화의 여정에 함께하였다.

CHAPTER **6**

결론

너와 나의 경계를 넘어서 내가 네 안에 네가 내 안에 거할 수 있는 투사적 동일시라는 전능환상은 인간에게 초월을 허용한 하나님의 선물이다. 이로써 투사적 동일시는 나의 혹은 너의 감정, 충동, 관계경험 등을 너와 혹은 나와 공유하는 방법으로 활용될 수 있다. 서로가 서로를 묶고 묶이는, 걸고 걸리는, 담고 담기는, 엮고 엮이는, 낚고 낚이는 투사적 동일시로 인해 하늘 아래 그 어느 누구도 혹은 그 어느 것도 별개로 떨어져있는 것이 아니라 함께 연결되어있다. 우리는 마치 들숨과 날숨을 통하여 우주 에너지를 공유·호흡하며 신체적 생명을 유지하는 것과 마찬가지로, 투사, 내사, 동일시, 투사적 동일시 등 심리·정서적 호흡을 통하여 심리·정서적 삶을 조직·유지하며 서로를 구성한다.

이 책을 통하여 투사자가 투사한 것이 투사수용자 안에 체화되어 (embodied), 투사수용자로 하여금 투사자의 무의식적 환상과 일치되는 방식으로 경험하도록 압력을 행사함으로써, 투사자와 투사수용자 사이에 이중 동일시가 일어나는 것이 투사적 동일시의 중심 면모인 것을 살펴보았다. 너와 나의 경계를 넘어서 내가 네 안에 네가 내 안에 거할 수 있는 투사적 동일시라는 전능환상은 인간에게 초월을 허용한 하나님의 선물이다. 이로써 투사적 동일시는 나의 혹은 너의 감정, 충동, 관계경험 등을 너와 혹은 나와 공유하는 방법으로 활용될 수 있다. 그것이 의존, 힘, 성, 환심, 소유, 욕망 등 무엇이건 간에 그것으로 서로가 서로를 묶고 묶이는, 걸고 걸리는, 담고 담기는, 엮고 엮이는, 낚고 낚이는 투사적 동일시로 인하여 하늘 아래 그 어느 누구도 혹은 그 어느 것도 별개로 떨어져있는 것이 아니라 함께 연결되어있다. 별개의 개체들이 눈에 보이지 않는 넘나듦을 통하여 서로가 서로 안에 똬리를 틀 수 있다는 것은 투사적 동일시를 통해 우리에게 제공된 신비다. 똬리를 튼다는 것은 이론가에 따라 머물다(repose), 거하다(inhabit), 점거하다(take over), 담기다(contain), 체화하다(embody), 화육하다(incarnate), 동일시하다(identify) 등으로 표현되며, 이보다 더 살아있고 생생하고, 즉시적이고, 상호주체적 교류는 있을 수 없다.

사실 우리는 우리가 별개의 개체라는 개념자체에 의문을 제기할 수 있다. 우선 생물학적 측면에서 우리가 들이쉬고 내쉬며 호흡하는 자체, 그리고 먹고 마시고 배설하는 신진대사 자체를 보면, 우리가 자신을 둘러싸고 있는 환경과 유기적 관계를 맺고 있다는 것을 수긍하지 않을 수 없다. 이때 자신 이외의 어떤 누구, 어떤 것이라도 환경이라고 할 수 있다. 환경과 자기는 서로에게 환경이 되며 서로를 구성하는 하나의 유기체다. 일례로 인간이 파괴한 환경에 의해 오염된 먹거리가 다시 인간을 파괴하는 것을 볼 때, 인간이 환경을 파괴하는 것은 곧 자기를 파괴하는 것이다.

심리학적 측면에서 볼 때, 우리는 마치 들숨과 날숨을 통하여 우주 에너지를 공유·호흡하며 신체적 생명을 유지하는 것과 마찬가지로, 투사, 내사, 동일시, 투사적 동일시 등 심리·정서적 호흡을 통하여 심리 정서적 삶을 조직·유지하며 서로를 구성한다. 내면세계와 외면 세계의 상호 침투적 구성은 전 생애를 거쳐 지속되는 과정이다.

사회적 측면에서 볼 때, 인간의 자아는 언제나 타인들과 함께 사는 가운데서 그리고 그들의 삶에 동참함으로써 자신을 드러낸다.[680] Karl Rahner에 의하면, 하나가 된 세계 안에서 그리스도교의 형제/자매성은 가까운 이웃이나 옆집 울타리에서 멈출 것이 아니라 참으로 세계적으로 넓혀나가야 한다. 그리고 오늘날 형제/자매성의 구체적 상황은 우리가 원하든 원하지 않든, 세계적 규모로 되어있다.[681]

끝으로 영적 측면에서 볼 때, 인간의 삶은 신체적-심리적-사회적 차원을 지닌 인간만의 관심사가 아니라, 하나님과도 역시 연루된다. 하나님 안에서는 물질과 정신, 인간의 본성과 우주, 피조세계와 창조자가 서로 맞물린다. 여기서 지존자가 땅의 가장 밑바닥의 현실과 만나기 때문이다. 물질과 정신, 인간과 신의 확실한 연합이 바로 화육의 신비로부터 나오는 힘이다.[682] 우리는 우리의 자기들이 상호 침투함으로써 전체 인간성을 구성하고 있을 뿐만 아니라, 성만찬에서처럼 같은 음식을 먹고 마시며, 서로 교제하는 존재다.[683]

이 책을 통하여 우리는 투사적 동일시 기제로 서로 담고 담기며, 엮고 엮이며, 상호주체적으로 연결되어 있는 '망 속에 살아있는 문서'(living document in a web)라는 것을 확인하였다. 즉, '망 속에 살아있는 문서'가 쓰여 지는 기제는 투사적 동일시며, 그 저자는 그를 포함하여 그를 둘러싼 모든 것이고, 그 내용은 그를 포함하여 그를 둘러싼 모든 것이다. 망 속에 살아있는 문서를 읽는 자는 그 문서의 등장인물이 되어 스스로가 망 속에 살아있는 문서가 됨으로써 문서를 읽게 되고, 읽는 자가 소화해낸 변형된 등장인물로 인해 기존의 문서는 이미 제3의 문서가 된다. 이렇게 망 속에 살아있는 문서를 읽는 자가 문서의 자기가 되기도 하고 문서의 대상이 되기도 하면서 읽는 자와 쓰는 자는 서로의 역할을 전복시키기도 하고 이 신 저 신을 신어 보며 새로운 정체성을 만들어간다. 읽는 자와 쓰는 자는 서로가 서로를 구성하고 있으므로 읽는 행위 자체가 동시적으로 쓰는 행위가 된다. 즉, 읽는 것 자체가 곧 쓰는 것이다. 이렇게 망 속에 살아있는 문서는 상호주체적으로 성장, 성숙, 퇴행하며 계속 과정 중에 있다.

망 속에 살아있는 문서가 감당할 수 없어서 부인(disavowal), 억압(repression) 등의 기제로 분열하여 투사한 내용들은 얼핏 보면 드러나지 않지만, 그것을 담고 있는 상대와의 관계를 통하면 드러나게 된다. 감당할 수 없어서 수직분열의 부인(disavowal)과 수평분열의 억압으로 냉동되어 형체를 알 수 없었던 것들이 관계 속에서 녹아나 형체를 드러낸다. 이것은 마치 종이에 하얀 양초로 써서 보이지 않던 글에 열이 가해져 초가 녹으면서 글이 드러나는 것과 같다. 망 속에 살아있는 문서는 관계가 없이는 존재 자체가 가능하지 않다. 관계로 쓰고 관계로 읽는 관계의 문서다. 다음으로 이 책의 한계를 돌아보고, 보충할 점을 제안하고자한다.

평가와 제언

투사적 동일시는 마치 들숨과 날숨과 같이 인식을 하건 못 하건 우리가 살아 있는 한 계속되는 투사와 내사의 상호의존적 관계로 구성되어 있으며, 그 효과가 미치지 않는 영역이 없다. 그럼에도 불구하고 이 책에서는 그 탐구영역을 개인상담 세팅에만 한정하였다. 이러한 한계를 넘어 향후에는 사랑과 증오 등 강력한 정서적 상호작용이 개입되어 있는 정당 간의 파벌싸움, 국가 간의 전쟁, 테러, 인종차별, 성차별, 넛지(nudge)현상 등 임상상황 외의 일상생활에서 흔히 일어나지만 인식하지 못하는 정상적·병리적, 긍정적·부정적, 상호적·일방적 투사적 동일시의 현상들을 고찰해볼 수 있겠다.

물론 이러한 연구 역시 투사적 동일시라는 심리내적 기제가 대인간 측면, 사회적 측면, 그리고 더 나아가 목회신학적 측면에서 어떻게 상호영향을 미치는지를 탐구하는 목회상담자로서의 관점에서 출발하는 것이지 사회과학적 접근을 의도하는 것은 아니다. 즉, 투사, 유도,

재내면화라는 동시적이고 상호의존적 과정을 통해 무의식적 요소가 상호 침투하는 투사적 동일시의 상호주체적 관점에서 심리내적 환상인 개인내적 현상, 대인 간 의사소통인 대인 간 현상, 가정이나 집단 등 두 사람 이상의 자기 및 대상의 다중적 부분들 사이의 관계현상, 인간중심적 사고에서 벗어나 서로가 서로를 구성하며 전 우주생태가 한 몸을 이루는 유기체적 현상에 대하여 고찰하는 것이다.

연구 가능한 몇몇 주제들을 좀 더 구체적으로 제안해보면 다음과 같다. 이를테면, 특히 넛지(nudge) 현상의 탐구는 투사적 동일시를 사회변화를 위한 도구로 활용하는 연구가 될 것이다. '넛지(Nudge)'의 사전적 의미는 '팔꿈치로 슬쩍 찌르기', '주의를 환기시키기', '타인의 선택을 유도하는 부드러운 개입' 등이다. 이는 타인의 반응을 무의식적으로 유도한다는 의미에서 투사적 동일시의 현상으로 설명될 수 있다. 좋은 것을 암묵적으로 투사하여 좋은 결과를 무의식적으로 유도해내는 넛지 현상은 이 책의 한계를 보완하는 하나의 예가 될 수 있다. 그것은 목회상담을 필요로 하는 내담자들이 나쁜 것을 투사할 수밖에 없는 처지에 있는 '지극히 보잘 것 없는 자들'이 대부분이기에, 이 책에서는 투사적 동일시의 투사과정에서 좋은 것을 보호하기 위한 투사 외에 나쁜 것을 제거하고 통제하기 위한 투사에만 초점을 두었기 때문이다.

그리고 현 한국에서 급속도로 증가하고 있는 다문화가정의 어려움을 이해하기 위한 방안의 하나로, 투사적 동일시의 관점에서 인종차별에 대한 기제를 연구하는 것도 의의가 있을 것이다. 이를 위해 John

Howard Griffin의 『블랙 라이크 미: 흑인이 된 백인 이야기』는 투사적 동일시와 연루된 주관적 경험을 탐구하는 좋은 참고자료가 될 수 있을 것이다.[684] Klein도 "On Identification"라는 논문에서 If I Were You 라는 Julien Green의 소설을 가지고 투사적 동일시에 대하여 자세히 논한 바 있다.[685] 『블랙 라이크 미』에서 백인인 그리핀은 피부과 전문의의 협조로 색소 변화를 일으키는 약을 먹고, 강한 자외선을 온몸에 쪼이며, 머리를 삭발한다. 흑인의 몸으로 흑백 인종차별이 가장 심한 남부지역에서 약 7주간 살면서 몸소 체험한, 차별과 편견에 관해 기록하고 있다. 이 책은 본래 백인 정체성을 가지고 있는 그리핀에게 흑인 정체성이 투사되어 강요되며 생생하게 경험되는 흑인으로서의 삶을 통해 인종차별을 고발하고 있다. 또한 투사와 내사 사이의 상호작용이 균형을 잃고 적대적 투사가 과도한 경우, 투사수용자가 얼마나 박해를 느끼게 되는지, 또 그의 자아역량, 다른 사람과의 관계, 내면세계의 질이 얼마나 황폐화되는지를 보여준다. 이 책에서 인종차별에 대한 이슈를 투사적 동일시라는 심리기제로 분석해나가는 방법론은, 다문화가정의 구성원들이 겪는 정체성의 혼란과 인종차별에 의한 어려움을 들여다볼 수 있는 도구로 활용될 수 있을 것이다.

끝으로 이 책에서 투사적 동일시 개념을 정리하며 여러 외국 이론가들의 이론을 나열하는 데 급급했던 면이 아쉬움으로 남는다. 그러나 국내에 투사적 동일시에 대한 전반적 연구가 거의 되어있지 않은 상태에서, 여러 부분에 있어서 미비한 점이 많이 있긴 하지만 이 책의 자료들이 이후 투사적 동일시를 연구하는 사람들이 딛고 올라갈 수 있는 단 한 칸의 디딤돌이 될 수 있다면, 그것이 이번 출간의 의의가 되지 않을까 생각한다.

| 편집후기 |

우리는 던지고, 걸리는 투사와 동일시의 '갈고리즘' 속에서 오늘도 살아간다. 갈고리즘 속에는 얽히고설킨 역동들만 즐비하다. 그러나 어쩌면 그것은 나 자신이 낚이고, 던지는 감정들을 인식만 해도 빠져나올 수 있을만한 관계의 덫에 불과할 수 있다. 저자는 이론적 근거들의 명확성과 사례를 통한 친절함으로 투사적 동일시의 덫에 대하여 선명하게 조명해주고 있다.

홍순아 박사

이 책의 교정작업은 내게 무의식이라는 새로운 세계로의 즐거운 여행과 같은 시간이었으며, 많은 것을 배우고 익히는 시간이었다. 아는 만큼 보인다는 말을 실감케 하는 이 책을 통해 무의식으로 소통하는 투사적 동일시의 개념을 알고 나니, 우리가 일상에서 얼마나 많은 투사적 동일시를 하면서 살아가고 있는지를 비로소 깨닫게 되었다. 이 책은 우리의 일상을 전혀 다른 일상이 되게 만들어준다.

최원민, 석박통합 7학기

이 책의 2장을 교정하면서 뇌리에 각인된 것은 투사적 동일시가 특별한 상황, 특별한 사람에게만 나타나는 현상이 아니라 모든 사람의 만남에서 일어나는 일반적, 보편적 현상이라는 점이다. 투사적 동일시를 정확히 이해하고 사용할 수 있는 능력을 갖춘다면 소통이나 상대를 이해하는 데 있어 새로운 지평이 열리게 될 것이며, 무언의 의사소통이 가능한 '새로운 언어'를 습득할 수 있게 될 것이다.

양황승, 석박통합 8학기

저자는 인간관계 안에 대단히 편만하게 존재하는 투사적 동일시 기제에 담긴 놀라운 가능성과 함의들을 연결하고 확장시킨다. 만약 우리가 투사와 내사, 동일시가 복잡하게 얽히는 투사적 동일시 과정의 함의를 올바로 읽어낼 수만 있다면, 역설적이게도 우리는 자신을 독립된 주체로 발견하고 동시에 서로를 구성하는 한 몸 공동체를 이루게도 된다. 저자는 "존재한다는 것은 존재를 함께 나누는 것"이라고 말한다. 그리고 이것은 기쁨의 경험이며, 그 "기쁨의 중심에는 우리가 타자를 신뢰할 수 있다는 행복한 깨달음"이 있다고 나지막이 덧붙인다. 그리고 석사과정이라는 짧은 시간을 함께했을 뿐인 내게 이런 지면을 할애해 주신 스승께 어떤 감사의 표현도 부족하다. 아마도 나의 스승은, 도움의 일방적인 수혜자와 시혜자가 있는 것이 아니며 서로는 도움을 주고받는 관계이자 서로를 구성하는 한 몸 공동체를 이룬다는 당신의 신념을 이런 방식을 통해서도 몸소 실천하고 계신 것 아닐까 짐작만 해볼 뿐이다.

곽재은, 석사 졸업

투사적 동일시만큼 헷갈리는 개념도 없다. 책에서 볼 땐 아는 것 같으면서도 막상 현실에서는 긴가민가하게 된다. 본 책을 통해 투사적 동일시 개념의 발달뿐 아니라 과정과 기능, 사례까지 살펴볼 수 있어서 무척 반가웠다. 투사적 동일시에 관한 책을 100권쯤 읽은 느낌이다.

상희정, 석사 졸업

이 책은 내게 크게 두 가지 측면에서 유익이 되었다. 첫째, 나의 목회에 준 유익이고 둘째, 나의 삶에 준 유익이다. 특히 투사적 동일시에 대한 목회-신학적 의미를 밝히며 목회상담현장에 적용한 5장을 통해 투사적 동일시가 목회현장에서 어떻게 작용하고 어떻게 활용될 수 있는지 깨닫게 되어, 설교와 심방 그리고 성도와의 교제에서 성도들의 말 못 하는 아픔과 고통을 공감하고 담아줄 수 있는 역량을 높일 수 있었다. 그리고 내 삶은 투사적 동일시를 알기 전과 후의 삶으로 나뉜다 해도 과언이 아니다. 부부갈등이 해결되고 부부사이가 좋아졌으며 심리적으로 재탄생하였다. 맘도, 몸도, 목회도, 가정도 아주 편해졌다. 이 책을 읽고 투사적 동일시가 보여주는 멋진 신세계를 경험해보시기를 강추한다.

최영한, 석박통합 4학기

알 수 없는 감정이 올라와 마주 대하기 힘든 사람들을 만날 때가 있다. 이것이 내 안에서 올라온 것인지 아니면 상대가 나에게 준 것인지 분별하지 못해 부적절하게 감정을 다루려다 낭패를 보기도 한다. 투사적 동일시를 이해하는 것은 나의 마음을 지킬뿐 아니라 타인에 대한 공감과 섬김의 통로가 될 수 있어 소중하다. 어느 정도 이해한 것 같아도 돌아서면 다시 모호해지는 투사적 동일시 개념을 선명하게 밝혀 줄 책을 만나게 되어 감사하다.

길소연, 박사 5학기

주(註)

1 클라인은 이런 심리상태의 결과, 우울불안을 성공적으로 극복할 수 없게 되고, 환상의 삶뿐만 아니라 사랑 및 대상관계의 역량이 저지되고, 상징형성 과정이 방해받게 되고, 관심과 승화의 억제가 초래된다고 설명한다. Melanie Klein(1952d), "On Observing the Behaviour of Young Infants," in Envy and Gratitude and Other Works: 1946-1963 (New York: Free Press, 1975), 104.
2 Michael Stadter, 김도애 이재훈 역, 『대상관계 단기 치료』(서울: 한국심리치료 연구소, 2006), 73.
3 Thomas H. Ogden, Projective Identification and Psychotherapeutic Technique (New York: Jason Aronson, 1982), 1.
4 투사적 동일시는 치료상황, 분석상황, 상담상황, 일상생활 등 상호작용이 있는 곳이라면 어디서도 작용하는 심리기제다. 따라서 이 책에서는 그 상황에 따라 치료자/환자, 분석가/피분석가, 상담자/내담자, 투사수용자/투사자, 어머니/자녀 등의 용어들을 혼용하고 있다.
5 투사적 동일시의 핵심은 투사자가 자신의 관계양상이나 정서경험을 투사대상자 안으로 투사하여 이를 투사대상자로부터 유도(induce)하는 것이다. 이런 의미를 표현하기 위하여 이론가들에 따라서는 통제(control), 유발(elicit), 걸기(hook), 넛지(nudge), 활성화나 재연(enactment), 조종(manipulation) 등 다양한 용어를 사용한다.
6 '알고는 있으나 사고되지 못한 것'(the unthought known)은 Christopher Bollas의 표현으로 상징적 혹은 전(前) 상징적 정신의 비언어적 내용들, 몸과 신체감각의 지식을 포함한다. Christopher Bollas, 이재훈 이효숙 역, 『대상의 그림자: 사고되지 않은 앎의 정신분석』(서울: 한국심리치료연구소, 2010), 참조. '알고는 있으나 사고되지 못한 것'(the unthought known)은 비온의 베타요소와 유사한 개념이다.
7 여기서 '모성' 혹은 '부성'은 생물학적으로 구분된 구체적 성별유형에 대한 고정관념이 아니라 기능적 특성을 지칭한다.
8 Elisabeth Badinter, 심성은 역, 『만들어진 모성: 17-20세기 모성애의 근대사』(파주: 동녘, 2009), 324.
9 Carol Gilligan, 허란주 역, 『다른 목소리로: 심리이론과 여성의 발달』(서울: 동녘, 1997), 참조. '여성성'은 단지 생물학적으로 구분된 구체적 성별유형에 대한 고정관념이 아니라 기능적 특성을 지칭한다.

10 Glen O. Gabbard, 노경선・김창기 공역,『장기 역동정신치료의 이해』(서울: 학지사, 2007), 139.
11 N. Gregory Hamilton, 김진숙 외 공역,『대상관계이론과 실제: 자기와 타자』(서울: 학지사, 2007), 129.
12 Trevor Lubbe, "Projective Identification Fifty Years On: A Personal View," Journal of Child Psychotherapy 24(1998), 367.
13 Robert D. Hinshelwood, 이재훈 역,『임상적 클라인: 이론과 실제』(서울: 한국심리치료연구소, 2006), 14-15.
14 이 책에 나오는 사례는 익명성을 위해 내담자들의 배경을 여러 사람들의 경험을 토대로 변경하여 만든 허구적 구성물이다.
15 이 책에서의 성서적 접근은 영문도 모르는 채 고통을 당하며 절박한 입장에서 상담실을 찾는 일반 내담자들의 자리에서 거칠게 이해하는 성서적 관점을 반영한다. 따라서 전통적인 성서학적 관점과 충돌할 수 있는 소지가 있을 수 있다.
16 Patrick John Casement, 김석도 역,『환자에게서 배우기』(서울: 한국심리치료연구소, 2003).
17 Sheldon Cashdan, 이영희 외 공역,『대상관계치료』(서울: 학지사, 2005).
18 Michael Stadter, 김도애・이재훈 역,『대상관계 단기치료』(서울: 한국심리치료 연구소, 2006).
19 N. Gregory Hamilton, 김진숙 외 공역,『대상관계 이론과 실제: 자기와 타자』(서울: 학지사, 2007).
20 Jill Savege Scharff and David E. Scharff, 이재훈 역,『대상관계 부부치료』(서울: 한국심리치료연구소, 2003).
21 Charles V. Gerkin, "투사적 동일시와 하나님의 이미지: 대상관계이론과 종교심리학의 비교," Brian H. Childs, and David W. Waanders, 장성식 역,『인간이란 무엇인가?』(서울: 한국장로교출판사, 2004), 77.
22 Elizabeth Bott Spillius, ed., Melanie Klein Today: Developments in Theory and Practice. Vol. I: Mainly Theory (London: Routledge, 1988), Melanie Klein Today: Developments in Theory and Practice. Vol. 2: Mainly Practice (London: Routledge, 1988).
23 Ogden, Projective Identification and Psychotherapeutic Technique 외
24 권복순・이은화 "폭력행동 청소년에 대한 상담사례 연구: 어머니의 투사적 동일시를 중심으로", 김진숙 "대상관계 가족치료의 한국적 적용에 관한 연구"와 "투사적 동일시의 의미와 치료적 활용", 박선영 "생후 초기 주체의 심리구조화에 관한 연구: 클라인의 망상-분열적 위치와 빅의 피부이론을 중심으로", 도상금 "심리치료 장면에서 치료자의 경험: 역전이 개념과 활용을 중심으로", 최가희・조성호 "상담자의 역전이 관리능력과 내담자에 대한 인상형성", 최영민의 "투사적 동일시: 심리적 의미와 치료적 활용" 참조.
25 Nathan Field, "Projective Identification: Mechanism or Mystery?," Journal of Analytical Psychology 36(1991), 93-109.

26 Arthur Malin and James S. Grotstein, "Projective Identification in the Therapeutic Process," International Journal of Psycho-Analysis 47(1966), 26-31.
27 Ann Garland, "Reclaiming the Rubbish: A Study of Projective Mechanisms," Psychodynamic Counseling 7(2001), 177-185.
28 Meira Likierman, "Some Questions About Divergences and Similarities Between Kleinian and Intersubjective Approaches: Reply to Commentaries," Psychoanalytic Dialogues 16(2006), 407-412.
29 Lubbe, "Projective Identification Fifty Years On," 367-391.
30 Rosemary Rizq, "Ripley's Game: Projective Identification, Emotional Engagement, and the Counselling Psychologist," Psychology and Psychotherapy: Theory, Research and Practice 78(2005), 449-464.
31 위의 책, 453.
32 너희는 내가 주릴 때에 내게 먹을 것을 주지 않았고, 목마를 때에 마실 것을 주지 않았고, 나그네로 있을 때에 영접하지 않았고, 헐벗었을 때에 입을 것을 주지 않았고, 병들어 있을 때나 감옥에 갇혀 있을 때에 찾아주지 않았다. …… 그 때에 임금이 그들에게 대답하기를 '내가 진정으로 너희에게 말한다. 여기 이 사람들 가운데서 지극히 보잘 것 없는 사람 하나에게 하지 않은 것이 곧 내게 하지 않은 것이다'라고 말할 것이다(마 25: 42-45). 이 책은 성서본문을 새번역에서 인용하였다.
33 예루살렘에 있는 '양의 문' 곁에, 히브리말로 베드자다라는 못이 있는데, 거기에는 …… 많은 환자들, 곧 눈먼 사람들과 다리 저는 사람들과 중풍병자들이 누워 있었다. …… 거기에는 서른여덟 해가 된 병자 한 사람이 있었다. 예수께서 누워있는 그 사람을 보시고, 또 이미 오랜 세월을 그렇게 보내고 있는 것을 아시고는 물으셨다. "낫고 싶으냐?" …… 예수께서 그에게 말씀하셨다. "일어나서 네 자리를 걷어가지고 걸어가거라." 그 사람은 곧 나아서, 자리를 걷어가지고 걸어갔다(요 5: 2-9).
34 Ann Belford Ulanov and Barry Ulanov, 이재훈 역, 『신데렐라와 그 자매들: 인간의 시기심』 (서울: 한국심리치료연구소, 1999).
35 Pamela Cooper-White, 문희경 역, 『나눔의 지혜: 목회적 돌봄과 상담에서 자기를 활용하기』 (서울: 솔로몬, 2009).
36 Ogden, Projective Identification and Psychotherapeutic Technique, 12.
37 Cobb, Jr., 『과정신학과 목회 신학』, 12.
38 Field, "Projective Identification," 95.
39 Lubbe, "Projective Identification Fifty Years On," 372.
40 위의 책, 373.
41 Casement, 『환자에게서 배우기』, 597. Klein(1952), Segal(1964), Bion(1967b), Rosenfeld(1965), Grotstein(1981), Ogden(1982) 참조.

42 Jay R. Greenberg and Stephen A. Mitchell, 이재훈 역, 『정신분석학적 대상관계이론』(서울: 한국심리치료연구소, 1999), 205.
43 Melanie Klein(1955), "On Identification," in Envy and Gratitude and Other Works: 1946-1963 (New York: Free Press, 1975), 141-175 참조.
44 Klein은 '안으로(into)'를 이텔릭체로 써서 강조한다.
45 Melanie Klein(1946), "Notes on Some Schizoid Mechanisms," in Juliet Mitchell ed., The Selected Melanie Klein (Harmondsworth: Penguin, 1986), 183.
46 위의 책, 238, 각주, 12.
47 Hinshelwood, 『임상적 클라인』, 185.
48 위의 책, 185.
49 Stadter, 『대상관계 단기 치료』, 55-56.
50 Greenberg and Mitchell, 『정신분석학적 대상관계이론』, 200.
51 위의 책, 240.
52 Herbert Rosenfeld, "On the Psychopathology of Narcissism: A Clinical approach," International Journal of Psychoanalysis 45(1964), 333.
53 Herbert Rosenfeld(1971), "Contribution to the Psychopathology of Psychotic States," 117.
54 Hinshelwood, 『임상적 클라인』, 162.
55 위의 책, 168.
56 Herbert Rosenfeld(1971), "Contribution to the Psychopathology of Psychotic States," 120-122.
57 Ogden, Projective Identification and Psychotherapeutic Technique, 26-27.
58 Hanna Segal(1957), "Notes on Symbol Formation," 164.
59 Scharff and Scharff, 『대상관계 부부치료』, 85.
60 Hanna Segal(1957), "Notes on Symbol Formation," 164.
61 Lubbe, "Projective Identification Fifty Years On," 373.
62 Hanna Segal(1957), "Notes on Symbol Formation," 165.
63 John Zinner and Roger L. Shapiro(1972), "Projective Identification as a Mode of Perception and Behavior in Families of Adolescents," in Jill Savege Scharff, ed. Foundations of Object Relations Family Therapy (Northvale, NJ: Jason Aronson, 1989), 109.
64 Rizq, "Ripley's Game," 453.
65 Wilfred Ruprecht Bion, Experiences in Groups (New York: Basic Books, 1959), 149.
66 Ogden, Projective Identification and Psychotherapeutic Technique, 26.
67 위의 책, 25-26.
68 Julia C. Segal, 김정욱 역, 『(정신분석의 거장) 멜라니 클라인』 (서울: 학지사, 2009), 268.
69 Wilfred Ruprecht Bion, 윤순임·이용승·김정욱 외 공역, 『경험에서 배우기』 (서울: 눈,

2010), 7-8.
70 위의 책, 35.
71 Segal, 『(정신분석의 거장) 멜라니 클라인』, 269.
72 Garland, "Reclaiming the Rubbish," 181.
73 Stadter, 『대상관계 단기 치료』, 84.
74 Bion, 『경험에서 배우기』, 81.
75 Segal, 『(정신분석의 거장) 멜라니 클라인』, 26.
76 Garland, "Reclaiming the Rubbish," 180.
77 위의 책, 181.
78 Bion, 『경험에서 배우기』, 9.
79 위의 책, 165.
80 Malin and Grotstein, "Projective Identification in the Therapeutic Process," 31.
81 위의 책, 26.
82 Ogden, Projective Identification and Psychotherapeutic Technique, 1.
83 위의 책, 3.
84 Scharff and Scharff, 『대상관계 부부치료』, 91.
85 집단심리(Bion, 1952; Jaques, 1955), 상징주의(Segal, 1950, 1957), 건강염려증(Thorner, 1955; Rosenfeld, 1958)과 폐쇄공포증(Melzer, 1992), 정신분열증(Rosenfeld, 1952b, 1954)과 자폐(Money-Kyrle, 1956; Bion, 1959a; Joseph, 1985), 치료적 교착(Rosenfeld, 1988). Lubbe, "Projective Identification Fifty Years On," 368.
86 14세기 중세철학자인 오컴(William of Ockham)이 면도날을 정의한 라틴어 문구인 "Entia non multiplicanda sunt praeter necessitatem"은 "필요이상으로 많은 실체가 존재해서는 안 된다"는 뜻이다. 즉, 무엇을 설명하기 위해 지나치게 많은 전제나 가정을 끌어들여서는 안 되며, 꼭 필요한 것만으로 제한해야한다는 것이다. 오늘날 오컴의 면도날은 "가설은 가장 단순한 것을 선택해야한다" 혹은 "가장 단순한 것이 되도록 가설을 구성해야한다"는 원칙으로 적용된다. 말하자면 '간단한 것이 좋은 것이다'란 뜻이다.
87 Lubbe, "Projective Identification Fifty Years On," 369.
88 위의 책, 367.
89 Thomas H. Ogden, "On the Concept of Autistic-Contiguous Position," International Journal of Psycho-Analysis 70(1989), 127.
90 Thomas H. Ogden, Subjects of Analysis (Northvale, NJ: Jason Aronson, 1994), 139.
91 Ogden, "On the Concept of Autistic-Contiguous Position," 138.
92 Stadter, 『대상관계 단기치료』, 69.
93 Thomas H. Ogden, The Primitive Edge of Experience (Northvale, NJ; London: Jason Aronson, 1992, c1989), 46.

94 Stadter, 『대상관계 단기치료』, 72.
95 Ogden, "On the Concept of Autistic-Contiguous Position," 138.
96 Esther Bick, "Further Considerations on the Function of the Skin in Early Object Relation," British Journal of Psychotherapy 2(1986), 292-299. 참조, Stadter, 『대상관계 단기 치료』, 64.
97 Stadter, 『대상관계 단기치료』, 64-65.
98 위의 책, 71-72.
99 Esther Bick, "The Experience of the Skin in Early Object-Relations," in Elizabeth Bott Spillius ed., Melanie Klein Today: Developments in Theory and Practice. Vol. 1: Mainly Theory (London: Routledge, 1988), 187.
100 Ogden, "On the Concept of Autistic-Contiguous Position," 130-131.
101 중간대상(transitional object)은 문맥에 따라 이행기적 대상, 과도기적 대상, 전환적 대상 등으로 혼재되어 표현된다. 이것은 중간현상(transitional phenomenon)에도 마찬가지로 적용된다. 중간대상과 중간현상은 다음에서 위니캇이 말하는 중간영역에 속한다. "만약 우리가 안과 밖이라는 이중진술을 필요로 한다면, 삼중진술 또한 필요로 할 수 있다. 우리가 무시할 수 없는 인간 삶의 제삼의 부분은 경험이 발생하는 중간영역으로서, 내적 실재와 외적 삶 모두가 이 영역을 위해 공헌한다. 이 영역은 도전받지 않는다. 왜냐하면 그것은 내적 실재와 외적 실재 사이의 분리를 유지하는 동시에 서로를 관련시켜야하는, 인간의 항구적 과제에 참여하고 있는 개인을 위한 쉼의 장소로 존재할 뿐, 그 자체로서 어떤 권리를 주장하는 일이 없기 때문이다." Donald Wood Winnicott, 이재훈 역, 『소아의학을 거쳐 정신분석학으로』 (서울: 한국심리치료연구소, 2011), 451-452.
102 Hamilton, 『대상관계 이론과 실제』, 150-152.
103 Stadter, 『대상관계 단기치료』, 84.
104 Scharff and Scharff, 『대상관계 부부치료』, 80.
105 Ogden, "On the Concept of Autistic-Contiguous Position," 131.
106 Hamilton, 『대상관계 이론과 실제』, 146-151.
107 Klein(1946), "Notes on Some Schizoid Mechanisms," 238, 각주 4.
108 위의 책, 179-180.
109 Field, "Projective Identification," 100.
110 Klein(1946), "Notes on Some Schizoid Mechanisms," 180.
111 Elizabeth Bott Spillius, "Clinical Experiences of Projective Identification," in Robin Anderson, ed. Clinical Lectures on Klein and Bion (London; New York: Routledge, 2009), 60.
112 Stadter, 『대상관계 단기치료』, 67-68.
113 Rizq, "Ripley's Game," 453.
114 Hinshelwood, 『임상적 클라인』, 175.

115 Gabbard, 『역동정신의학』, 449. 매카시즘(McCarthyism)은 1950년 2월 "국무성 안에는 205명의 공산주의자가 있다"는 미국 상원의원 매카시(J. R. McCarthy, 1908-57)의 폭탄적 연설에서 발단한 것으로, 1950~1954년 미국을 휩쓴 일련의 극단적 반(反)공산주의 선풍을 말한다. 이것은 제2차 세계대전 후 냉전이 심각해지던 상황에서 전통적인 미국자본시장이던 중국의 공산화와 잇달아 발생한 한국의 6·25전쟁 등 공산세력의 급격한 팽창에 위협을 느낀 미국국민으로부터 광범한 지지를 받았다. 공산주의자로 지목하여 추방하는 매카시즘에 두려움을 느끼고 유력한 정치가나 지식인들도 그에 반론을 제기하지 못하였다. 그 때문에 미국의 외교정책이 필요이상으로 경색된 반공노선을 걷게 되었다. 네이버 백과사전 2011. 03.16.
116 Stadter, 『대상관계 단기치료』, 68-69.
117 Julia Kristeva, 박선영 역, 『정신병, 모친살해, 그리고 창조성: 멜라니 클라인』 (서울: 아난케, 2006), 26
118 Hanna Segal, Introduction to the Work of Melanie Klein, New, enlarged ed. (New York: Basic Books, 1974). 35.
119 Michael Gorkin, The Uses of Countertransference (Northvale, N.J.: Jason Aronson Inc., 1987. 1996), 58.
120 박선영, "생후 초기 주체의 심리 구조화에 관한 연구: 클라인의 망상-분열적 위치와 빅의 피부 이론을 중심으로," 「라깡과 현대정신분석」 7(2005), 56.
121 Melanie Klein(1940), "Morning and Its Relation to Manic-Depressive States," in Contributions to Psychoanalysis 1921-1945 (London: Hogarth Press, 1950), 311-338.
122 Melanie Klein(1935), "A Contribution to the Psychogenesis of Manic-Depressive States," in Contributions to Psychoanalysis 1921-1945 (London: Hogarth Press, 1950), 310.
123 Melanie Klein(1948), "On the Theory of Anxiety and Guilt," in Envy and Gratitude and Other Works: 1946-1963 (New York: Free Press, 1975), 34.
124 Wilfred Ruprecht Bion(1957), "Differentiation of the Psychotic from the Non-Psychotic Personalities," in Elizabeth Bott Spillius ed., Melanie Klein Today: Developments in Theory and Practice. Vol. 1: Mainly Theory (London: Routledge, 1988), 65.
125 Juliet Mitchell, ed. The Selected Melanie Klein (Harmondsworth: Penguin, 1986), 20.
126 Stadter, 『대상관계 단기 치료』, 69-71.
127 우울자리에서 자주 쓰이는 용어인 reparation과 restoration은 보상, 회복, 복구 등으로 혼용되어 번역된다.
128 Segal, Introduction to the Work of Melanie Klein, 93.
129 위의 책, 95.
130 위의 책, 92.
131 위의 책, 80.
132 Hinshelwood, 『임상적 클라인』, 140-146.

133 Hanna Segal(1956), "Depression in the Schizophrenic," in Elizabeth Bott Spillius ed., Melanie Klein Today: Developments in Theory and Practice. Vol. 1: Mainly Theory (London: Routledge, 1988), 60
134 Klein(1946), "Notes on Some Schizoid Mechanisms," 191.
135 Kristeva, 『정신병, 모친살해, 그리고 창조성』, 33.
136 Hinshelwood, 『임상적 클라인』, 148.
137 Garland, "Reclaiming the Rubbish," 179.
138 Gabbard, 『역동정신의학』, 72.
139 Pierre Teilhard de Chardin, 양명수 역, 『인간현상』 (서울: 한길사, 1997), 참조.
140 Ogden, Projective Identification and Psychotherapeutic Technique, 36-37.
141 John Zinner(1976), "The Implications of Projective Identification for Marital Interaction," in Jill Savege Scharff. ed. Foundations of Object Relations Family Therapy (Northvale, NJ: Jason Aronson, 1989), 158.
142 Klein(1946), "Notes on Some Schizoid Mechanisms," 176.
143 Ogden, Projective Identification and Psychotherapeutic Technique, 1-2.
144 Bollas, 『대상의 그림자』, 211.
145 Otto F. Kernberg(1987), "Projection and Projective Identification: Developmental and Clinical Aspects," in Joseph Sandler ed., Projection, Identification, and Projective Identification (Madison, CT: International Universities Press Inc, 1987), 94.
146 Hinshelwood, 『임상적 클라인』, 196.
147 Segal, Introduction to the Work of Melanie Klein, 27-28.
148 위의 책, 36.
149 위의 책, 35.
150 Betty Joseph(1987), "Projective Identification-Some Clinical Aspect," in Elizabeth Bott Spillius, ed. Melanie Klein Today: Developments in Theory and Practice. Vol. I: Mainly Theory (London: Routledge, 1988),149.
151 Hinshelwood, 『임상적 클라인』, 206.
152 Ogden, Projective Identification and Psychotherapeutic Technique, 22.
153 Hinshelwood, 『임상적 클라인』, 198.
154 Field, "Listening With the Body," 512522.
155 Sigmund Freud(1915), "The Unconscious," in James Strachey, ed., The Standard Edition of the Complete Psychological Works of Sigmund Freud vol. 14 (London: Hogarth Press, 1953-1974), 194.
156 Field, "Projective Identification," 97. Heinrich Racker, Transference and Counter-Transference (London: Hogarth Press, 1968) 참조.

157 Bollas, 『대상의 그림자』, 66.
158 Casement, 『환자에게서 배우기』, 158.
159 위의 책, 332.
160 Field, "Projective Identification," 103.
161 Casement, 『환자에게서 배우기』, 574.
162 '너희는 내가 주릴 때에 내게 먹을 것을 주지 않았고, 목마를 때에 마실 것을 주지 않았고, 나 그네로 있을 때에 영접하지 않았고, 헐벗었을 때에 입을 것을 주지 않았고, 병들어 있을 때나 감옥에 갇혀있을 때에 찾아주지 않았다(마 25: 42-43).'
163 Juergen Moltmann, 김균진 역, 『십자가에 달리신 하나님』 (서울: 한국신학연구소출판부, 1979), 73.
164 Casement, 『환자에게서 배우기』, 135-136.
165 Gabbard, 『역동정신의학』, 231.
166 Ogden, Projective Identification and Psychotherapeutic Technique, 21.
167 Betty Joseph(1987), "Projective Identification - Some Clinical Aspect," 140.
168 여기서 원초적이라 함은 기본적이고 근본적인 우리의 근저라는 의미다. Ann Belford Ulanov and Barry Ulanov, 박선규 역, 『기도의 심리학』 (서울: 은성, 2002), 13.
169 Ogden, Projective Identification and Psychotherapeutic Technique, 13.
170 Hamilton, 『대상관계 이론과 실제』, 139.
171 Ogden, Projective Identification and Psychotherapeutic Technique, 23.
172 위의 책, 37.
173 Stadter, 『대상관계 단기치료』, 79.
174 Segal, Introduction to the Work of Melanie Klein, 27.
175 Charles A. Henry, "Limit Setting and Projective Identification in Work with a Provocative Child and His Parents: A Revisiting of Winnicott's 'Hate in the Countertransference'," American Journal of Psychotherapy 61(2007), 455.
176 Ogden, Projective Identification and Psychotherapeutic Technique, 70.
177 Bion(1957), "Differentiation of the Psychotic from the Non-Psychotic Personalities," 65.
178 Ogden, Projective Identification and Psychotherapeutic Technique, 68.
179 위의 책, 71.
180 위의 책, 70.
181 위의 책, 18.
182 Melanie Klein(1959), "Our Adult World and Its Roots in Infancy," in Envy and Gratitude and Other works: 1946-1963 (New York: Free Press, 1975), 250.
183 Ogden, Projective Identification and Psychotherapeutic Technique, 20.
184 Cashdan, 『대상관계치료』, 205.

185 Gabbard, 『장기 역동정신치료의 이해』, 218.
186 위의 책, 163.
187 Heinz Kohut, 이재훈 역, 『정신분석은 어떻게 치료하는가?』 (서울: 한국심리치료연구소, 2007), 138.
188 Ogden, Projective Identification and Psychotherapeutic Technique, 69.
189 Cooper-White, 『나눔의 지혜』, 48.
190 Cashdan, 『대상관계치료』, 79-80.
191 '흑암의 빛줄기'는 그롯슈타인의 책 제목이다. James. S. Grotstein, A Beam of Intense Darkness: Wilfred Bion's Legacy to Psychoanalysis (London: Karnac, 2007).
192 Gabbard, 『장기 역동정신치료의 이해』, 211.
193 Ogden, Projective Identification and Psychotherapeutic Technique, 12.
194 위의 책, 12.
195 Field, "Projective Identification," 94.
196 Likierman, "Some Questions About Divergences and Similarities Between Kleinian and Intersubjective Approaches," 409.
197 Bion, 『경험에서 배우기』, 79.
198 Likierman, "Some Questions About Divergences and Similarities Between Kleinian and Intersubjective Approaches," 409.
199 Ogden, Projective Identification and Psychotherapeutic Technique, 17.
200 Gabbard, 『장기 역동정신치료의 이해』, 213-214.
201 Denis V. Carpy, "Tolerating the Countertransference: A Mutative Process," International Journal of Psycho-Analysis 70(1989), 287.
202 Rizq, "Ripley's Game," 참조.
203 Hamilton, 『대상관계 이론과 실제』, 100.
204   Gabbard, 『역동정신의학』, 78.
205 Nancy McWilliams, 정남운 이기련 공역, 『정신분석적 진단: 성격 구조의 이해』 (서울: 학지사, 2008), 164.
206 배우 김혜자는 아시아 여성으로서는 처음으로 여우주연상(2010년 제36회 로스앤젤레스 영화비평가협회)을 수상하였다. 영화 〈마더〉에서 자기 자식을 위해서 남의 자식을 살인자로 묵인하는 김혜자가 묘사하는 모성(motherhood)은 기존에 통상적으로 따스하고 현숙하게 이상화된 한국인들의 유교적 '어머니'상을 완전히 전복시켰다. 오히려 이것은 인간내면에 잠재되어있는 섬뜩하고, 공포스럽고, 거북하고, 처절하고, 한스럽고, 원초적인 모성의 광기를 직면할 수 있고 그것과 공명(共鳴)할 수 있는 서구인들이 볼 수 있는 모성이다. 그래서 제목이 '어머니'가 아니라 '마더'이며, 한국이 아닌 서구에서 수상하게 된 것이 아닐까 추측해본다.

207 Rizq, "Ripley's Game," 452.
208 Lubbe, "Projective Identification Fifty Years On," 378.
209 Ogden, Projective Identification and Psychotherapeutic Technique, 14, 34-35.
210 Klein(1946), "Notes on Some Schizoid Mechanisms," 177.
211 Cashdan은 환자의 말을 인용하여 함입(incorporation), 내사(introjection), 동일시(identification)로 이어지는 내면화과정의 발달에 대해 설명했다. 그의 환자는 치료초기의 함입, 치료중기의 내사, 치료종결기의 동일시단계를 거치며 점진적으로 발달해온 자신의 내면화과정을 다음과 같이 기술하였다. "치료초반에 나는 다른 사람들이 비판할 때 그들에게 어떻게 반응해야할지 몰라 매우 혼란스러웠어요. 사실, 나는 그들이 좋다고 느낄 때도 어떻게 행동해야할지 몰랐어요. 내가 어떤 말을 해야 할까 혹은 내가 무엇을 해야 하나 궁금해 하곤 했습니다. 어떤 결정을 하던 간에 나는 항상 마치 내가 잘못된 선택을 한 것처럼 느꼈어요. 그러나 치료가 중반에 이르렀을 때 나는 당신(치료자)이라면 이 상황에서 어떻게 할까라고 묻고 있는 내 자신을 발견하기 시작했지요. 그런 다음 나는 당신에게 나의 생각을 말하곤 했습니다. 치료가 끝나갈 무렵, 나는 내가 더 이상 이렇게 하고 있지 않는 것을 발견했어요. 나는 단순히 나 자신에게 이것을 조절할 수 있는 최선의 방법은 무엇인가라고 묻곤 했고, 옳은 것이라고 생각되면 그대로 했습니다." 이렇게 치료과정에서 치료자가 환자의 내부세계에 함입되어 중요한 대상으로서 환자의 자기에 통합되고, 이후 치료자와의 내적 대화인 내사를 거쳐 자신과의 내적 대화인 동일시로 진전하는 것은 내부대상과의 상호작용이 자기와의 상호작용으로 진전했음을 의미한다. Cashdan, 『대상관계치료』, 251-252.
212 Klein(1946), "Notes on Some Schizoid Mechanisms," 183.
213 Ogden, Projective Identification and Psychotherapeutic Technique, 1.
214 Klein(1946), "Notes on Some Schizoid Mechanisms," 187.
215 John B. Cobb and David Ray Griffin, 류기종 역, 『과정신학』 (서울: 황소와 소나무, 2002), 41.
216 Scharff and Scharff, 『대상관계 부부치료』, 32.
217 Hamilton, 『대상관계 이론과 실제』, 131.
218 Stephen A. Mitchell, Hope and Dread in Psychoanalysis (NY: Basic Books, 1993) 참조. Stadter, 『대상관계 단기치료』, 99. 재인용.
219 Ulanov and Ulanov, 『신데렐라와 그 자매들』, 118.
220 Hamilton, 『대상관계 이론과 실제』, 132.
221 William W. Meissner, "A Note on Projective Identification," Journal of the American Psychoanalytic Association 28(1980), 55.
222 Ogden, Projective Identification and Psychotherapeutic Technique, 71.
223 Hamilton, 『대상관계 이론과 실제』, 37.
224 Gorkin, The Uses of Countertransference, 66. Gorkin은 '전반적인(overall)'과 '한 영역(one

sector)'을 이탤릭체로 강조하고 있다.
225 이은선, 『포스트모던 시대의 한국 여성신학』 (왜관읍: 분도출판사, 1997), 178.
226 Ogden, Projective Identification and Psychotherapeutic Technique, 1.
227 위의 책, 14.
228 Gabbard, 『역동정신의학』, 468.
229 Ogden, Projective Identification and Psychotherapeutic Technique, 103.
230 위의 책, 102.
231 Gabbard, 『역동정신의학』, 554.
232 Margaret Little, "Counter-transference and the Patient's Response to It," 35. 그들은 눈먼 사람이면서 눈먼 사람을 인도하는 길잡이들이다. "눈먼 사람이 눈먼 사람을 인도하면, 둘 다 구덩이에 빠질 것이다."(마 15:14)
233 Gabbard, 『장기 역동정신치료의 이해』, 211.
234 위의 책, 238.
235 Gorkin, The Uses of Countertransference, 56.
236 Cashdan, 『대상관계치료』, 172.
237 Gabbard, 『역동정신의학』, 614.
238 Paula Heimann, "On Countertransference," International Journal of Psychoanalysis 31(1950), 81-84.
239 위의 책, 81. Julia Segal은 이 논문은 이제는 받아들여지고 있는 역전이에 대한 Klein학파의 견해에서 중요한 부분을 분명하게 이야기하고 있으며, 이것이 현재 상담계에서 매우 활발한 이슈를 제기한다고 말한다. Segal, 『(정신분석의 거장) 멜라니 클라인』, 179-180. Cooper-White은 이 논문이 역전이의 전체적 정의(totalist definition)라고 일컬어지는 것의 시초가 되었다고 표현한다. Cooper-White, 『나눔의 지혜』, 40.
240 Heimann, "On Countertransference," 83.
241 Gabbard, 『역동정신의학』, 51.
242 Ogden, Projective Identification and Psychotherapeutic Technique, 72-73.
243 Heimann, "On Countertransference," 81.
244 위의 책, 82.
245 위의 책, 81-82. 여기서 하이만은 분석가가 감정을 유지하고(sustain) 분석작업에 예속시키는(subordinate) 것을 강조하기 위하여 이탤릭체로 표현하고 있다.
246 위의 책, 81. 여기서 Heimann은 관계(relationship)를 특히 강조하기 위하여 이탤릭체로 쓰고 있다.
247 Ogden, Projective Identification and Psychotherapeutic Technique, 71-72.
248 Likierman, "Some Questions About Divergences and Similarities Between Kleinian and Intersubjective Approaches," 407.

249 Little, "Counter-transference and the Patient's Response to It," 33.
250 위의 책, 33.
251 Ogden, Projective Identification and Psychotherapeutic Technique, 73.
252 Heimann, "On Countertransference," 81.
253 Sandor Ferenczi(1933), "Confusion of Tongues between Adults and the Child," in Final Contributions to the Problems and Methods of Psycho-Analysis (London: Hogarth Press, 1955), 159.
254 Segal, 『(정신분석의 거장) 멜라니 클라인』, 190-191.
255 Heimann, "On Countertransference," 83-84. Heimann은 분석관계와 구별하기 위하여 인간적 관계('human' relationship)에 작은따옴표를 사용하고 있다.
256 Ogden, Projective Identification and Psychotherapeutic Technique, 69.
257 위의 책, 72.
258 Greenberg and Mitchell, 『정신분석학적 대상관계이론』, 201, 각주 9.
259 Little, "Counter-transference and the Patient's Response to It," 37.
260 Casement, 『환자에게서 배우기』, 30.
261 Cooper-White, 『나눔의 지혜』, 51.
262 위의 책, 20.
263 Kohut, 『정신분석은 어떻게 치료하는가?』, 68-71.
264 "어찌하여 너는 남의 눈 속에 있는 티는 보면서, 네 눈 속에 있는 들보는 깨닫지 못하느냐?"(마 7:3).
265 Casement, 『환자에게서 배우기』, 579.
266 Segal, 『(정신분석의 거장) 멜라니 클라인』, 170.
267 Cooper-White, 『나눔의 지혜』, 214.
268 위의 책, 103.
269 위의 책, 240.
270 Gabbard, 『역동정신의학』, 5.
271 Ogden, Projective Identification and Psychotherapeutic Technique, 27.
272 Gabbard, 『장기 역동정신치료의 이해』, 209.
273 Harold F. Searles(1975), "The Patient as Therapist to the Analyst," in Peter L. Giovacchin, ed., Tactics and Techniques in Psychoanalytic Therapy. Vol. II. Countertransference (NY: Jason Aronson, 1975), 95-151.
274 "그러나 한 달란트 받은 사람은 가서, 땅을 파고, 주인의 돈을 숨겼다."(마 25: 18).
275 "그의 주인이 그에게 말하였다. 잘했다, 착하고 신실한 종아! 네가 적은 일에 신실하였으니, 이제 내가 많은 일을 네게 맡기겠다. 와서, 주인과 함께 기쁨을 누려라."(마 25: 21, 23).
276 Hamilton, 『대상관계 이론과 실제』, 110-111.

277 William Somerset Maugham, 안진환 역, 『면도날』 (서울: 민음사, 2009), 12.
278 Bonnie J. Miller-McLemore, "Revisiting the Living Human Web: Theological Education and the Role of Clinical Pastoral Education," Journal of Pastoral Care and Counseling 62(2008), 3.
279 위의 책, 14.
280 Stadter, 『대상관계 단기치료』, 62.
281 Ogden, Projective Identification and Psychotherapeutic Technique, 3.
282 Gabbard, 『장기 역동정신치료의 이해』, 220.
283 Hinshelwood, 『임상적 클라인』, 103.
284 Kristeva, 『정신병, 모친살해, 그리고 창조성』, 15.
285 Gregory P. Bauer, 정남운 역, 『지금-여기에서의 전이분석』 (서울: 학지사, 2007), 183-184.
286 Segal, 『(정신분석의 거장) 멜라니 클라인』, 76.
287 이러한 이해를 기반으로 부부상담의 예를 들어보면, 어느 한쪽의 심각한 병리를 제외하고는 부부관계의 갈등에 각 배우자가 (보통 의도하지는 않았지만 무의식적으로) 기여한 부분을 49:51로 설명하기도 한다.
288 Cashdan, 『대상관계치료』, 123.
289 Scharff and Scharff, 『대상관계 부부치료』, 208.
290 위의 책, 107.
291 Paula Heimann(1956), "Dynamics of Transference Interpretation," in Margret Tonnesmann ed., About Children and Children-No-Longer: Collected Papers, 1942-80 (London; New York: Routledge, 1989), 110-111.
292 Scharff and Scharff, 『대상관계 부부치료』, 355.
293 Bollas, 『대상의 그림자』, 60.
294 Zinner(1976), "The Implications of Projective Identification for Marital Interaction," 158.
295 Ulanov and Ulanov, 『신데렐라와 그 자매들』, 118.
296 이은선, 『포스트모던 시대의 한국 여성신학』, 354.
297 Hinshelwood, 『임상적 클라인』, 103.
298 Ulanov and Ulanov, 『신데렐라와 그 자매들』, 70.
299 Gabbard, 『장기 역동정신치료의 이해』, 218.
300 Joseph Sandler, "Countertransference and Role-Responsiveness," International Review of Psycho-Analysis 3(1976), 45.
301 Cashdan, 『대상관계치료』, 141.
302 Ogden, Projective Identification and Psychotherapeutic Technique, 73.
303 Bion, 『경험에서 배우기』, 164-165.
304 Ogden, Projective Identification and Psychotherapeutic Technique, 103.

305 Hinshelwood, 『임상적 클라인』, 244.
306 Ulanov and Ulanov, 『신데렐라와 그 자매들』, 52, 85. 참조.
307 Klein(1935), "A Contribution to the Psychogenesis of Manic-Depressive States," 289-290.
308 Garland, "Reclaiming the Rubbish," 182.
309 위의 책, 184.
310 Malin and Grotstein, "Projective Identification in the Therapeutic Process," 26.
311 Ogden, Projective Identification and Psychotherapeutic Technique, 17.
312 위의 책, 42.
313 위의 책, 40.
314 Thomas H. Ogden, "The Analytical Third: Working with Intersubjective Clinical Facts," International Journal of Psycho-Analysis 75(1994), 17.
315 Gabbard, 『장기 역동정신치료의 이해』, 132.
316 위의 책, 230.
317 Gabbard, 『역동정신의학』, 611.
318 Kristeva, 『정신병, 모친살해, 그리고 창조성』, 40.
319 Melanie Klein(1957), "Envy and Gratitude," in Envy and Gratitude and Other Works: 1946-1963 (New York: Free Press, 1975), 192.
320 Klein(1959), "Our Adult World and Its Roots in Infancy," 252-253.
321 Meissner, "A Note on Projective Identification," 54-55.
322 Rizq, "Ripley's Game," 453.
323 Likierman, "Some Questions About Divergences and Similarities Between Kleinian and Intersubjective Approaches," 412.
324 Ogden, Projective Identification and Psychotherapeutic Technique, 17-18.
325 위의 책, 2.
326 Bion, 『경험에서 배우기』, 105.
327 Joan Symington and Neville Symington, 임말희 역, 『윌프레드 비온 입문: 심리치료 전문가와 교양독자를 위한』 (공주: NUN, 2008), 52.
328 Bion(1959), "Attacks on Linking," 98.
329 Bion은 인간의 기본적인 관계체험을 세 가지 기호, 즉 L(love), H(hate), K(know)로 나타낸다. 예컨대 'x K y'라면 x가 y에게 영향력을 미친다는 것을 시사한다. x는 y라고 불리는 앎의 일부를 소유한다는 의미가 아니라, x는 y를 알아가는 상태며 y는 x에 의해서 알려지고 있는 상태다. Bion, 『경험에서 배우기』, 98.
330 최초의 그리고 가장 원시적인 K의 발현은 어머니와 유아 사이의 관계에서 일어난다. 부분대상관계로서 이것은 입과 가슴 사이의 관계로 진술될 수 있다. Bion이 추상적인 용어로, (Bion이 이러한 기호들의 사용을 제안했듯이) 이것은 우과 ♀의 사이에 있다. Bion, 『경험에

서 배우기』, 166. -K는 이해가 아닌 것, 즉 오해(misunderstanding)로 구성된 링크를 나타낸다. Bion, 『경험에서 배우기』, 105.
331 Bion, 『경험에서 배우기』, 175-180.
332 Zinner(1976), "The Implications of Projective Identification for Marital Interaction," 158-159.
333 Field, "Projective Identification," 106.
334 Stadter, 『대상관계 단기치료』, 116.
335 Field, "Projective Identification," 106.
336 Cobb and Griffin, 『과정신학』, 180.
337 Field, "Projective Identification," 106.
338 Klein(1946), "Notes on Some Schizoid Mechanisms," 176.
339 Cashdan, 『대상관계치료』, 118.
340 McWilliams, 『정신분석적 진단』, 164.
341 Gabbard, 『역동정신의학』, 36.
342 Cashdan, 『대상관계치료』, 110-111, 142.
343 위의 책, 112.
344 Casement, 『환자에게서 배우기』, 256.
345 Cooper-White, 『나눔의 지혜』, 305.
346 Stadter, 『대상관계 단기치료』, 296.
347 위의 책, 361-362.
348 Bion, 『경험에서 배우기』, 108.
349 Gabbard, 『역동정신의학』, 258.
350 Klein(1935), "A Contribution to the Psychogenesis of Manic-Depressive States," 286. 각주 1.
351 Segal, Introduction to the Work of Melanie Klein, 30.
352 Gabbard, 『역동정신의학』, 239.
353 Hinshelwood, 『임상적 클라인』, 93.
354 Klein(1935), "A Contribution to the Psychogenesis of Manic-Depressive States," 295.
355 Segal, 『(정신분석의 거장) 멜라니 클라인』, 287.
356 Frank Summers, 이재훈 역, 『대상관계 이론과 정신병리학』 (서울: 한국심리치료 연구소, 2004), 256.
357 Casement, 『환자에게서 배우기』, 586.
358 Hinshelwood, 『임상적 클라인』, 195.
359 Klein(1946), "Notes on Some Schizoid Mechanisms," 195.
360 Hinshelwood, 『임상적 클라인』, 152.
361 Segal, Introduction to the Work of Melanie Klein, 30.

362 Hamilton, 『대상관계 이론과 실제』, 47.
363 Hinshelwood, 『임상적 클라인』, 165.
364 Segal, Introduction to the Work of Melanie Klein, 56.
365 Garland, "Reclaiming the Rubbish," 179.
366 Bion(1957), "Differentiation of the Psychotic from the Non-Psychotic Personalities," 65.
367 Segal, Introduction to the Work of Melanie Klein, 56.
368 Casement, 『환자에게서 배우기』, 478.
369 Cashdan, 『대상관계치료』, 242.
370 Cooper-White, 『나눔의 지혜』, 181.
371 위의 책, 182.
372 Casement, 『환자에게서 배우기』, 468.
373 Badinter, 『만들어진 모성』, 192.
374 Stadter, 『대상관계 단기치료』, 59.
375 Nancy Friday, 이경일 안혜성 공역, 『나의 어머니 나의 인생』 (서울: 대완도서출판사, 1980), 27-28.
376 Lubbe, "Projective Identification Fifty Years On," 375.
377 Stadter, 『대상관계 단기치료』, 200.
378 Kristeva, 『정신병, 모친살해, 그리고 창조성』, 24.
379 Hamilton, 『대상관계 이론과 실제』, 100.
380 Cashdan, 『대상관계치료』, 250.
381 박승호, 『상처받은 하나님의 마음: 한에 대한 동양적 개념과 죄에 대한 서양 기독교적 개념』 (서울: 대한기독교서회, 1998), 25.
382 D. W. Winnicott, Collected Papers: Through Pediatrics to Psycho-Analysis (London: Tavistock, 1958), 281. Casement, 『환자에게서 배우기』, 247, 재인용.
383 Casement, 『환자에게서 배우기』, 504-505.
384 Hinshelwood, 『임상적 클라인』, 155.
385 위의 책, 162.
386 Casement, 『환자에게서 배우기』, 509.
387 Cashdan, 『대상관계치료』, 110.
388 Segal, 『(정신분석의 거장) 멜라니 클라인』, 74-75.
389 Friday, 『나의 어머니 나의 인생』, 23.
390 Casement, 『환자에게서 배우기』, 56.
391 Likierman, "Some Questions About Divergences and Similarities Between Kleinian and Intersubjective Approaches," 412.
392 Ulanov and Ulanov, 『신데렐라와 그 자매들』, 74.

393　Kristeva, 『정신병, 모친살해, 그리고 창조성』, 37.
394　위의 책, 40.
395　위의 책, 37-38.
396　Casement, 『환자에게서 배우기』, 57.
397　이은선, 『포스트모던 시대의 한국 여성신학』, 351.
398　Segal, 『(정신분석의 거장) 멜라니 클라인』, 156.
399　Lewis B. Smedes, 배응준 역, 『용서의 기술』 (서울: 규장, 2004), 14.
400　위의 책, 35-37.
401　'거짓된 안전'이라는 표현은 Casement의 논문제목이다. Patrick John Casement, "False Security," Prism 88(1964), 28-30.
402　Segal, Introduction to the Work of Melanie Klein, 68.
403　Stadter, 『대상관계 단기치료』, 289.
404　Cashdan, 『대상관계치료』, 245.
405　위의 책, 24.
406　Stadter, 『대상관계 단기 치료』, 258.
407　Summers, 『대상관계 이론과 정신병리학』, 241.
408　Stadter, 『대상관계 단기치료』, 54-55.
409　위의 책, 385-387.
410　위의 책, 67-68.
411　McWilliams, 『정신분석적 진단』, 320.
412　Stadter, 『대상관계 단기치료』, 196.
413　위의 책, 93.
414　Hinshelwood, 『임상적 클라인』, 188.
415　Klein, (1946), "Notes on Some Schizoid Mechanisms," 186.
416　McWilliams, 『정신분석적 진단』, 293.
417　Hamilton, 『대상관계 이론과 실제』, 79-80.
418　Ogden, Projective Identification and Psychotherapeutic Technique, 41.
419　위의 책, 76-77.
420　위의 책, 66.
421　행동화의 원래 의미는 진료실에서 기억과 언어화 대신에 무의식적 반복이 존재한다는 것이다. 행동화는 환자가 무엇인가를 언어화하여 치료자와 함께 이해하기보다는 그것을 행동으로 옮겼다는 점에서 저항으로 작용한다. 또한 행동화란 말은 B군 성격장애(cluster B personality disorder)에 속한 사람의 일반적인 방어스타일을 설명하기 위해 사용되기도 한다. 이 환자들은 감정을 숙고하고 치료자와 함께 처리하기보다는 자신이나 남에게 파괴적일 수 있는 행동으로 감정을 분출한다. Gabbard, 『장기 역동정신치료의 이해』, 161-162.

422 Lawrence Epstein, "The Therapeutic Use of Countertransference Data with Borderline Patients," Contemporary Psychoanalysis 15(1979), 256.
423 Likierman, "Some Questions About Divergences and Similarities Between Kleinian and Intersubjective Approaches," 411.
424 Epstein, "The Therapeutic Use of Countertransference Data with Borderline Patients," 255.
425 Ogden, Projective Identification and Psychotherapeutic Technique, 74.
426 위의 책, 41, 각주 2.
427 Hyman Spotnitz, Modern Psychoanalysis of the Schizophrenic Patient: Theory of the Technique (NY, Human Sciences Press, 1985), 참조. Ogden, Projective Identification and Psychotherapeutic Technique, 66.
428 Hyman Spotnitz, Modern Psychoanalysis of the Schizophrenic Patient: Theory of the Technique (NY, Human Sciences Press, 1985), 181-182.
429 위의 책, 252-253.
430 Ogden, Projective Identification and Psychotherapeutic Technique, 67.
431 위의 책, 54.
432 위의 책, 18-20.
433 Stadter, 『대상관계 단기치료』, 47.
434 위의 책, 13.
435 Gabbard, 『역동정신의학』, 638.
436 위의 책, 273.
437 Cooper-White, 『나눔의 지혜』, 43, 288-289.
438 Cashdan, 『대상관계치료』, 187.
439 Segal, 『(정신분석의 거장) 멜라니 클라인』, 270.
440 Stadter, 『대상관계 단기치료』, 70.
441 Klein(1946), "Notes on Some Schizoid Mechanisms," 191.
442 Hinshelwood, 『임상적 클라인』, 137.
443) Klein(1935), "A Contribution to the Psychogenesis of Manic-Depressive States," 291.
444 Bion, 『경험에서 배우기』, 79.
445 위의 책, 112.
446 위의 책, 156-157.
447 Gabbard, 『역동정신의학』, 267.
448 '눈은 눈으로, 이는 이로 갚아라' 하고 말한 것을 너희는 들었다. 그러나 나는 너희에게 말한다. 악한 사람에게 맞서지 말아라. 누가 네 오른쪽 뺨을 치거든, 왼쪽 뺨마저 돌려대어라. 너를 걸어 고소하여 네 속옷을 가지려는 사람에게는, 겉옷까지도 내주어라. 누가 너더러 억지

로 오 리를 가자고 하거든, 십 리를 같이 가주어라. 네게 달라는 사람에게는 주고, 네게 꾸려고 하는 사람을 물리치지 말아라." '네 이웃을 사랑하고, 네 원수를 미워하여라' 하고 말한 것을 너희는 들었다. 그러나 나는 너희에게 말한다. 너희 원수를 사랑하고, 너희를 박해하는 사람을 위하여 기도하여라. 그래야만 너희가 하늘에 계신 너희 아버지의 자녀가 될 것이다. 아버지께서는, 악한 사람에게나 선한 사람에게나 똑같이 해를 떠오르게 하시고, 의로운 사람에게나 불의한 사람에게나 똑같이 비를 내려주신다. 너희를 사랑하는 사람만 너희가 사랑하면, 무슨 상을 받겠느냐? 세리도 그만큼은 하지 않느냐? 너희가 너희 형제자매들에게만 인사를 하면서 지내면, 남보다 나을 것이 무엇이냐? 이방사람들도 그만큼은 하지 않느냐? 그러므로 하늘에 계신 너희 아버지께서 완전하신 것 같이, 너희도 완전하여라(마5: 38-48)."

449 Scharff and Scharff, 『대상관계 부부치료』, 484.
450 Kohut, 『정신분석은 어떻게 치료하는가?』, 108.
451 Casement, 『환자에게서 배우기』, 269.
452 위의 책, 18.
453 삶에서 중요한 인물과의 상호작용을 초기 병리적 상호작용의 결과로 봄으로써 이후의 중요한 인물들과의 상호작용을 탐색할 수 있다. 그것은 비록 시간이 지나고 관계가 달라질 수 있지만 병리적 관계들은 핵심적 유사점을 갖고 있기 때문이다. Cashdan, 『대상관계치료』, 241.
454 Stadter, 『대상관계 단기치료』, 73.
455 Segal, 『(정신분석의 거장) 멜라니 클라인』, 270-271 참조.
456 Casement, 『환자에게서 배우기』, 138.
457 Gabbard, 『역동정신의학』, 489.
458 Bion, 『경험에서 배우기』, 44.
459 Epstein, "The Therapeutic Use of Countertransference Data with Borderline Patients," 255.
460 Stadter, 『대상관계 단기치료』, 199.
461 Ulanov and Ulanov, 『신데렐라와 그 자매들』, 109.
462 Gabbard, 『장기 역동정신치료의 이해』, 219.
463 위의 책, 499.
464 Cashdan, 『대상관계치료』, 193.
465 Klein(1935), "A Contribution to the Psychogenesis of Manic-Depressive States," 295.
466 Harry Stack Sullivan은 '정신질환(mental illness)'보다는 '삶의 어려움들(difficulties with living)'이라는 용어를 선호하면서 내담자에 대한 정신과의사의 태도를 탈병리화하려고 (depathologize) 노력했다. 그런 면에서 그는 우리는 '다른 모든 무엇보다도 인간'이라는 공통점에 초점을 둔다. Cooper-White, 『나눔의 지혜』, 45.
467 Field, "Projective Identification," 103-104.
468 무화과나무에 과일이 없고 포도나무에 열매가 없을지라도, 올리브 나무에서 딸 것이 없고 밭

에서 거두어들일 것이 없을지라도, 우리에 양이 없고 외양간에 소가 없을지라도(하 3:17).
469 Elizabeth A. Johnson, 함세웅 역, 『하나님의 백한 번째 이름』(서울: 바오로 딸, 2000), 368.
470 Leonardo Boff, 이정희 역, 『주의 기도: 총체적 해방의 기도』(서울: 다산글방, 2000), 191.
471 Boff, 『주의 기도』, 189.
472 Megan Mckenna, Rites of Justice: The Sacraments and Liturgy as Ethical Imperatives (New York: Maryknoll, 1997), 63.
473 겉으로 보기에 친절한 위로가, 가장 파괴적인 경우에는 심지어 학대의 고통을 최소화하거나 부인하고 내담자를 거짓 정상상태로 조용히 돌아가서 순응하도록 함으로써 내담자의 내면화된 가해자들 중 한 사람과 행동을 같이하는 결과를 가져올 수 있다. 내담자가 성인으로서 해리된 아이의 정서상태를 이해하게 되는 과정을 통해서 통합하도록 돕기보다는 오히려 위로하게 되면 해석되지 않은 위로로 인해 그 상태에 대해서는 아무런 말도 못하게 되고, 역설적으로 내담자의 전체적 자각으로부터 분열된 아이의 상태가 지속된다. Cooper-White, 『나눔의 지혜』, 239.
474 Gabbard, 『역동정신의학』, 611.
475 Bauer, 『지금-여기에서의 전이 분석』, 203.
476 Segal, 『(정신분석의 거장) 멜라니 클라인』, 212. 가바드는 긍정적 측면에 초점을 맞추어 환자의 기운을 북돋우려 노력하는 것이 환자의 가족이나 환자를 맡은 초보 정신건강 전문의들이 범하는 가장 흔한 실책이라고 지적한다. 예를 들어 장점이 많으니 우울해할 필요가 없다든지, 죽을 이유보다는 오히려 살아야할 이유가 더 많지 않은가 등과 같이 우울증 환자의 기운을 북돋우려하는 말들로 인하여 환자는 전혀 공감 받지 못하고 있으며 따라서 더욱 외로워지는 느낌이 들게 되고, 결국 더욱 자살에 매달리게 된다고 설명한다. Gabbard, 『역동정신의학』, 269.
477 "율법학자들과 바리새파 사람들아! 위선자들아! 너희에게 화가 있다. 너희는 회칠한 무덤과 같기 때문이다. 그것은 겉으로는 아름답게 보이지만, 그 안에는 죽은 사람의 뼈와 온갖 더러운 것이 가득하다. 이와 같이, 너희도 겉으로는 사람에게 의롭게 보이지만, 속에는 위선과 불법이 가득하다(마 23: 27)."
478 본 논문에서 묘사하는 여인은 죄가 있으며 혐오감을 느끼게 하는, 업신여김을 당할 만한, '헛되고 헛된 것들'을 구하는, 결혼생활에 실패하고 오직 결혼문제에만 관심이 쏠려있는, 여러 남자를 두었으나 만족하지 못하고 목말라하다가 예수가 그녀의 과거를 모두 알아맞히자 회개하여 돌아온 여인으로, 이것은 많은 설교자가 일반적으로 지칭하는 사마리아 우물가의 여인상이다. 그러나 최영실은 이 여인에 대한 이러한 평가에 반박한다. 최영실은 남자들만이 여인을 마음대로 사고 팔며, 또 말도 안 되는 이유를 붙여 합법적으로 아내에게 이혼장을 주고 내어버린 후 다른 여자를 취할 수 있었던 당시 사회의 부당한 법 체제를 이유로 든다. 이러한 체제 아래서 남편이 없는 사마리아 여인은 생존을 위해 여러 명의 남자를 거칠 수밖에 없었고, 자신을 보호해줄 남편도 없이 노예와 다름없이 고통당하면서 살아가는 비참한 여인

이라는 것이다. '인간을 겉모양으로 판단하지 않고(요 2: 25),' '사람의 깊은 속까지 아는(요2: 25)' 예수는 결코 이 여인을 죄인으로 규정하거나 비난하지 않는다는 것이다. 더 나아가 최영실은 이 여인이 '야곱과 그 아들들과 가축들이 먹은 물'을 언급하고 있는 것에 주의를 기울인다. 그녀는 이 언급이 남쪽 유대지역과 세겜이 있는 북쪽 이스라엘이 분단된 채 서로 반목하고 있지만 본래 그들은 한 조상을 가진 동족이며 형제였다는 사실을 부각하려는 것으로 해석한다. 최영실, '생수의 근원지'를 바꾸어 놓은 여인," 『신약성서의 여성들』 (서울: 대한기독교서회, 1997), 43-59.

479 예수께서 그 여자에게 말씀하셨다. "가서, 네 남편을 불러오너라." 그 여자가 대답하였다. "나에게는 남편이 없습니다." 예수께서 여자에게 말씀하셨다. "남편이 없다고 한 말이 옳다. 너에게는, 남편이 다섯이나 있었고, 지금 같이 살고 있는 남자도 네 남편이 아니니, 바로 말하였다(요 4: 16-18)."

480 Hinshelwood, 『임상적 클라인』, 114.
481 Melanie Klein, The Psycho-Analysis of Children (London: Hogarth Press, 1932), 24.
482 Kristeva, 『정신병, 모친살해, 그리고 창조성』, 391.
483 위의 책, 412.
484 Segal, 『(정신분석의 거장) 멜라니 클라인』, 역자서문, 5-6.
485 Gabbard, 『장기 역동정신치료의 이해』, 38.
486 손봉호, 『고통받는 인간: 고통 문제에 대한 철학적 성찰』 (서울: 서울대학교출판부, 1995), 3.
487 Segal, 『(정신분석의 거장) 멜라니 클라인』, 169.
488 Gabbard, 『역동정신의학』, 645.
489 예수께서 가시다가, 날 때부터 눈먼 사람을 보셨다. 제자들이 예수께 물었다. "선생님, 이 사람이 눈먼 사람으로 태어난 것이, 누구의 죄 때문입니까? 이 사람의 죄입니까? 부모의 죄입니까?" 예수께서 대답하셨다. "이 사람이 죄를 지은 것도 아니요, 그의 부모가 죄를 지은 것도 아니다. 하나님께서 하시는 일들을 그에게서 드러내시려는 것이다(요 9: 1-3)".
490 Casement, 『환자에게서 배우기』, 317.
491 Catherine Mowry LaCugna, 이세형 역, 『우리를 위한 하나님: 삼위일체와 그리스도인의 삶』 (서울: 대한기독교서회, 2008), 451.
492 Bion(1959), "Attacks on Linking," 96.
493 Wilfred Ruprecht Bion, "Notes on Memory and Desire," The Psychoanalytic Forum 2(1967), 271-280.
494 Bion, 『경험에서 배우기』, 86.
495 Casement, 『환자에게서 배우기』, 334-235.
496 위의 책, 31-33.
497 Field, "Projective Identification," 101.
498 위의 책, 107.

499 John. B. Cobb, Jr., 이기춘 편역, 『과정신학과 목회신학』(서울: 대한기독교 출판사, 1986), 24-27.
500 하나님이 모세에게 대답하셨다. "나는 곧 나다. 너는 이스라엘 자손에게 이르기를, '나'라고 하는 분이 너를 그들에게 보냈다고 하여라." 하나님이 다시 모세에게 말씀하셨다. "너는 이스라엘 자손에게 이르기를 '여호와, 너희 조상의 하나님, 곧 아브라함의 하나님, 이삭의 하나님, 야곱의 하나님이 나를 너희에게 보내셨다' 하여라. 이것이 영원한 나의 이름이며, 이것이 바로 너희가 대대로 기억할 나의 이름이다(출 3: 14-15)".
501 본 장은 멸절불안과 박해공포에 대한 클라인의 서술을 참조틀(frame of reference)로 하여 전개되고 있으며, 전통적 성서해석과는 거리가 있을 수 있다.
502 Cobb, Jr., 『과정신학과 목회신학』, 179-180.
503 그들은 에돔 땅을 돌아서가려고, 호르산에서부터 홍해 길을 따라 나아갔다. 길을 걷는 동안에 백성들은 마음이 몹시 조급하였다. 그래서 백성들은 하나님과 모세를 원망하였다. "어찌하여 우리를 이집트에서 데리고 나왔습니까? 이 광야에서 우리를 죽이려고 합니까? 먹을 것도 없습니다. 마실 것도 없습니다. 이 보잘것없는 음식은 이제 진저리가 납니다." 그러자 주님께서 백성들에게 불뱀을 보내셨다. 그것들이 사람을 무니, 이스라엘 백성이 많이 죽었다. 백성이 모세에게 와서 간구하였다. "주님과 어른을 원망함으로써 우리가 죄를 지었습니다. 이 뱀이 우리에게서 물러가게 해달라고 주님께 기도하여 주시기 바랍니다." 그리하여 모세가 백성들을 살려달라고 기도하였다. 주님께서 모세에게 말씀하셨다. "너는 불뱀을 만들어 기둥 위에 달아놓아라. 물린 사람은 누구든지 그것을 보면 살 것이다." 그리하여 모세는 구리로 뱀을 만들어서 그것을 기둥 위에 달아놓았다. 뱀이 사람을 물었을 때에, 물린 사람은 구리로 만든 그 뱀을 쳐다보면 살아났다(민 21: 4-9).
504 Ogden, Projective Identification and Psychotherapeutic Technique, 13.
505 위의 책, 21.
506 위의 책, 13.
507 Lubbe, "Projective Identification Fifty Years On," 37.
508 Bion, 『경험에서 배우기』, 81-82.
509 Summers, 『대상관계 이론과 정신병리학』, 207.
510 Cobb and Griffin, 『과정신학』, 15.
511 위의 책, 210-211.
512 Juergen Moltmann, 김균진 역, 『삼위일체와 하나님 나라』(서울: 대한기독교 출판부, 1982), 42.
513 Ogden, Projective Identification and Psychotherapeutic Technique, 21.
514 Boff, 『주의 기도』, 65-66.
515 위의 책, 85. "어머니가 그 자식을 위로하듯이, 내가 너희를 위로할 것이니, 너희가 예루살렘에서 위로를 받을 것이다(사 66:13)." "어머니가 어찌 제 젖먹이를 잊겠으며, 제 태에서 낳은

아들을 어찌 긍휼히 여기지 않겠느냐! 비록 어머니가 자식을 잊는다하여도, 나는 절대로 너를 잊지 않겠다(사 49: 15)".

516 Cobb and Griffin, 『과정신학』, 7.
517 Cooper-White, 『나눔의 지혜』, 310. 예수께서 거기에서 떠나서, 두로와 시돈 지방으로 가셨다. 마침, 가나안 여자 한 사람이 그 지방에서 나와서 외쳐 말하였다. "다윗의 자손이신 주님, 나를 불쌍히 여겨주십시오. 내 딸이, 귀신이 들려 괴로워하고 있습니다." 그러나 예수께서는 한 마디도 대답하지 않으셨다. 그때에 제자들이 다가와서, 예수께 간청하였다. "저 여자가 우리 뒤에서 외치고 있으니, 그를 안심시켜서 떠나보내 주십시오." 예수께서 대답하셨다. "나는 오직 이스라엘 집의 길을 잃은 양들에게 보내심을 받았을 따름이다." 그러나 그 여자는 나아와서, 예수께 무릎을 꿇고 간청하였다. "주님, 나를 도와주십시오." 예수께서 대답하셨다. "자녀들의 빵을 집어서, 개들에게 던져주는 것은 옳지 않다." 그 여자가 말하였다. "주님, 그렇습니다. 그러나 개들도 주인의 상에서 떨어지는 부스러기는 얻어먹습니다." 그제서야 예수께서 그 여자에게 말씀하셨다. "여자여, 참으로 네 믿음이 크다. 네 소원대로 되어라." 바로 그 시각에 그 여자의 딸이 나았다(마 15: 21-28). 베드로가 예수께 말하였다. "주님, 주님이시면, 나더러 물 위로 걸어서, 주님께로 오라고 명령하십시오." 예수께서 "오너라!" 하고 말씀하셨다. 베드로는 배에서 내려, 물 위로 걸어서, 예수께로 갔다. 그러나 베드로는 [거센] 바람이 불어오는 것을 보고, 무서움에 사로잡혀서, 물에 빠져들어 가게 되었다. 그때에 그는 "주님, 살려주십시오" 하고 외쳤다. 예수께서 곧 손을 내밀어서, 그를 붙잡고 말씀하셨다. "믿음이 적은 사람아, 왜 의심하였느냐?" 그리고 그들이 함께 배에 오르니, 바람이 그쳤다(마 14: 28-32).
518 과도기적 대상(transitional object)은 문맥에 따라 중간대상, 이행기적 대상, 전환적 대상 등으로 번역된다. 앞의 각주 100, 참조.
519 Boff, 『주의 기도』, 38.
520 Winnicott, 『놀이와 현실』, 참조.
521 Hamilton, 『대상관계 이론과 실제』, 146-154.
522 Stadter, 『대상관계 단기치료』, 267.
523 Summers, 『대상관계 이론과 정신병리학』, 217.
524 위의 책, 240.
525 S tadter, 『대상관계 단기치료』, 267-268.
526 그는 산당을 헐어버렸고, 돌기둥들을 부수었으며, 아세라 목상을 찍어버렸다. 그는 또한 모세가 만든 구리 뱀도 산산조각으로 깨뜨려버렸다. 이스라엘 자손이 그때까지도 느후스단이라고 부르는 그 구리 뱀에게 분향하고 있었기 때문이다(왕하 18: 4).
527 Klein(1946), "Notes on Some Schizoid Mechanisms," 182-184.
528 하늘에서 내려온 이 곧 인자밖에는 하늘로 올라간 이가 없다. 모세가 광야에서 뱀을 든 것 같이, 인자도 들려야한다. 그것은 그를 믿는 사람마다 영생을 얻게 하려는 것이다(요 3: 13-15).

529 Alfred North Whitehead, Religion in the Making: Lowell Lectures, 1926 (New York: Macmillan, 1927), 56.
530 Boff, 『주의 기도』, 11, 112.
531 Ken Wilber, 박정숙 역, 『의식의 스펙트럼』 (서울: 범양사, 2006), 109.
532 Moltmann, 『십자가에 달리신 하나님』, 65.
533 Melanie Klein(1952d), "On Observing the Behaviour of Young Infants," in Envy and Gratitude and Other Works: 1946-1963 (New York: Free Press, 1975), 104.
534 Hamilton, 『대상관계 이론과 실제』, 170.
535 Field, "Projective Identification," 99.
536 'compassion'은 연민(憐憫) 혹은 긍휼(矜恤)로도 표현된다. 이후 본문에서 연민과 긍휼에 대하여 논할 것이다.
537 Ogden, Projective Identification and Psychotherapeutic Technique, 1-3.
538 Cobb and Griffin, 『과정신학』, 9.
539 위의 책, 93-94.
540 Ogden, Projective Identification and Psychotherapeutic Technique, 3.
541 Johnson, 『하나님의 백한 번째 이름』, 371.
542 Moltmann, 『십자가에 달리신 하나님』, 63.
543 Boff, 『주의 기도』, 30. 그는 사람들에게 멸시를 받고, 버림을 받고, 고통을 많이 겪었다. 그는 언제나 병을 앓고 있었다. 사람들이 그에게서 얼굴을 돌렸고, 그가 멸시를 받으니, 우리도 덩달아 그를 귀하게 여기지 않았다. 그는 실로 우리가 받아야할 고통을 대신 받고, 우리가 겪어야 할 슬픔을 대신 겪었다. 그러나 우리는, 그가 징벌을 받아서 하나님에게 맞으며, 고난을 받는다고 생각하였다(사 53: 3-4). 이리하여 예언자 이사야를 시켜서 하신 말씀이 이루어졌다. "그는 몸소 우리의 병약함을 떠맡으시고, 우리의 질병을 짊어지셨다(마 8: 17)."자녀이면 상속자이기도 합니다. 우리가 그리스도와 함께 영광을 받으려고 그와 함께 고난을 받으면, 우리는 하나님이 정하신 상속자요, 그리스도와 더불어 공동 상속자입니다(롬 8: 17). 그만큼 여러분은 그리스도의 고난에 동참하는 것이니, 기뻐하십시오. 그러면 그의 영광이 나타날 때에 여러분은 또한 기뻐 뛰며 즐거워하게 될 것입니다(베전 4: 13)".
544 팔리는 '고난 받는 이가 경험하는 것과 똑같이 (as she experiences it)'를 이탤릭체로 쓰면서 강조한다.
545 Wendy Farley, Tragic Vision and Divine Compassion: A Contemporary Theodicy (Louisville, KY: John Knox Press, 1990), 81.
546 Henri J. M. Nouwen, Donald P. McNeill, Douglas A. Morrison, 김성녀 역, 『긍휼』 (서울: 한국기독학생회출판부, 2002), 18.
547 위의 책, 『긍휼』, 34-35.
548 Harold F. Searles(1963), "Transference Psychosis in the Psychotherapy of Schizophrenia,"

in Collected Papers on Schizophrenia and Related Subjects (NY: International Universities Press, 1965), 698, 705.
549 Casement, 『환자에게서 배우기』, 508-509.
550 2008년 이화여대 강의. James Newton Poling, The Abuse of Power: A Theological Problem (Nashville, TN: Abingdon Press, 1991), 참조.
551 Gabbard, 『역동정신의학』, 230.
552 Casement, 『환자에게서 배우기』, 588.
553 Gabbard, 『역동정신의학』, 242.
554 Casement, 『환자에게서 배우기』, 73.
555 Ernst Kris, "On Preconscious Mental Process," Psychoanalytic Quarterly 19(1950), 540-560.
556 Danielle Knafo, "Revisiting Ernst Kris's Concept of Regression in the Service of the Ego in Art," Psychoanalytic Psychology 19(2002), 24-49.
557 Michael Balint, The Basic Fault (London: Tavistock, 1968), 184.
558 요나가 사흘 낮과 사흘 밤 동안을 큰 물고기 뱃속에 있었던 것 같이, 인자도 사흘 낮과 사흘 밤 동안을 땅 속에 있을 것이다(마 12: 40).
559 Ogden, Projective Identification and Psychotherapeutic Technique, 27.
560 Summers, 『대상관계 이론과 정신병리학』, 265-266.
561 Field, "Projective Identification," 106.
562 Moltmann, 『십자가에 달리신 하나님』, 71.
563 Gustavo Gutierrez, 김수복 성찬성 공역, 『욥에 관하여: 하나님 이야기와 무죄한 이들의 고통』 (왜관읍: 분도, 1990), 23.
564 위의 책, 103-104.
565 Field, "Projective Identification," 104.
566 Stadter, 『대상관계 단기치료』, 95.
567 Field, "Projective Identification," 104.
568 "나는 그들이 생명을 얻고 더 얻어 풍성하게 하려고 왔다(요 10: 10)."
569 Scharff and Scharff, 『대상관계 부부치료』, 90.
570 위의 책, 99.
571 Ogden, Projective Identification and Psychotherapeutic Technique, 43.
572 Cooper-White, 『나눔의 지혜』, 173.
573 Segal, 『(정신분석의 거장) 멜라니 클라인』, 265.
574 부정신학은 하나님에 대한 모든 정의의 부정을 수반한다. 즉, 하나님은 무엇이 아닌가에 대해 말함으로써 하나님은 무엇인가를 말하려는 시도다. 부정의 방법을 통해 우리는 하나님이 '이렇게' 표현될 수 있는 것이지 달리 표현될 수 없다고 하거나, 하나님이 '이 일'을 행할 수 있

는 것이지 '저 일'을 행할 수 없다고 하던지, 혹은 하나님이 우리를 사랑하시고 저들을 사랑하지 않는다고 하는 모든 기대, 희망 혹은 필연의 포기를 배울 수 있다. 우리는 하나님의 활동, 드러남, 경륜 안에서 하나님을 경험할 수 있을 뿐이지, 하나님의 본질을 있는 그대로 인식할 수 없다. 말로 표현할 수 없는 하나님의 신비가 드러난다고 하더라도 하나님의 자기-계시에 대한 우리의 이해는 불완전하며 부분적일 수밖에 없다. 따라서 어리석은 사람만이 하나님의 말로 표현할 수 없는 신비에 대해 권위적으로 말하려한다고 생각할 수 있다. 동방과 서방의 전통은 동일하게 하나님의 본질 자체가 인식될 수 없다고 보았지만 이를 설명하는 이론적 기초는 달랐다. 일반적으로 동방전통은 부정의 방법을 선호하고, 서방전통은 유비의 방법을 선호한다. LaCugna, "부정의 신학과 긍정의 신학," 『우리를 위한 하나님』, 448-464.

575 Ulanov and Ulanov, 『신데렐라와 그 자매들』, 25.
576 Ogden, Projective Identification and Psychotherapeutic Technique, 50.
577 Bion, 『경험에서 배우기』, 80.
578 Melanie Klein(1952b), "Some Theoretical Conclusions Regarding the Emotional Life of the Infant," in Envy and Gratitude and Other Works: 1946-1963 (New York: Free Press, 1975), 63.
579 threshold는 그 문맥에 따라 한계, 경계, 역치(閾値, 심리학 생물학 등에서 자극에 대해 반응이 시작되는 분계점을 의미), 문턱, 시초, 출발점 등으로 다양하게 번역된다.
580 Mary Anne Coate, "The Capacity for Forgiveness," in Fraser Watts and Liz Guilford. Forgiveness in Context: Theology and Psychology in Creative Dialogue (London & New York: T & T Clark International, 2004), 139-142.
581 Garland, "Reclaiming the Rubbish," 179.
582 Stephen M. Johnson, Characterological Transformation: The Hard Work Miracle (New York: Norton, 1985), 298. 이 책의 부제(副題)에서 볼 수 있듯이 스티븐 존슨은 심리치료에 의한 성격적 변화는 열심히 어렵게 노력해서 얻게 되는 기적(The hard work miracle)이라고 표현한다.
583 그때에 예수께서 말씀하셨다. "아버지, 저 사람들을 용서하여 주십시오. 저 사람들은 자기네가 무슨 일을 하는지를 알지 못합니다(눅 23: 34)."
584 Segal, 『(정신분석의 거장) 멜라니 클라인』, 145.
585 Klein(1935), "A Contribution to the Psychogenesis of Manic-Depressive States," 287.
586 박선영, "멜라니 클라인의 아동정신분석: 이론 및 임상 체계의 비판적 재구성," 309.
587 John Steiner, "The Aim of Psychoanalysis in Theory and in Practice," International Journal of Psychoanalysis 77(1996), 1076.
588 David A. Stoop, 정성준 역, 『(몰라서 못 하고 알면서도 않는) '용서'이야기: 용서에 대한 오해와 진실, 그 속에 담긴 성경적 지혜』(고양: 예수전도단, 2005), 122-135.
589 Johnson, Characterological Transformation, 298.

590 위의 책, 298.

591 Donald Hope, "The Healing Paradox of forgiveness," Psychotherapy 24(1987), 240-244, Cashdan, 『대상관계치료』, 245, 재인용.

592 Cashdan, 『대상관계치료』, 251.

593 Hamilton, 『대상관계 이론과 실제』, 157.

594 Smedes, 『용서의 기술』, 1-45.

595 위의 책, 27-29.

596 Stoop, 『'용서'이야기』, 116-120.

597 Symington and Symington, 『윌프레드 비온 입문』, 51-52.

598 그러므로, 하늘나라는 마치 자기 종들과 셈을 가리려고 하는 어떤 왕과 같다. 왕이 셈을 가리기 시작하니, 만 달란트 빚진 종 하나가 왕 앞에 끌려왔다. 그런데 그는 빚을 갚을 돈이 없으므로, 주인은 그 종에게, 자신과 그 아내와 자녀들과 그 밖에 그가 가진 것을 모두 팔아서 갚으라고 명령하였다. 그랬더니 종이 그 앞에 무릎을 꿇고, '참아 주십시오. 다 갚겠습니다' 하고 애원하였다. 주인은 그 종을 가엾게 여겨서, 그를 놓아주고, 빚을 없애주었다. 그러나 그 종은 나가서, 자기에게 백 데나리온 빚진 동료 하나를 만나자, 붙들어서 멱살을 잡고 말하기를 '내게 빚진 것을 갚아라' 하였다. 그 동료는 엎드려 간청하였다. '참아주게. 내가 갚겠네.' 그러나 그는 들어주려 하지 않고, 가서 그 동료를 감옥에 집어넣고, 빚진 돈을 갚을 때까지 갇혀있게 하였다. 다른 종들이 이 광경을 보고, 매우 딱하게 여겨서, 가서 주인에게 그 일을 다 일렀다. 그러자 주인이 그 종을 불러다놓고 말하였다. '이 악한 종아, 네가 애원하기에, 나는 너에게 그 빚을 다 없애주었다. 내가 너를 불쌍히 여긴 것처럼, 너도 네 동료를 불쌍히 여겼어야 할 것이 아니냐?' 주인이 노하여, 그를 형무소 관리에게 넘겨주고, 빚진 것을 다 갚을 때까지 가두어두게 하였다. 너희가 각각 진심으로 자기 형제자매를 용서해주지 않으면, 나의 하늘 아버지께서도 너희에게 그와 같이 하실 것이다(마 18: 23-35).

599 또 하늘나라는 이런 사정과 같다. 어떤 사람이 여행을 떠나면서, 자기 종들을 불러서, 자기 재산을 그들에게 맡겼다. 그는 각 사람의 능력을 따라, 한 사람에게는 다섯 달란트를 주고, 또 한 사람에게는 두 달란트를 주고, 또 다른 한 사람에게는 한 달란트를 주고 떠났다. 다섯 달란트를 받은 사람은 곧 가서, 그것으로 장사를 하여, 다섯 달란트를 더 벌었다. 두 달란트를 받은 사람도 그와 같이 하여, 두 달란트를 더 벌었다. 그러나 한 달란트 받은 사람은 가서, 땅을 파고, 주인의 돈을 숨겼다. 오랜 뒤에, 그 종들의 주인이 돌아와서, 그들과 셈을 하게 되었다. 다섯 달란트를 받은 사람은 다섯 달란트를 더 가지고 와서 말하기를 '주인님, 주인께서 다섯 달란트를 내게 맡기셨는데, 보십시오, 다섯 달란트를 더 벌었습니다' 하였다. 그의 주인이 그에게 말하였다. '잘했다! 착하고 신실한 종아. 네가 적은 일에 신실하였으니, 이제 내가 많은 일을 네게 맡기겠다. 와서, 주인과 함께 기쁨을 누려라.' 두 달란트를 받은 사람도 다가 와서 '주인님, 주인님께서 두 달란트를 내게 맡기셨는데, 보십시오, 두 달란트를 더 벌었습니다' 하고 말하였다. 그의 주인이 그에게 말하였다. '잘했다, 착하고 신실한 종아! 네가 적은 일

에 신실하였으니, 이제 내가 많은 일을 네게 맡기겠다. 와서, 주인과 함께 기쁨을 누려라.' 그러나 한 달란트를 받은 사람은 다가와서 말하였다. '주인님, 나는, 주인이 굳은 분이시라, 심지 않은 데서 거두시고, 뿌리지 않은 데서 모으시는 줄로 알고, 무서워하여 물러가서, 그 달란트를 땅에 숨겨두었습니다. 보십시오, 여기에 그 돈이 있으니, 받으십시오.' 그러자 그의 주인이 그에게 말하였다. '악하고 게으른 종아, 너는 내가 심지 않은 데서 거두고, 뿌리지 않은 데서 모으는 줄 알았다. 그렇다면, 너는 내 돈을 돈놀이 하는 사람에게 맡겼어야 했다. 그랬더라면, 내가 와서, 내 돈에 이자를 붙여 받았을 것이다. 그에게서 그 한 달란트를 빼앗아서, 열 달란트 가진 사람에게 주어라. 가진 사람에게는 더 주어서 넘치게 하고, 갖지 못한 사람에게서는 있는 것마저 빼앗을 것이다(마 25: 14-30)'.

600 Ulanov and Ulanov, 『신데렐라와 그 자매들』, 29.
601 위의 책, 53.
602 위의 책, 217.
603 위의 책, 98.
604 Cooper-White, 『나눔의 지혜』, 242.
605 내가 너희에게 말한다. 이와 같이 하늘에서는, 회개할 필요가 없는 의인 아흔아홉보다, 회개하는 죄인 한 사람을 두고 더 기뻐할 것이다(눅 15: 7). 내가 너희에게 말한다. 이와 같이 회개하는 죄인 한 사람을 두고, 하나님의 천사들이 기뻐할 것이다(눅 15: 10). 그런데 너의 이 아우는 죽었다가 살아났고, 내가 잃었다가 되찾았으니, 즐기며 기뻐하는 것이 마땅하다(눅 15: 32).
606 Boff, 『주의 기도』, 201.
607 위의 책, 203.
608 Pamela Cooper-white, "Higher Powers and Infernal Regions: Models of Mind in Freud's Interpretation of Dreams and Contemporary Psychoanalysis, and Their Implications for Pastoral Theology," Pastoral Psychology 50(2002), 327.
609 Arnold Goldberg, Being of Two Minds: The Vertical Split in Psychoanalysis and Psychotherapy (Hillsdale, NJ; London: Analytic Press, 1999), 10.
610 Kohut, 『정신분석은 어떻게 치료하는가?』, 97.
611 Cooper-white, "Higher Powers and Infernal Regions," 327.
612 Boff, 『주의 기도』, 200-201.
613 위의 책, 212.
614 Ulanov and Ulanov, 『신데렐라와 그 자매들』, 214.
615 예수께서 가르치시면서, 이렇게 말씀하셨다. "율법학자들을 조심하여라. 그들은 예복을 입고 다니기를 좋아하고, 장터에서 인사받기를 좋아하고, 회당에서는 높은 자리에 앉기를 좋아하고, 잔치에서는 윗자리에 앉기를 좋아한다. 그들은 과부들의 가산을 삼키고, 남에게 보이려고 길게 기도한다. 이런 사람들이야말로 더 엄한 심판을 받을 것이다." 예수께서 헌금함 맞

은쪽에 앉아서, 무리가 어떻게 헌금함에 돈을 넣는가를 보고 계셨다. 많이 넣는 부자가 여럿 있었다. 그런데 가난한 과부 한 사람은 와서, 렙돈 두 닢 곧 한 고드란트를 넣었다. 예수께서 제자들을 곁에 불러놓고서, 그들에게 말씀하셨다. "내가 진정으로 너희에게 말한다. 헌금함에 돈을 넣은 사람들 가운데, 이 가난한 과부가 어느 누구보다도 더 많이 넣었다. 모두 다 넉넉한 데서 얼마씩을 떼어 넣었지만, 이 과부는 가난한 가운데서 가진 것 모두 곧 자기 생활비 전부를 털어 넣었다(막 12: 38-44)."

616 Hinshelwood, 『임상적 클라인』, 139.
61 아, 나는 비참한 사람입니다. 누가 이 죽음의 몸에서 나를 건져주겠습니까? 우리 주 예수 그리스도를 통하여 나를 건져주신 하나님께 감사를 드립니다. 그러니 나 자신은, 마음으로는 하나님의 법을 섬기고, 육신으로는 죄의 법을 섬기고 있습니다(롬 7: 24-25).
618 Hinshelwood, 『임상적 클라인』, 122.
619 Moltmann, 『십자가에 달리신 하나님』, 80.
620 Gutierrez, 『욥에 관하여』, 243.
621 Boff, 『주의 기도』, 86.
622 위의 책, 81.
623 Moltmann, 『십자가에 달리신 하나님』, 66.
624 Gutierrez, 『욥에 관하여』, 35.
625 Cooper-White, 『나눔의 지혜』, 234-235.
626 캐쉬단은 임상작업에서 쉽게 확인될 수 있으며 대상관계치료에서 주요하게 다루어지고 있는 투사적 동일시를 의존적 투사적 동일시, 힘의 투사적 동일시, 성적 투사적 동일시, 그리고 환심을 사려는 투사적 동일시 등 크게 네 가지 형태로 구분한다. 이 각각의 투사적 동일시를 사용하는 사람들이 취하는 관계적 입장, 상대적 메타커뮤니케이션, 그리고 투사대상자에게 불러일으키는 유발반응들을 살펴보면 다음과 같다. 의존적 투사적 동일시를 사용하는 사람들이 취하는 관계적 입장은 무기력함이며, 메타커뮤니케이션은 '나는 스스로 살 수 없다'는 것이고, 투사대상자에게 불러일으키는 유발반응은 돌보게 만드는 것이다. 힘의 투사적 동일시의 경우, 관계적 입장은 통제, 메타커뮤니케이션은 '너는 스스로 살 수 없다', 유발반응은 무능력감이다. 성적 투사적 동일시의 경우, 관계적 입장은 에로티시즘(성애적 경향), 메타커뮤니케이션은 '너를 성적으로 완전하게 만들어줄 것이다', 그리고 유발반응은 각성이다. 환심을 사려는 투사적 동일시의 경우. 관계적 입장은 환심 사기, 메타커뮤니케이션은 너는 '나에게 빚지고 있다', 유발반응은 인정이다. Cashdan, 『대상관계치료』, 142.
627 Johnson, 『하나님의 백한 번째 이름』, 376.
628 Cobb and Griffin, 『과정신학』, 94.
629 오스카 와일드(Oscar Wild)의 '도리안 그레이의 초상'(The Picture of Dorian Gray, 1891), 헨리 제임스(Henry James)의 '밝은 모퉁이 집'(The Jolly Corner, 1947), 조셉 콘라드(Joseph Conrad)의 소설 '비밀 공유자'(The Secret Sharer), 도스토예프스키(Dostoevsky)의 중편소

설 '이중자아'(The Double), 에드거 앨런 포우(Edger Allen Poe)의 '윌리엄 윌슨'(William Wilson, 1839), 한스 하인츠 에워즈(Hans Heinz Ewers)가 감독한 영화 '프라하의 학생'(The student of Prague), 베르톨루치(Bertolucci)의 '파트너'(The Partner), 주디스 로스너(Judith Rossner)의 '미스터 굿바를 찾아서'(Looking for Mr. Goodbar), 우디 앨런(Woody Allen)의 영화 '카이로의 흑장미'(The Purple Rose of Cairo), 잉마르 베르그만(Ingmar Bergman)의 작품 '스타워즈'(The Star Wars) 등의 예를 들 수 있다. Cashdan, 『대상관계치료』, 제 9장 참조.
630 Robert Louis Stevenson, 전형준 역, 『지킬박사와 하이드 씨: 로버트 루이스 스티븐슨 소설집』 (서울: 새움, 2003), 참조.
631 '도플갱어(doppelgannger)'란 독일신화에 뿌리를 두고 있는 민속적 개념이며, 모든 인간은 복제자기(replica self)를 소유하고 있다는 뜻을 담고 있다. 글자 그대로 하면 도플갱어는 '이중 도보자(double walker)'인데, 이것은 자신의 그림자 형태를 취한다. 신화의 다른 번역들에서 그것은 한 사람의 이미지를 구성하고 있다. 대부분의 번역에서 도플갱어는 분리된 존재가 되는 하나의 몸을 가진 두 사람을 말한다. Cashdan, 『대상관계치료』, 299, 301.
632 Cashdan, 『대상관계치료』, 302-303.
633 Ulanov and Ulanov, 『신데렐라와 그 자매들』, 214.
634 Hamilton, 『대상관계 이론과 실제』, 118.
635 Hinshelwood, 『임상적 클라인』, 221.
636 Bion, (1959), "Attacks on Linking," 87-101.
637 Bollas, 『대상의 그림자』, 222.
638 Geoff Goodman, "I Feel Stupid and Contagious: Countertransference Reactions of Fledgling Clinicians to Patients Who Have Negative Therapeutic Reactions," American Journal of Psychotherapy 59(2005), 167.
639 Irma Brenman Pick(1985), "Working Through in the Counter-transference," in Elizabeth Bott Spillius, ed., Melanie Klein Today: Developments in Theory and Practice. Vol. 2: Mainly Practice (London: Routledge, 1988), 41.
640 Edward Glover(1932), "A Psycho-Analytic Approach to the Classification of Mental Disorders," in On the Early Development of Mind (London Bailliere, 1956), 참조. Melanie Klein(1936), "Weaning," in Love, Guilt, and Reparation and Other Works: 1921-1945 (London: Hogarth, 1975), 292. 각주 1에서 클라인은 글로버의 말을 인용한다.
641 Robert D. Hinshelwood, 이재훈 역, 『임상적 클라인: 이론과 실제』 (서울: 한국심리치료연구소, 2006), 259.
642 Hinshelwood, 『임상적 클라인』, 195.
643 Gabbard, 『역동정신의학』, 75.
644 Ulanov and Ulanov, 『신데렐라와 그 자매들』, 149.
645 Cooper-White, 『나눔의 지혜』, 241-242.

646 Cashdan, 『대상관계치료』, 239-240
647 Hinshelwood, 『임상적 클라인』, 195.
648 우슬초로 나를 정결케 해주십시오. 내가 깨끗하게 될 것입니다. 나를 씻어주십시오. 내가 눈보다 더 희게 될 것입니다(시 51: 7).
649 그러나 주인은 이렇게 대답하였다. "아니다. 가라지를 뽑다가, 가라지와 함께 밀까지 뽑으면, 어떻게 하겠느냐? 추수 때까지 둘 다 함께 자라도록 내버려두어라. 추수할 때에, 내가 추수꾼에게, 먼저 가라지를 뽑아 단으로 묶어서 불태워버리고, 밀은 내 곳간에 거두어들이라고 하겠다(마 13: 29-30)."
650 이 책에서의 성서해석은 전통적인 성서학적 해석이 아니라, 마치 클라인이 환자의 꿈을 해석할 때와 같은 심리 분석적 접근에 의한 해석이다. 클라인은 환자의 꿈에 등장하는 여러 인물들을 꿈꾸는 환자 자기의 부분들을 나타내는 것으로, 곧 자신의 분리되고 버려진 그리고 자신의 경계 밖에 있는 인격의 일부분들을 나타내는 것으로 해석한다. 이를테면 꿈속에서 한 인물이 주체에 접근하고 함께 산책하자고 초대하는 것은 인격의 통합을 촉구하는 것으로, 억압과 같은 새로운 정신기제의 사용으로 이동하는 것을 말해주며, 그 부분들이 함께 살기 시작하는 것을 의미하는 것으로 해석한다. 반면 꿈속에서 인물들이 멀어져가는 것은 투사와 분리로 해석한다. 그리고 무언가를 집 안(자기의 안)에 두는 것이 아니라 멀어져가고 있는 혹은 바깥에 자리 잡고 있는 것은 환자의 부분들에서 분열과 투사적 동일시 과정이 중요하게 작용되고 있는 것으로 해석한다. Hinshelwood, 『임상적 클라인: 이론과 실제』, 193-196, 217-221. 참조.
651 작은아들이 아버지에게 말하기를 '아버지, 재산 가운데서 내게 돌아올 몫을 내게 주십시오' 하였다. 그래서 아버지는 살림을 두 아들에게 나누어주었다(눅 15: 12).
652 신적 사랑에 대한 과정신학의 이해는 만일 우리가 진정으로 다른 사람들을 사랑한다면 우리는 그들을 지배하려하지 않는다는 통찰과 일치한다. 우리는 부대적 보상들과 형벌들을 내포하고 있는 약속들이나 위협들로 그들을 억압하려지 말아야한다. Cobb and Griffin, 『과정신학』, 94.
653 Ulanov and Ulanov, 『기도의 심리학』, 41.
654 Winnicott, 『놀이와 현실』, 11장 참조. Casement, 『환자에게서 배우기』, 465.
655 Cobb and Griffin, 『과정신학』, 93.
656 Ann Belford Ulanov, Finding Space: Winnicott, God, and Psychic Reality (Louisville, Kentucky: Westminster John Knox Press, 2001), 144.
657 Cobb and Griffin, 『과정신학』, 98.
658 위의 책, 105.
659 Cooper-White, 『나눔의 지혜』, 171.
660 Stoop, 『'용서'이야기』, 22.
661 Hinshelwood, 『임상적 클라인』, 162.

662 Hamilton, 『대상관계 이론과 실제』, 72-73.
663 J. F. Masterson and D. B. Rinsley, "The Borderline Syndrome: The Role of the Mother in the Genesis and Psychic Structure of the Borderline Personality," International Journal of Psycho-Analysis 56(1975), 169.
664 Garland, "Reclaiming the Rubbish," (2001), 182.
665 Cobb and Griffin, 『과정신학』, 100.
666 하트숀(Charles Hartshorne)은 신의 양극성 성격(dipola-nature)의 교리를 설명했다. 이 견해는 하나님이 어떤 면에서는 변하기도 하고 감동적인(passible) 반면, 또 다른 면에서는 변하지 않고 무감동적(impassible)이라는 것이다. 하나님의 경험의 근본적 성격, 곧 하나님은 세계를 완전히 알고 사랑한다는 사실은 현세적 과정에 의해서 변화되거나 영향 받지 않는다는 것이다. 그렇지만 정확하게 이 이유 때문에 하나님의 경험의 내용, 곧 변하는 세계에 대한 하나님의 구체적 지식과 사랑은 현세적 사건에 대해 극도로 민감하기 때문에 그 자체가 변한다는 것이다. Cobb, Jr., 『과정신학과 목회신학』, 13-14.
667 그가 아직도 먼 거리에 있는데, 그의 아버지가 그를 보고 측은히 여겨서, 달려가 그의 목을 껴안고, 입을 맞추었다(눅 15: 20).
668 전미정, 『상처가 꽃이 되는 순서』 (서울: 예담, 2009), 23.
669 Klein(1935), "A Contribution to the Psychogenesis of Manic-Depressive States," 291.
670 Cobb, Jr., 『과정신학과 목회신학』, 30.
671 Coate, "The Capacity for Forgiveness," 131.
672 Hinshelwood, 『임상적 클라인』, 139-140.
673 그러나 그는 아버지에게 대답하였다. '나는 이렇게 여러 해를 두고 아버지를 섬기고 있고, 아버지의 명령을 한 번도 어긴 일이 없는데, 나에게는 친구들과 함께 즐기라고 염소 새끼 한 마리도 주신 일이 없습니다. 그런데 창녀들과 어울려서 아버지의 재산을 다 삼켜버린 이 아들이 오니까, 그를 위해서는 살진 송아지를 잡으셨습니다(눅 15: 29-30).'
674 아버지가 그에게 말하였다. "얘야, 너는 늘 나와 함께 있으니 내가 가진 모든 것은 다 네 것이다(눅 15: 31)."
675 Cobb and Griffin, 『과정신학』, 14-15.
676 Cobb, Jr., 『과정신학과 목회신학』, 45.
677 Cobb and Griffin, 『과정신학』, 7.
678 Johnson, 『하느님의 백한 번째 이름』, 참조.
679 Cooper-White, 『나눔의 지혜』, 301.
680 Boff, 『주의 기도』, 182.
681 Karl Rahner, 이경우 역, 『누가 너의 형제냐?』 (왜관읍: 분도, 1988), 61.
682 Boff, 『주의 기도』, 154.
683 Ulanov and Ulanov, 『신데렐라와 그 자매들』, 217.

684 John Howard Griffin, 하윤숙 역, 『블랙 라이크 미: 흑인이 된 백인 이야기』 (파주: 살림출판사, 2009).
685 Klein(1955), "On Identification," 145-175. Julien Green, tr. J. H. P. McEwen, If I Were You (London, 1949), 참조